Der Focus-on-Form-Ansatz in der Sprachförderung

Mehrsprachigkeit

herausgegeben von Wilhelm Grießhaber und Jochen Rehbein

Band 40

Waxmann 2015
Münster • New York

Daniela Rotter

Der Focus-on-Form-Ansatz in der Sprachförderung

Eine empirische Untersuchung der Lehrer-Lerner-Interaktion im DaZ-Grundschulkontext

Waxmann 2015
Münster • New York

Bibliografische Informationen der Deutschen Nationalbibliothek

Die Deutsche Nationalbibliothek verzeichnet diese Publikation in der Deutschen Nationalbibliografie; detaillierte bibliografische Daten sind im Internet über http://dnb.d-nb.de abrufbar

Mehrsprachigkeit, Bd. 40

ISSN 1433-0792
Print-ISBN 978-3-8309-3253-6
E-Book-ISBN 978-3-8309-8253-1

© Waxmann Verlag GmbH, 2015
Steinfurter Straße 555, 48159 Münster

www.waxmann.com
info@waxmann.com

Umschlaggestaltung: Pleßmann Design, Ascheberg
Idee Umschlag und Logo: Ivika Rehbein-Ots

Printed in Germany

Abstract

Focus on Form (FoF) is often discussed as an instructional option in second language teaching as it promotes second language acquisition, combining the targets of communicative with form-focused instruction. The basic assumption underlying this concept is that second language learners need the opportunity to focus on both, meaning and form, to gain an overall language proficiency. With an occasional shift in attention from meaning to linguistic form, learners can improve formal competences without following decontextualized grammar instruction. However, Focus on Form has not yet been recognized as an instructional variable within the German academic community, as various questions of how to realize it are still in need of further research. This study aims to investigate the foundations of FoF and its transfer to the field of German as a second language (DaZ). The analysis of the interaction between students majoring in education and 9-year-old children learning German as a second language offers a number of interesting insights into the implementation of FoF instructions. Primarily, as results indicated, there are problems concerning the main concept of meaningful interaction, i.e focusing on form while being engaged in meaningful communication. The education students seemed to put more emphasis on accuracy than the required communicative language use. Furthermore, instructors and learners both seemed to have difficulties establishing a dual focus and an inability to cope with the requirements of FoF was observed. These findings suggest that differentiated training for instructors is needed to implement Focus on Form instructions effectively.

Danksagung

Mein aufrichtiger Dank gilt Fr. Prof. Dr. Heidi Rösch, die mich im Rahmen des gemeinsamen Projekts auf den Sprachförderansatz aufmerksam gemacht hat und mich in meiner wissenschaftlichen Tätigkeit von Anfang an gefördert hat. Ganz besonders danke ich auch Fr. Prof. Dr. Helga Schwenk, die mich zu immer neuen Gedanken und Fragen angeregt hat. Dem intensiven Austausch verdanke ich es, die Arbeit vollendet zu haben. Außerdem gilt mein Dank Fr. Dr. Heike Wapenhans und Fr. Dr. Nicole Schumacher, die mich stets gefördert und unterstützt haben. Danken möchte ich auch meiner Familie, die mir sehr viel Geduld und Unterstützung entgegengebracht hat.

Inhalt

I Theoretischer Teil

1   Einleitung   15
1.1   Fragestellung und methodisches Vorgehen   16
1.2   Aufbau der Arbeit   18

2   Der Focus-on-Form-Ansatz   22
2.1   Ursprung und Hintergrund des Ansatzes   22
2.2   Zentrale Merkmale von Focus on Form   24
2.3   Focus on Form versus Focus on FormS   28
2.4   Focus on Form im DaZ-Kontext   38
2.5   Zusammenfassung   40

3   Grundlagen des Formfokussierungskonzeptes   43
3.1   Spracherwerb als Korrelationsprozess   44
3.1.1 Über die Bedeutung zur Form   44
3.1.2 Die Form-Bedeutungsverbindung   48
3.2   Aufmerksamkeit und Sprachverarbeitung   54
3.2.1 Aufmerksamkeit als Filter   54
3.2.2 Bewusstheit für Sprachliches   58
3.3   Expliziter Unterricht und der Nutzen von Sprachwissen . . .   68
3.3.1 Die Entstehung von (Sprach-)Wissen   69
3.3.2 Das Modell der ‚schwachen Schnittstelle'   75
3.3.3 Fokuswechsel und Aufdringlichkeit   79
3.4   Einflussfaktoren auf den Effekt von Formfokussierung   83
3.4.1 Formbezogene Faktoren   83
3.4.2 Lernerbezogene Faktoren   90
3.4.3 Lehrkraftbezogene Faktoren   96
3.5   Zusammenfassung   103

9

4 Formfokussierung im Unterrichtsdiskurs 105
4.1 Planungsebene 106
4.1.1 Zwischen Aufgabe und Übung 107
4.1.2 Aktivitäten mit integriertem Formfokus 114
4.1.3 Inputflut und Inputverstärkung 120
4.1.4 Kontextoptimierung und strukturierter Input 122
4.2 Implementierungsebene 128
4.2.1 Focus on Form als interaktives Phänomen 128
4.2.2 Interaktionale Modifikationen und Formaushandlung 131
4.2.3 Feedback und Formfokussierung 138
4.2.4 Form- und Inhaltsorientierung im Unterrichtsdiskurs 147
4.3 Zusammenfassung 153

II Die empirische Untersuchung

5 Anlage der Untersuchung 157
5.1 Fragestellung 157
5.1.1 TeilnehmerInnen der Untersuchung 158
5.1.2 Datenerhebung und Datengrundlage 158
5.1.3 Begründung der eingesetzten Methode 159
5.2 Methodisches Vorgehen 160
5.2.1 Das Modell zur Beschreibung
der Aushandlungssequenzen 162
5.2.2 Auswertungskategorien 163

6 Ergebnisdarstellung und Ergebnisdiskussion 171
6.1 Realisierung spontaner Formfokussierung 171
6.2 Realisierung geplanter Formfokussierung 173
6.2.1 Typ 1 174
6.2.2 Typ 2 183
6.2.3 Typ 3 191
6.2.4 Überblick über die Ergebnisse 199
6.3 Problembereiche der Implementierung 201
6.3.1 Planung von Unterrichtsaktivitäten 202
6.3.2 Inhaltsorientierte Gesprächsführung 203
6.3.3 Einbettung und Elizitierung der Zielform 204
6.3.4 Fokuslenkung und Aufdringlichkeit 205
6.4 Didaktische Empfehlungen 207

7   Zusammenfassung 212
7.1   Prämissen 212
7.2   Zentrale Ergebnisse 214
7.3   Offene Fragen und Fortsetzungsprojekte 217

Literatur 219

Abbildungsverzeichnis 233

Tabellenverzeichnis 233

Teil I

Theoretischer Teil

Kapitel 1

Einleitung

Die steigende Zahl von Kindern und Jugendlichen, die Deutsch als Zweitsprache spricht und lernt, stellt neue Anforderungen an das Bildungssystem im Allgemeinen und die Lehrkraft im Besonderen. Diese sieht sich aufgrund der veränderten und sprachlich zunehmend heterogenen Schülerschaft vor der Herausforderung, sprachliches und fachliches Lernen miteinander zu verbinden. Andernfalls, so zeigen die internationalen Schulleistungsstudien, besteht die Gefahr, dass Lerner[1] des Deutschen als Zweitsprache aufgrund ihrer Spracherwerbsbiographie eine Benachteiligung im Bildungssystem erfahren.

Die existierenden Vorschläge, wie Lerner einer fremden oder zweiten Sprache in ihrem Lernprozess zu unterstützen sind, lassen sich grob zwei Ansätzen zuordnen: Inhaltsbezogene Ansätze betonen den kommunikativen Aspekt von Sprache und fordern zunächst eine Unterstützung der Lerner in der Ausbildung kommunikativer sprachlicher Fähigkeiten, wobei grammatischer Korrektheit weniger Beachtung geschenkt wird. Formbezogene Ansätze betonen dagegen den formalen Aspekt und versuchen die Lerner durch Fokussierung der zielsprachigen Grammatik zur korrekten Sprachbeherrschung zu führen (vgl. Housen/Pierrard 2005, Ellis, R. 2012).[2]

Eine Versöhnung der beiden Positionen erfolgt im Focus on Form-Ansatz (FoF), der seit den 1990er Jahren in der kognitiv ausgerichteten Sprachlehr-/-lernforschung stark propagiert wird. Das definierte Ziel stellt eine Balance zwischen Form- und Inhaltsfokussierung im Unterricht mit Fremd- und Zweitsprachlernern dar. Die äußere Form der sprachli-

---

1 Es wurde auf möglichst geschlechtsneutrale Formulierungen geachtet. Um die Lesbarkeit nicht zu beeinträchtigen, wurden im Zweifelsfall männliche Formen gewählt. Gemeint sind stets beiderlei Geschlechter, sofern dies nicht explizit ausgedrückt ist.

2 Im angloamerikanischen Sprachraum fasst man diese formbezogenen Ansätze unter dem Begriff **Form-focused Instruction** zusammen (auch FfI oder FFI). In der vorliegenden Arbeit wird dies als formfokussierender Unterricht übersetzt.

chen Mittel, d.h. die Lautgestalt und/oder das Schriftbild, soll grundsätzlich dann fokussiert werden, wenn sich im Unterricht ein Bedürfnis dafür einstellt. Damit ist die Formfokussierung durch die konkrete Sprachverwendungssituation motiviert und in diese eingebettet. Hinter der theoretischen Forderung steht die Annahme, dass Lerner sprachliche Formen besser und langfristiger lernen, wenn sie diese in einem für sie bedeutsamen Kontext erfahren. Damit ist auch eine vielversprechende Grundlage für die individuelle, lernerorientierte Zweitsprachdidaktik gelegt. Untersuchungen zeigen, dass dieser Ansatz durchaus positive Effekte erzielt (vgl. Doughty/Williams 1998a, Ellis, R. 2001).

Welche Faktoren zum Gelingen dieser Vorgehensweise beitragen, ist allerdings weniger eindeutig geklärt und in Bezug auf den DaZ-Kontext bisher weitgehend unerforscht. Abseits der Theorie ergeben sich auf der praktischen Ebene Fragen, wie eine Verzahnung von Form- und Inhaltsfokussierung im Unterricht erfolgen kann und welche Fähigkeiten die Lehrkraft dafür benötigt.

In der vorliegenden Arbeit wird ein Beitrag zur Verbindung der Theorie und der Praxis geleistet. Im Fokus steht die Frage, wie sich die theoretischen Vorgaben im Unterricht umsetzen lassen und inwiefern eine Einbettung der Formfokussierung in ein inhaltlich orientiertes Unterrichtsgespräch gelingt.

1.1 Fragestellung und methodisches Vorgehen

Die vorliegende Untersuchung beschäftigt sich mit der Frage, wie formale Sprachkompetenzen junger DaZ-Lerner gefördert werden können bzw. wie Lehrkräfte DaZ-Lerner im institutionellen Kontext unterstützen können und bewegt sich damit im Bereich der Zweitsprachdidaktik und -methodik. Die empirischen Daten werden zur Überprüfung der Umsetzbarkeit des Focus on Form-Ansatzes im DaZ-Kontext und hinsichtlich der von Lehrkräften benötigten Fähigkeiten untersucht. Die Fragestellung der Arbeit lautet:

Wie wird der Focus-on-Form-Ansatz von Lehramtsstudierenden nach einem Jahr der Erprobung umgesetzt und inwiefern gelingt eine Einbettung der Formfokussierung in ein inhaltlich orientiertes Unterrichtsgespräch?

Das Ziel der qualitativen Studie ist die Analyse der Interaktion zwischen Lehrkraft und Lerner bzw. Lernergruppe im Sprachförderunterricht hinsichtlich der Fokussierung formaler Aspekte des Deutschen und deren Einbettung in das – inhaltsorientierte – Unterrichtsgespräch. Gegenstand der Untersuchung sind beobachtbare Interaktionen, wie sie im wöchentlich stattfindenden additiven Sprachförderunterricht realisiert wurden. Es werden kognitive und sozial-interaktionistische Erklärungsansätze herangezogen, um das komplexe Phänomen *Formfokussierung im Unterrichtsdiskurs mit DaZ-Lernern* zu untersuchen.

Als Methode wurde die *interactional analysis* gewählt. Dabei handelt es sich um eine besondere Art der Diskursanalyse, wobei induktiv und deduktiv ein Kategoriensystem entwickelt wird, um jene Aspekte einer Interaktion zu beschreiben, die als spracherwerbsförderlich angesehen werden (vgl. Ellis/Barkhuizen 2005). Es handelt sich dabei um keine vollständige Methode, sondern um allgemeine Richtlinien zur Durchführung der interaktionalen Analyse. Forschungsleitend ist das Interesse, Erkenntnisse darüber zu gewinnen, wie Lehrkräfte die Sprachkompetenzen von DaZ-Lernern auf formaler Ebene fördern können. Die Frage ist, wie Alternativen zum traditionellen Grammatikunterricht[3] für die hier untersuchte Zielgruppe aussehen können.

Im empirischen Teil der Arbeit werden die Interaktionen, wie sie im DaZ-Förderunterricht stattfanden, betrachtet und hinsichtlich ihrer Merkmale analysiert. Der Auswertung liegen Videodaten zugrunde, die im Rahmen des BeFo-Projekts[4] erhoben wurden. Konkret handelt es sich um sieben Unterrichtsaufnahmen der von Lehramtsstudierenden selbstständig erarbeiteten Fördereinheiten. Diese wurden am Ende des Projekts im Mai/Juni 2011 in den Fördergruppen von bis zu acht Grundschulkindern mit Deutsch als Zweitsprache durchgeführt. Die als Lehrkräfte bezeich-

---

3 Schifko (2011, 19-20) nennt als Merkmale des traditionellen Grammatikunterrichts folgende Punkte: Orientierung am Sprachsystem, Ausblendung psycholinguistischer Faktoren, Postulat der Automatisierung durch Produktion und die fehlende Verbindung von Theorie und Praxis. In Kap. 2 wird erläutert, inwiefern sich FoF als Alternative dazu verhält.

4 Das BeFo-Projekt (**Be**deutung und **Fo**rm: sprachsystematische und fachbezogene Förderung in der Zweitsprache) (2009-2012) wurde vom BMBF finanziert. Projektleiterinnen waren Prof. Dr. Petra Stanat und Prof. Dr. Heidi Rösch.

17

neten Lehramtsstudierenden befanden sich zu diesem Zeitpunkt am Ende ihrer Bachelorphase.[5]

In den Fördereinheiten sollten die Studierenden in einem 90-minütigen Unterrichtsversuch zeigen, wie sie Unterricht nach dem Focus-on-Form-Ansatz realisieren können. Da die zu fokussierende Form zuvor festgelegt wurde, handelte es sich um die Variante *geplanter* Focus on Form (*planned FoF*, vgl. Ellis, R. 2001). Die Studierenden wählten eigenständig das Thema der Fördereinheit aus, konzipierten den Ablauf des Unterrichts und die Aktivitäten sowie stattfindende Interaktionen. Vor und nach der Fördereinheit wurden die eingesetzten Materialien und Aktivitäten hinsichtlich ihres (potenziellen) Nutzens für die Formfokussierung eingeschätzt und Verbesserungsvorschläge und Schwierigkeiten bei der Umsetzung formuliert. Dadurch wurde es möglich, auch die Perspektive der Studierenden auf den Erfolg oder Misserfolg in der Umsetzung zu berücksichtigen, was wichtige Hinweise auf die Schwierigkeiten bei dem sehr anspruchsvollen Ansatz lieferte.

Bei den Lernern handelt es sich um 9-jährige Grundschulkinder, die Deutsch als Zweitsprache lernen. Ihr Sprachförderbedarf wurde im Rahmen des BeFo-Projekts durch ein Screening ermittelt. Die Fördergruppen sind zum Teil aus verschiedenen Regelklassen zusammengesetzt, d.h. die Kinder kennen sich großteils, sind aber nicht in jedem Fall Klassenkameraden.

1.2   Aufbau der Arbeit

In Kapitel 2 wird der Focus-on-Form-Ansatz (FoF), wie er im angloamerikanischen Raum erforscht und diskutiert wird, erläutert und hinsichtlich seiner konstituierenden Merkmale konkretisiert, um schließlich die Frage der Übertragbarkeit auf den DaZ-Kontext zu problematisieren.[6]

---

5 Die Studierenden unterschieden sich zum Teil aufgrund ihrer universitären Ausbildung; dies wurde aber in der Auswertung nicht weiter berücksichtigt.

6 Die Abkürzung L2 steht in weiterer Folge für die Zweitsprache, bzw. die Zielsprache Deutsch. L2-Lerner sind dementsprechend Lerner des Deutschen als Zweitsprache im deutschsprachigen Erwerbskontext. Sofern die Fremdsprache und Fremdsprachlerner gemeint sind, die im englischsprachigen Raum ebenfalls als „L2" bzw. „L2-learners" bezeichnet werden, wird dies kenntlich gemacht.

Die aus der Literatur ableitbaren theoretischen Merkmale von Formfokussierung, wie sie bei Focus on Form gefordert sind, werden in Kap. 3 aus kognitiver und (psycho-)linguistischer Sicht diskutiert, um die Frage, warum eine solche Vorgehensweise sinnvoll und vielversprechend erscheint, zu beantworten. Nach einer kurzen theoretischen Einführung in Erklärungsansätze der (Zweit-)Spracherwerbsforschung wird in Abschnitt 3.1 die Grundeinheit, die Form-Bedeutungsverbindung, beleuchtet und theoretisch durch den konstruktionsgrammatischen Erklärungsansatz untermauert. Wie Aufmerksamkeit die Sprachverarbeitung und den (Zweit-) Spracherwerb zu beeinflussen vermag, wird in Abschnitt 3.2 behandelt, um zu klären, welche Art der Bewusstheit für die Form bei FoF angestrebt zu werden scheint. Anschließend wird in Abschnitt 3.3 das Modell der ‚schwachen Schnittstelle' (*the weak interface*, vgl. Ellis, N. 2007) vorgestellt, das im Rahmen der Forschung zum gesteuerten Zweitspracherwerb die Rolle von im Unterricht vermitteltem Wissen über die Zielsprache neu verortet. Zu berücksichtigen sind dabei stets lerner-, form- und lehrkraftbezogene Eigenschaften, welche den Effekt von Formfokussierung beeinflussen können. Damit beschäftigt sich Abschnitt 3.4.

Kapitel 4 thematisiert die Möglichkeiten Formfokussierung im Unterricht umzusetzen. Dabei ist die Planungs- von der Implementierungsebene zu trennen. In Abschnitt 4.1 werden Techniken vorgestellt, die sowohl Inhalts- als auch Formfokussierung ermöglichen sollen. Diese Techniken variieren im Aufdringlichkeitsgrad, d.h. darin, wie explizit sie den Fokus der Lerner auf Formaspekte der L2 zu lenken versuchen. Die diskutierten Techniken erlauben theoretisch eine Verzahnung von Form- und Inhaltsfokussierung, letztlich ist jedoch deren Implementierung entscheidend, um Aussagen über die Qualität der Formfokussierung und den Unterricht, in dem sie realisiert wird, treffen zu können. Abschnitt 4.2 beschäftigt sich mit Focus on Form auf der konkreten Implementierungsebene. In Abschnitt 4.2.1 wird FoF als interaktives Phänomen konkretisiert, um Fragen der Implementierung, wie sie ‚online' während der Interaktion zwischen Lehrkraft und Lerner auftreten, zu klären. Im Zentrum stehen dabei verschiedene Feedbacktechniken, die wiederum in ihrer Aufdringlichkeit und ihrer Funktion unterschieden werden können (Abschnitt 4.2.3). Dabei wird auch zu zeigen sein, wie sich der FoF-Ansatz in die Diskussion um korrektives Feedback einbettet und worin die Unterschiede dazu liegen. Grundlegend für den FoF-Ansatz ist ein Unterricht, der den primären Fokus auf die inhaltliche Kommunikation und ein gegenseitiges Verstehen legt. Wie die Orientierung im Unterrichtsdiskurs eingeschätzt werden kann und welche Kategorien dabei relevant erscheinen, wird am Ende des theoretischen Teils der Arbeit diskutiert und liefert eine entscheidende Grundlage für die Auswertung der empirischen Daten (Abschnitt 4.2.4).

In Kapitel 5 werden die Forschungsfragen und das Datenmaterial konkretisiert (Abschnitt 5.1) sowie das methodische Vorgehen geklärt (Abschnitt 5.2). Einerseits wird im Sinne eines qualitativen Ansatzes angestrebt, die Formfokussierung, wie sie im Förderunterricht realisiert wurde, detailliert zu beschreiben und Ausprägungen der aus der Literatur abgeleiteten Qualitätsmerkmale zu verdeutlichen. Unter anderem wird gefragt, was unter *Inhaltsorientierung* zu verstehen ist und wie sie sich zeigt. Außerdem geht es um die Fragen, welche Varianten von Formfokussierung als Umsetzung des FoF-Ansatzes gesehen werden (können) und worin hier die Schwierigkeiten (aus Sicht der Lehrkräfte und der Lerner) liegen können.

Andererseits wird das Vorkommen der relevanten Merkmale quantitativ dargestellt, um zu klären, ob die Förderstudierenden[7] FoF oder eher eine davon abweichende Vorgehensweise realisiert haben. Aus diesem Grund wird im Ergebnisteil (Kap. 6) zunächst auf die Qualität der Merkmale eingegangen und anschließend die Quantität dargestellt. Die Analyse der Unterrichtssequenzen soll zeigen, inwiefern es den Lehramtsstudierenden gelungen ist, eine Balance zwischen Form- und Inhaltsfokus zu schaffen, welche Strategien sie einsetzten und inwiefern ihr Vorgehen als ,erfolgreich' einzuschätzen ist.

Das Ziel der Arbeit ist es, Zusammenhänge in Bezug auf die Herausforderungen und Schwierigkeiten bei der Implementierung des FoF-Ansatzes aufzuzeigen und didaktische Hinweise für Lehrkräfte abzuleiten. In Abschnitt 6.3 werden die beobachteten Problembereiche dargestellt, um in Abschnitt 6.4 didaktische Empfehlungen für die Lehrkraft zu geben.

Die Zusammenfassung in Kap. 7 beginnt mit einer knappen Darlegung der Prämissen der vorliegenden Untersuchung. Anschließend werden die zentralen Ergebnisse für die Theoriebildung und die Praxis sowie offene Fragen und weitere Forschungsdesiderate beschrieben.

---

7 Die Bezeichnung *Förderstudierende* wurde im Rahmen des BeFo-Projekts eingeführt und meint die Studierenden, die den Förderunterricht durchführten.

Forschungsleitend ist die Überzeugung, dass DaZ-Lerner von Formfokussierung profitieren bzw. diese auch benötigen. Der Focus-on-Form-Ansatz kann bei der Frage nach dem *Wie* und *Wann* genau Formen in den Fokus genommen werden sollen, herangezogen werden, wobei den Lehrkräften dafür konkrete Hinweise zur Verfügung stehen müssen. Betont sei an dieser Stelle, dass eine Verzahnung von Form- und Inhaltsfokus in der Literatur (englisch- und deutschsprachig, vgl. Knapp et al. 2010, Tracy et al. 2010, Long 1991, Ellis, R. 2008b, 2012 u.a.) empfohlen wird und auch von der Autorin als erstrebenswertes Ziel angenommen wird.

Kapitel 2

Der Focus-on-Form-Ansatz

Im folgenden Kapitel wird erläutert, was unter Focus on Form (in weiterer Folge als FoF abgekürzt) verstanden wird und welche Merkmale konstituierend sind. Dabei ist besonders darauf zu achten, in welchem Kontext der FoF-Ansatz entstanden ist. Abschließend wird diskutiert, inwiefern sich der FoF-Ansatz für die DaZ-Förderung eignet und was es dabei zu bedenken gilt.

2.1 Ursprung und Hintergrund des Ansatzes

Focus on Form (FoF) bezeichnet einen Ansatz zur Vermittlung sprachlicher Formen im Unterricht mit Lernern einer Fremd- oder Zweitsprache. Der Ansatz stammt aus dem angloamerikanischen Raum und wurde 1991 von Michael Long formuliert. Obwohl der Name *Focus on Form* die Form in den Vordergrund zu rücken scheint, handelt es sich um einen Ansatz in der Tradition kommunikativer Ansätze, die die kommunikative Kompetenz und die Sprachhandlungsfähigkeit betonen (vgl. Tarone/Swierzbin 2009). FoF bezeichnet demnach eine unterrichtliche Vorgehensweise, bei der die Formseite des sprachlichen Zeichens gelegentlich in den Lernerfokus gelangen soll, der Hauptfokus aber auf der Kommunikation liegt.[1]

Die Forderung Formen auch im inhaltsorientierten Unterricht in den Fokus zu nehmen, wurde aufgrund der Beobachtung laut, dass L2-Lerner häufig große Defizite im morphosyntaktischen Bereich aufwiesen, selbst wenn sie jahrelang verständlichen Input erhalten hatten und auch sehr gute kommunikative Fähigkeiten aufwiesen (vgl. Swain 1985). Man schlussfolgerte, dass verständlicher Input und inhaltsorientierte Kommunikation alleine

---

1 Diese Ausrichtung der Aufmerksamkeit auf die Formseite wird in weiterer Folge als Formfokussierung bezeichnet. Die Abkürzung „FoF" wird sowohl zur Bezeichnung des Prozesses, d.h. der Aufmerksamkeitsausrichtung auf die Form als auch zur Bezeichnung des theoretischen Ansatzes verwendet.

nicht ausreichten, um die L2 hinreichend zu erlernen. Aus diesem Grund sollte durch eine alternative Vorgehensweise eine Zusammenführung der kommunikativen und formalen Ziele erfolgen. FoF setzt dabei als analytischer Zugang bei den sprachlichen Problemen der L2-Lerner an und sieht in diesem Sinne eine Verschmelzung von traditionellen Ansätze der Grammatikvermittlung und kommunikativen Ansätze vor (vgl. Long/Robinson 1998).

Bei FoF handelt es sich um keine Methode, sondern um eine Instruktionsvariante (vgl. Blex 2006). R. Ellis spricht einerseits von einer Unterrichtsvariable bei der Unterrichtsplanung und -gestaltung und andererseits von einer Spracherwerbstheorie (vgl. Ellis, R. 2012). Das Besondere bei FoF ist, dass sprachliche Formen im Rahmen primär inhaltsorientierter Kommunikation fokussiert werden.[2] Die Fokusverschiebung von der Inhalts- auf die Formseite ist bei FoF immer begründet, d.h. es gibt einen (mehr oder weniger) konkreten Anlass für die Formfokussierung. Dadurch ist die Form im Fokus kontextuell eingebettet. Bei FoF ist Formfokussierung kein Selbstzweck, sondern zweckgerichtet und motiviert. Die Vorteile einer solchen Vorgehensweise lassen sich mittlerweile lerntheoretisch gut begründen (vgl. Timm 2009, Ellis, N. 2007) und auch empirische Untersuchungen zeigen, dass Lerner von einer Verbindung aus Inhalts- und Formfokussierung profitieren und sie in manchen Fällen auch dringend benötigen (vgl. Long 1991, Spada 1997, Ellis, R. 2001, Sheen 2002).

Es folgt eine Beschreibung der zentralen Merkmale von FoF. Anschließend wird auf die Unterschiede zwischen FoF und traditionelleren Ansätzen der Grammatikvermittlung (auch als Focus on FormS, kurz FoFS bezeichnet) eingegangen.[3] Abschließend wird die Frage behandelt, ob und wie sich FoF für die Förderung von Deutsch als Zweitsprache nutzen lässt.

---

2 Im angloamerikanischen Kontext spricht man von *meaning-centered* oder *meaning-based discourse* bzw. einem *primary focus on meaning* (vgl. Ellis, R. 2001). Dass der *Inhalt*, d.h. worüber im Unterricht gesprochen wird, was verstanden und mitgeteilt wird, je nach Kontext Unterschiedliches darstellen kann, wird weiter unten näher ausgeführt.

3 Betont sei an dieser Stelle, dass der Begriff *FoFS* zur Bezeichnung traditioneller Ansätze wie z.B. der Grammatik-Übersetzungsmethode **nachträglich** und zur Abgrenzung von FoF (dem ‚neuen' Ansatz) eingeführt wurde (vgl. Long 1991).

2.2 Zentrale Merkmale von Focus on Form

Als zentrale Merkmale von FoF nennt Long (2012) folgende Punkte:[4]

1. Formfokussierung erfolgt **eingebettet** in einen primär **inhaltsorientierten Unterricht**;

2. die Form wird **begründet**, i.s.v. motiviert fokussiert;

3. der Form wird **vorübergehend** Aufmerksamkeit gewidmet;

4. die Fokusausrichtung auf die Formseite der Sprache erfolgt möglichst **unaufdringlich**.

Auf die einzelnen Merkmale wird in weiterer Folge detailliert eingegangen, um den Ansatz und die Optionen der Realisierung von Formfokussierung i.s.v. FoF zu konkretisieren.

Das entscheidende Merkmal von FoF ist dessen Auftreten in einem *primär inhaltsorientierten* Unterricht. Allgemein stehen in einem solchen Unterricht die Kommunikation zwischen Lehrkraft und Lerner bzw. Lerner und Lerner und das gegenseitige Verstehen über der Korrektheit der sprachlichen Formen. Relevant für die Zuschreibung von *Inhaltsorientierung* ist zunächst, dass Inhalte unterschiedlicher Art kommuniziert werden und Verstehen und Verstanden werden als Ziele des Unterrichts gelten.[5] Es ist aber davon auszugehen, dass sich der inhaltsorientierte Diskurs[6] im naturwissenschaftlichen Fachunterricht vom Diskurs im kommunikativ ausgerichteten Sprachunterricht unterscheidet, selbst wenn in beiden Kontexten

---

4 Die Merkmale sind einem Handout, das Long auf der Tagung „Empirische Methoden DaF/DaZ" am 24./25. Februar 2012 in Jena ausgab, entnommen.

5 Die Bezeichnungen *kommunikativ, inhaltsorientiert* und *bedeutungszentriert* beziehen sich in dieser Arbeit auf Unterrichtsphasen, in denen der Fokus auf dem Austausch von Informationen i.w.S. und im gegenseitigen Verstehen liegt. Im Unterrichtsdiskurs spiegelt sich diese Orientierung auf Inhalt und Kommunikation u.a. in Bedeutungsaushandlungen, inhaltlichen Evaluierungen und sog. referentiellen Fragen wider (vgl. Kap. 4). Für die Auswertung der Unterrichtssequenzen wurde eine Differenzierung von *Inhaltsorientierung* im Unterrichtsdiskurs vorgenommen (vgl. Kap. 5 und Kap. 6).

6 Die Begriffe *Diskurs* und *Gespräch* werden in der vorliegenden Arbeit in Anlehnung an Henrici (1995) synonym verwendet. Wichtig ist, dass *Gespräche/Diskurse* von *Texten*, die als fixierte, Raum und Zeit überwindende Phänomene verstanden werden, zu unterscheiden sind (vgl. Hoffmann 2014).

die Inhalte vor den Formen stehen. Inwiefern sich die *Art der Inhaltsorientierung* auf die Möglichkeiten der Integration von FoF auswirkt, wurde bisher aber nicht untersucht (vgl. Ellis, R. 2001).

Ursprünglich sollte bei FoF eine Form nur reaktiv und spontan aufgegriffen werden. Bei dieser reaktiven Vorgehensweise werden Formen fokussiert, die sich im Laufe eines Gesprächs oder einer Aufgabenbearbeitung ergeben, was zu einer Fokussierung vieler verschiedener Formen im Unterricht führt. Bei dieser Variante (man spricht von *incidental FoF*) wird keine systematische Behandlung ausgewählter Problembereiche verfolgt. Stattdessen ergibt sich ein extensiver Fokus auf zahlreiche Formen. Auf unterrichtspraktischer Ebene erlaubt dies aber kaum Planung und auf wissenschaftlicher Ebene ist eine Überprüfung der Effekte schwierig[7]. Aus diesen Gründen erweiterte man Longs ursprüngliches FoF-Konzept um *geplanten* FoF (*planned FoF*, vgl. Doughty/Williams 1998b, Ellis, R. 2001). Dabei wird der Kontext so manipuliert, dass bestimmte festgelegte Formen im Rahmen der inhaltsorientierten Kommunikation auftauchen und fokussiert werden können. Es ergibt sich dadurch zwar eine deutlichere Lenkung des Lernerfokus und eine intensive Fokussierung einzelner Formen, aber auch bei geplantem FoF erfolgt die Formfokussierung im Dienste der Kommunikation von Inhalten.[8]

Da bei FoF die Form zweckgebunden fokussiert wird, ist der Prozess der Formfokussierung vorübergehend, d.h. bei FoF ist ein Wechsel zurück zur Inhaltsebene impliziert. Als ein weiteres Merkmal von FoF nennt Long (2012) „Kurzfristigkeit", wobei diese nicht weiter spezifiziert wird. Häufig ist FoF nur als (korrektives) Feedback in einem Äußerungsschritt realisiert, in anderen Fällen besteht der FoF in metasprachlichen Hinweisen oder metasprachlichem Feedback, d.h. das Merkmal *Kurzfristigkeit* kann nur relativ gesehen werden. Auch die Aufdringlichkeit bei der Fokussierung der Form ist nicht festgelegt. Zwar forderte Long zunächst ein unaufdringliches Vorgehen, um keinen Bruch mit der inhaltsorientierten Kommunikation herbeizuführen, prinzipiell ist aber auch bei FoF eine explizite Fokussierung der Form unter Verwendung von Metasprache denkbar (vgl. Ellis, R. 2008a).

---

7 Später führte man sog. *individualized testing* durch (vgl. Nassaji 2009).

8 Diese Vorgehensweise ist v.a. im Task-based Language Teaching-Ansatz und bei sog. fokussierten Aufgaben fruchtbar gemacht worden (vgl. Ellis, R. 2003).

Sequenzen, wie die folgende aus Ellis, R. et al. (2001a) werden häufig zur Demonstration von FoF herangezogen:

Ellis, R. et al. (2001a, 299)

(1) S: I was in pub.

(2) T: In the pub?

(3) S: Yeah, and I was drinking beer with my friend.

(4) T: Which pub did you go to?

Der fehlerhaften Lerneräußerung in (1) folgt eine Nachfrage durch die Lehrkraft (2), wobei der fehlende Artikel ergänzt und somit ein Fokus auf die zielsprachenkonforme Form der Präpositionalgruppe erreicht werden soll. Die inhaltsorientierte Unterhaltung wird dadurch aber nicht unterbrochen, der Lerner S spricht unbeirrt weiter (3) und auch die Lehrkraft setzt das Gespräch auf inhaltlicher Ebene fort (4). Diese Sequenz demonstriert das weitreichende Verständnis einer kurzfristigen, vorübergehenden und in diesem Fall auch sehr unaufdringlichen Fokussierung einer fehlerhaften Form, wie sie bei FoF vorgesehen ist.[9] Zu erahnen ist der kommunikative Kontext der Sequenz aufgrund der Lerneräußerung und der Frage der Lehrkraft. Dieser Kontext wird aber meist weder spezifiziert, noch in die Analyse einbezogen, was durchaus kritisch zu betrachten ist und für die Weiterentwicklung des FoF-Ansatzes als besonders wichtig zu ergänzen erscheint. Ellis, R. et al. (2001b) formulieren dazu:

„We note that this definition of meaning-focussed instruction excludes any consideration of the quality of the instructional discourse. Thus, whether the exchanges that occur are didactic in adjacency pairs (e.g., invite-accept), is not itself a criterion for meaning-focussed instruction although, of course, it may be a significant factor where acquisition is concerned." (Ellis, R. et al. 2001b, 413)

---

9 An dieser Stelle soll darauf hingewiesen werden, dass FoF über rein korrektives Feedback hinausgeht, wenngleich die Realisierung als solche oftmals gleich erscheinen mag. Auf den Unterschied wird in Kap. 4.2 näher eingegangen.

Zum Begriff der *Form*

Anhand der Unterscheidung zwischen zufälligem und geplantem FoF lässt sich auch sehr gut erkennen, dass der Begriff *Form* sehr variabel verwendet wird und vom klassischen Verständnis der *Form* als Grammatikbaustein oder grammatischer Kategorie abweicht. So werden bei zufälligem FoF konkrete Tokens, d.h. an der Oberfläche realisierte sprachliche Formen fokussiert. Bei geplantem FoF werden dagegen Wortformen oder Tokens eines Types fokussiert, d.h. es handelt sich dann um eine Wortart (z.B. die Partizipialadverbien) oder eine Kategorie (z.B. Plural), die über mehrere verschiedene Exemplare in den Lernerfokus gelangen und Regelableitungsprozesse initiieren sollen.[10]

Wichtig ist, dass einerseits die Form als Lautgestalt von sprachlichen Elementen, mit der eine gewisse Bedeutung verbunden werden muss, fokussiert wird und andererseits die grammatische Struktur[11], die der Lautgestalt zugrundeliegt (z. B. im Englischen die Wortbildungsregeln zur Bildung von Adverbien durch Suffigieren von *-ly* oder die *-s*-Markierung beim Genitiv). Am Beispiel der trennbaren Verben des Deutschen lässt sich der Begriff *Form* in seinen unterschiedlichen Interpretationsmöglichkeiten verdeutlichen. Verben mit trennbarem Präfix gelten als DaZ-Stolperstein (vgl. Rösch 2003), da sie – im Präsens verwendet – auf syntaktischer Ebene die Verbalklammer zur Folge haben. Hier wird deutlich, dass nicht die konkrete Form des Verbs (z.B. *einsteigen*) als Fokussierungsgegenstand intendiert ist, sondern die syntaktische Struktur, die aufgrund eines gewissen Verbs mit einer gewissen grammatischen Eigenschaft, erforderlich ist. Einen anderen Aspekt zeigen sog. idiomatische Verbindungen wie z.B. *in Kraft treten*, deren Bedeutung nicht aus der Bedeutung der Einzelelemente ableitbar ist. Nicht alle sprachlichen Erscheinungen lassen sich hinsichtlich ihrer äußeren Form erklären.

Auf die hier angesprochenen linguistischen und kognitiven Dimensionen des sprachlichen Zeichens als Form-Bedeutungsverbindung wird in Abschnitt 3.1 näher eingegangen. An dieser Stelle sei aber betont, dass die

---

10 Bei Wälchli/Ender (2013) wird zur Unterscheidung von Oberflächenformen einerseits zwischen *Token* und *Type* und andererseits zwischen Lexem und Wortform differenziert. Relevant für die vorliegende Arbeit ist, inwiefern die jeweilige Form als einzelnes Exemplar (*item*) oder als Beispiel für eine abstrakte Kategorie fokussiert wird.

11 Häufig wird *Struktur* synonym für *Form* verwendet.

Form nicht auf Grammatik als Oberbegriff und grammatische Regeln beschränkt ist, sondern sprachliche Elemente meint, die unterschiedlich dimensioniert sein können und auch von klassischen Vorstellungen von Form abweichen. So ist bei FoF z.b. eine Kollokation, ihre Bedeutung und ihre Funktion in einem konkreten Verwendungskontext ebenso ein potenzieller Fokussierungsgegenstand wie die Flexionsendungen bei der Deklination deutscher Nominalgruppen oder die (meist) regelhafte Bildung des Komparativs im Deutschen.

2.3 Focus on Form versus Focus on FormS

Trotz der Ähnlichkeit im Wortlaut wird FoF in der einschlägigen Forschungsliteratur als abgrenzbarer Ansatz von Focus on FormS (FoFS) gesehen (vgl. Ellis, R. 2001, 2008a, Long/Robinson 1998, Long 1991). Da bei beiden Ansätzen Formaspekte der L2 fokussiert werden, diskutiert man sie unter dem Sammelbegriff *Form-focused Instruction* (vgl. Spada 1997). Auf die Unterschiede zwischen FoF und FoFS wird in weiterer Folge eingegangen.

Ein zentraler Unterschied zwischen FoF und FoFS liegt in der Sichtweise auf die L2. Bei FoFS wird die L2 als Objekt, das es zu lernen gilt, verstanden. Die verschiedenen Formen werden ins Zentrum der Aufmerksamkeit gerückt, was bedeutet, dass die Fokussierung der Formen nicht vorübergehend und zweckgerichtet ist, sondern das eigentliche Ziel des Unterrichts darstellt. Die Fokussierung der Formen erfolgt daher auch nicht eingebettet in einen Kontext, der auf Verstehen ausgerichtet ist. Vielmehr werden Kontexte geschaffen, in denen die möglichen Formen einer Klasse von Wörtern (z.B. Modalverben) geübt werden können. Die jeweilige Form wird nicht fokussiert, weil sich ein Bedürfnis dafür einstellt, sondern weil es von Seiten des Lehrplans, der Lehrkraft, der Materialien usw. so vorgesehen ist. Dies hat unmittelbare Auswirkungen auf die Qualität des Unterrichtsdiskurses (vgl. Kap. 4) und, so argumentieren VertreterInnen des FoF-Ansatzes, auf die lerneffektive Verarbeitung des sprachlichen Inputs (vgl. Doughty 2001).

Im Vordergrund bei FoFS steht das PPP-Prinzip (*Presentation-Practice-Production*), wonach die Produktion zur Automatisierung führt (vgl. Schifko 2011). Die Lerner sind gefordert, die Einzelteile zu lernen und anschließend zusammenzufügen. Wie Westhoff (2006) beschreibt, geht man

davon aus, dass das Verstehen der Regel der freien Anwendung vorzula-
gern sei. Der Lerner erhält Informationen über eine Klasse, z.b. Modalverben. Er lernt die Formen und Bedeutungen, die Anwendungsregeln und
Ausnahmen und soll diese in der Kommunikationssituation anwenden. Er
lernt die Phänomene in ihrer Gesamtheit kennen, weil die systematische
linguistische Beschreibung die Grundlage für die unterrichtliche Vermittlung darstellt. Im Unterschied zu FoF stehen nicht zunächst die konkreten
Äußerungsbedürfnisse, sondern die vollständige Erfassung eines abstrakten Phänomens im Vordergrund. In verschiedenen Satz- und Textkontex-
ten wird solange geübt, bis der Lerner die Regeln sicher anwenden kann.
Man geht davon aus, dass die Übung zum Erwerb der Form (als Kategorie,
Wortklasse, Struktur) führt.

Die unterschiedlichen zugrunde liegenden Vorstellungen bezüglich des Er-
werbs und des Lernens (einer L2) spiegeln sich auch in der Organisation
des Unterrichts und den Unterrichtstechniken wider. Bei FoF setzt man
vorwiegend auf Lernaufgaben (*tasks*). Scaffolding, Bedeutungsaushandlung und Feedbacktechniken dienen dazu, die inhaltsorientierte Kommunikation voranzutreiben, und den FoF schließlich (zufällig oder geplant)
zu integrieren. Bei FoFS stehen, wie bereits erwähnt, die Übung und das
Verstehen der Formenbildung im Zentrum.

Eine weitere Möglichkeit die beiden Ansätze voneinander abzugrenzen,
besteht darin, die Funktion der im Unterricht verwendeten sprachlichen
Mittel zu betrachten. Im inhaltsorientieren Unterricht haben die sprachlichen Formen eine reine ‚Transport-Funktion'. Sie sind das Vehikel, das
Informationen transportiert. Im (rein) formorientierten Unterricht sind
die Formen selbst der Gegenstand, dem die Aufmerksamkeit gilt. Seedhouse (1994) spricht von einer doppelten Rolle der sprachlichen Elemente.
Bei FoF wird der Fokus gelegentlich auf die sprachliche Ausdrucksseite,
also Formen, die die Inhalte transportieren, gelenkt.

FoFS ist nach Sheen (2002) ein *skill-building approach*, der auf kognitive
Prozesse beim L2-Erwerb setzt. Es werden bewusste Lernprozesse angeregt mit dem Ziel der Regelfindung und Regelableitung. Dem Monitor
als Überwachungsinstanz kommt dabei eine zentrale Rolle zu. Interessant
in diesem Zusammenhang ist der Unterschied zwischen dem Lernprozess
und dem Erwerbsprozess und wie sich diese bei FoF und FoFS unterscheiden. Bei FoF finden sich dazu sowohl Konzepte der interaktionistisch-
kognitiven Theorien, wonach interaktive Aushandlungen ein Bemerken

der Formen und ‚Lücken' (*noticing* und *noticing the gap*, vgl. Schmidt 1990, Schmidt/Frota 1986) fördert, als auch Konzepte der soziokulturellen Theorie in der Tradition Vygotskys, wonach Lernen durch soziale Interaktion erfolgt und intra- und interpsychologische Prozesse auslöst (vgl. Ellis, R. 2012).

Die Unterschiede zwischen FoF und FoFS lassen sich theoretisch gut begründen und einander gegenüberstellen, in der Praxis aber ist eine eindeutige Zuordnung von Unterrichtssequenzen – wie noch zu zeigen sein wird – nicht einfach. Die folgende Tabelle zeigt diese Unterschiede hinsichtlich verschiedener relevanter Aspekte (übersetzt und adaptiert nach Ellis, R. 2012, 275):

Tabelle 2.1: Vergleichende Gegenüberstellung von Focus on Form und Focus on FormS nach R. Ellis 2012, 275

Aspekt	Focus on Form	Focus on FormS
Orientierung	Sprache als Werkzeug	Sprache als Objekt
intendierter Lernprozess	inzidentell	intentional
primärer Aufmerksamkeitsfokus	Inhalt	Grammatik(formen)
sekundärer Aufmerksamkeitsfokus	Grammatik(formen)	Inhalt
Erwerbsprozesse	intra- und interpsychologisch	bewusste Regelableitung
Lehrplantyp	aufgabenzentriert	strukturell
Auswahl der Formen	proaktiv und reaktiv	proaktiv
Unterrichtstechniken	Lernaufgaben	Übungen

Wann im Unterricht FoF realisiert wird, ist nicht einfach festzustellen, insbesondere da in der Forschung, wie bereits ausgeführt, der Unterrichtsdiskurs, in dem die Formfokussierung auftritt, als entscheidendes Kriterium angeführt, aber nicht weiter spezifiziert wird. Um diesen Aspekt berücksichtigen zu können, sind Beobachtungsinstrumente zur Einschätzung von Unterrichtskommunikation geeignet. Eines der ersten Beobachtungsinstrumente ist COLT (**C**ommunicative **O**rientation of **L**anguage **T**eaching, vgl. Spada/Fröhlich 1995). Die darin angeführten Kategorien wie z.B. Informationsgehalt, Qualität der Fragen, u.a. geben Hinweise darauf, inwiefern der Unterrichtsdiskurs als kommunikativ zu bezeichnen ist.

Prinzipiell kann festgehalten werden, dass die Verbindung aus einer Fokussierung des Inhalts und der Formen im Unterricht eine große Herausforderung für die Lehrkräfte darstellt. Doughty/Varela (1998) sehen das Konfliktpotenzial in der Anforderung, den FoF in die Kommunikation einzubetten und sie gleichzeitig nicht zu unterbrechen und formulieren dazu:

> „[...] a quintessential element of the theoretical construct of focus on form is its dual requirement that the focus must occur in conjunction with – but must not interrupt – communicative interaction." (Doughty/Varela 1998, 114)

Anhand von zwei Beispielen soll verdeutlicht werden wie eine Vorgehensweise i.S.v. FoF aussehen kann, wobei die Aufmerksamkeit auch dem Unterrichtsdiskurs, d.h. der ‚FoF-Umgebung', gilt.

Zwei Beispiele zur Demonstration

Das erste Beispiel stammt aus Gibbons (2002, 35f.). Es handelt sich um ein Transkript zum lehrergestützen Berichten, das im Scaffolding-Ansatz einen zentralen Bestandteil ausmacht. Das Kind berichtet in seiner Zweitsprache Englisch über seine Erkenntnisse aus einem Experiment. Die Lehrkraft unterstützt es dabei, das Verstandene immer ausführlicher zu formulieren. Zwar fokussiert sie die sprachlichen Formen, der Diskurs aber ist durchwegs auf den Inhalt konzentriert. Die Formfokussierung erfolgt erst nach dem 11. Gesprächsschritt in Form eines *recasts* (vgl. Gibbons 2002, 36).

Gibbons (2002, 35-36):

(1) T: What did you find out?

(2) S: if you put a nail onto the piece (...) it won't

(3) T: it what?

(4) S: it won't come out

(5) T: what won't come out?

(6) S: it'll go up

(7) T: wait just a minute.. can you explain that a bit more, Loretta?

31

(8) S: (...)[12] Miss I can't say it.

(9) T: no, you're doing fine. I.I can see.

(10) S: Miss forget about the magnet/ em the magnet holds it with the foil up to the top and the nail's underneath and the foil's on top and put the magnet in it and you lift it up .. and the nail will em ... hold it/stick with the magnet and the foil's in between

(11)T: so, even with the foil in between . the . magnet will still pick up the nail . alright. does the magnet pick up the foil? (Kommentar: der FoF erfolgt hier durch ein recast der Lerneräußerung)

An diesem Beispiel lässt sich gut erkennen, was mit *Inhaltsorientierung* bzw. einem Hauptfokus auf Bedeutung im Unterricht gemeint ist. Die Formen werden fokussiert, weil sie zur Mitteilung der relevanten Information benötigt werden. Die Lehrkraft reagiert auf das, was die Lernerin sagen möchte und unterstützt sie durch den FoF (in Form eines *recasts*) dabei ihr sprachliches Repertoire auszuweiten. Der FoF tritt hier ergänzend auf, d.h. die korrekte Verwendung dieser einen Form war nicht vorweg als Ziel festgelegt.[13] Die Lehrkraft nutzt vielmehr den auf Verstehen ausgerichteten Unterrichtsdiskurs dazu, jene äußere Form, die die verstehensrelevanten Bedeutungsbestandteile kodiert, aufzugreifen und zu fokussieren.[14] Hierbei wird FoF als sehr weit gefasstes Konzept verstanden.

Das Beispiel lässt auch erkennen, weshalb Long FoF aus den Überlegungen zur Bedeutungsaushandlung und Interaktionshypothese entwickelt hat (vgl. Long 1991, Ellis, R. 2008b). Die Interaktionshypothese spricht der interaktiven Aushandlung von Bedeutung und interaktionalen Modifikationen sprachförderliches Potenzial zu (vgl. Kap. 4.2.2). Während der Interaktion hat die Lehrkraft die Möglichkeit die Aufmerksamkeit des Lerners auf sprachliche Elemente, d.h. Formen und ihre Bedeutung zu lenken und zwar dann, wenn sie verstehensrelevant sind. Insgesamt geht es bei FoF also darum, mit den L2-Lernern in Interaktion zu treten und mit ihnen zu kommunizieren.

---

12 Gekürzt durch D. Rotter.

13 Auch Spada (1997, 73) weist darauf hin: „*For the most part, the classroom studies are ones in which a form-focussed component has been included within second language (L2) instruction which is primarily meaning-based.*"

14 Der Terminus „auf Verstehen ausgerichteter Diskurs" erscheint als passender deutschsprachiger Ausdruck für den „*primary focus on meaning*".

Ein anderes Beispiel, das m.E. das Konzept FoF sehr gut verdeutlicht, findet sich bei Seedhouse (1997a). Er untersuchte 330 Unterrichtstranskripte dahingehend, ob ein Fokus auf Form und Inhalt vereint wurden und kommt zu dem ernüchternden Ergebnis, dass lediglich ein Ausschnitt einen klaren doppelten Fokus (*dual focus*) aufwies. Dieses Beispiel sieht folgendermaßen aus:

Mathers (1990, 109, zit. in Seedhouse 1997a, 342):

Extract 4

LI: And what did you do last weekend?

L2: On Saturday I went on my own to Canterbury, so I took a bus and I met L6 he took the same bus to Canterbury. And in Canterbury I visited the Cathedral and all the streets near the Cathedral and I tried to find a pub where you don't see —where you don't see many tourists. And I find one

T: Found[15]

L2: I found one where I spoke with two English women and we spoke about life In Canterbury or things and after I came back

T: Afterwards

L2: Afterwards I came back by bus too. And on Sunday what did you do?

LI: Oh, er, I stayed in home

T: At home

LI: On Sunday I stayed at home and watched the Wimbledon Final. What did you do on Sunday?

L2:On morning

T: In the morning

L2: In the morning I took the bus ...

Da der Fokus nicht einseitig der Form oder dem Inhalt der Lerneräußerungen gilt, spricht Seedhouse von einem doppeltem Fokus.[16] Die fehlerhaften Formen ergeben sich im inhaltsorientierten Gespräch über Wochenendaktivitäten (reaktiv), sie sind begründet in eben diesem, werden

---

15 Fettdruck zur Hervorhebung durch D. Rotter.
16 Hier ist die Perspektive der Lehrkraft vordergründig.

kurz fokussiert und vom Lerner aufgegriffen, dennoch läuft das Gespräch auf inhaltlicher Ebene weiter. Die Formfokussierung ist somit eingebettet in ein primär inhaltsorientiertes Gespräch und entspricht weitgehend den von Long definierten Kriterien eines FoF, auch wenn man hier argumentieren könnte, dass eine stärkere sprachstrukturelle Orientierung der Lehrkraft zu erkennen ist.

Die beiden Beispiele zeigen, dass Unterschiedliches den *Inhalt* darstellen kann. Im ersten Beispiel ist es ein Experiment, im zweiten Beispiel sind es persönliche Erfahrungen und Erlebnisse. In beiden Fällen aber wird die L2 als ‚Werkzeug‘ zum Transport von Information eingesetzt.

Das Problem der *Inhaltsorientierung im Unterrichtsdiskurs* ist auch vor dem Hintergrund des lernpsychologischen Konzeptes der Bedeutsamkeit zu betrachten. Jedes Individuum misst einer gewissen Gegebenheit selbstständig Bedeutsamkeit zu, d.h. wann ein Inhalt für einen Lerner bedeutsam ist, ist nicht von außen festzulegen und es ist schwierig, eindeutige Aussagen über die Orientierung im Diskurs oder die Qualität der Kommunikation zu treffen (vgl. Eckerth/Riemer 2000). Diese Schwierigkeit spitzt sich auch dadurch zu, dass immer zwei unterschiedliche Perspektiven (Lehrkraft und Lerner) zu berücksichtigen sind. In dem Konzept der *Orientierung* steckt auch ein zentrales Problem des FoF-Ansatzes. Da immer auf eine gewisse Art und Weise kommuniziert wird und dabei sprachliche Zeichen als Form-Bedeutungsverbindungen vorkommen, ist eine klare Abgrenzung nicht einfach.

Funk (2006) zeigt an einem Beispiel, wie unterschiedlich die Begriffe der Inhalts- und Formfokussierung bzw. der Bedeutsamkeit ausgelegt werden können. Am Beispiel einer für DaF-Lehrwerke üblichen Aufgabenstellung zur Einführung attributiver Adjektivendungen zeigt er, dass die von R. Ellis (2001) eingeführte begriffliche Unterscheidung zwischen formfokussierten und inhaltsfokussierten Unterrichtsansätzen nicht weit genug greift. Die Lerner sollen nach dem Modell *Ich trage am liebsten ...* über ihre Präferenzen bei Farben und Kleidungsstücken sprechen (z.B. *Am liebsten trage ich weiße T-Shirts mit hellblauen Jeans.*). Der Austausch über den persönlichen Geschmack ist nach Funk eindeutig inhaltsfokussiert. Es folgt jedoch eine Bewusstmachung der Struktur, was als formfokussiert zu bezeichnen ist (vgl. Funk 2006). Die semantische Verankerung der Struktur durch Involvierung der Lerner wird gedächtnispsychologisch erklärt. Die Bedeutsamkeit der sprachlichen Mittel ergibt sich dadurch, dass die

Lerner individuell angesprochen und der Übungskontext personalisiert ist. Die Bedeutsamkeit, die eine so zentrale Rolle im FoF-Ansatz spielt, ergibt sich nach Funk durch die Verarbeitungsaufmerksamkeit, die der jeweilige Lerner dem aktuellen Input schenkt. Es handelt sich also um einen höchst individuell gesteuerten Prozess, bei dem Input zu Intake wird. Eine Vorgabe von Bedeutsamkeit von außen ist nach Funk nicht möglich.[17] Nicht die Lehrkraft oder der Forscher entscheidet, ob eine Aktivität bedeutsam ist, sondern der Lerner selbst.

Offen ist, inwiefern der resultierende Unterrichtsdiskurs tatsächlich inhaltsorientiert ist und wie bedeutsam die kommunizierten Inhalte sind? Handelt es sich in dem Beispiel von Funk um FoF? Anders formuliert lautet die Frage: Wie viel authentischen, nicht formorientierten Kontext braucht es für FoF und wo ist die Grenze zu FoFS?

An dieser Stelle erscheint es noch nicht möglich, diese Fragen eindeutig zu klären. Der Inhalt im Beispiel von Funk ist aber eindeutig ein anderer als der Inhalt in dem Beispiel von Gibbons oder Seedhouse. Zum besseren Verständnis ist dazu auch der jeweilige Kontext, aus dem das Beispiel stammt, zu betrachten. Bei Gibbons handelt es sich um *English as a Second Language* (ESL), in dem Englischen als Zweitsprache das Medium des Wissenserwerbs im Fachunterricht darstellt. Bei Funk handelt es sich um Deutsch als Fremdsprache und bei Seedhouse, so ist anzunehmen, handelt es sich um einen Ausschnitt aus einem kommunikationsorientierten Englisch als Fremdsprache-Unterricht (EFL).

Theoretisch ist die Unterscheidung zwischen FoF und FoFS bzw. Inhalts- und Formorientierung sinnvoll und wissenschaftlich relevant. R. Ellis (2012) resümiert schließlich, dass eine eindeutige Zuordnung von Unterricht zu FoF oder FoFS nicht möglich ist, da einzelne Techniken einander überlappen, Orientierungen wechseln und Lehrer- und Lernerperspektiven konkurrieren:

> „To my mind, then, while the distinction between focus on form and focus on forms is of theoretical interest as it encapsulates different positions regarding how FFI can contribute to second language (L2) acquisition, it cannot serve as a basis for examining the research that has investigated FFI, as

---

17 Dass Bedeutsamkeit unterrichtlicher Aktivitäten nicht von außen auferlegt werden kann, sondern durch die Interpretation durch den Lerner entsteht, betonen auch Seedhouse (1997a) und Eckerth/Riemer (2000).

it cannot really be rigorously defined operationally." (Ellis, R. 2012, 275)

FoF wird zudem Ansätzen mit einem reinen *Focus on Meaning* (sog. FoM-Ansätze) gegenübergestellt. Diese schließen die Betrachtung von Formaspekten weitestgehend aus. Man spricht auch von inhaltsbezogenen oder bedeutungszentrierten Ansätzen. Zentral ist, dass den Lernern bedeutsamer Input zur Verfügung gestellt wird und sie in den Austausch und das Verstehen von Äußerungen involviert werden sollen (vgl. Farrokhi 2011, Ellis, R. 2012). Theoretisch basieren diese Ansätze auf der Inputhypothese (vgl. Krashen 1985). Die kommunikative Kompetenz wird der grammatischen Kompetenz übergeordnet. Das Verstehen, Aushandeln und Mitteilen von Informationen steht im Unterricht im Vordergrund. Fehlerkorrektur wird als störend empfunden, weshalb die Form betreffende Fehler nicht korrigiert werden. Diese werden als notwendige Schritte im Spracherwerbsprozess angenommen. Stattdessen wird die Bedeutung ausgehandelt, um Verstehen zu fördern oder sicher zu stellen. Insgesamt geht man bei Ansätzen mit einem *Focus on Meaning* davon aus, dass Unterricht den Erwerb einer L2 nur sehr bedingt unterstützen kann, was v.a. auf Untersuchungen zurückzuführen ist, die Hinweise auf mögliche feste Erwerbssequenzen im L2-Erwerb postulieren (vgl. Spada 1997).

Eine andere Frage, die v.a. in Kap. 3.4 ausführlich behandelt wird, ist, **wann** im Unterricht FoF eingesetzt wird. Die Frage nach dem Zeitpunkt bezieht sich einerseits auf das, was **vor** dem FoF geschehen ist, und andererseits auf den individuellen Wissensstand des Lerners zum Zeitpunkt der Formfokussierung, d.h. wo er sich in seiner zweitsprachlichen Entwicklung befindet. Wird FoF bei Anfängern eingesetzt, ist eine andere Variante zu wählen, als wenn es sich um fortgeschrittene Lerner handelt. Ebenso gilt es das Alter und die gemachten Lern- und Unterrichtserfahrungen zu berücksichtigen. Jugendliche DaZ-Lerner, so ist anzunehmen, können den FoF evtl. anders nutzen, als DaZ-Lerner im Grundschulkontext. Außerdem ist zu hinterfragen, worauf der FoF abzielt. Im Beispiel von Seedhouse wird beispielsweise die Form *found* zum Gegenstand der Aufmerksamkeit gemacht. Hier kann gefragt werden, ob der Lerner diese Form neu lernen muss, sie bereits kennt, aber selbst nicht produzieren konnte[18], ob er unregelmäßig gebildete Formen der Past Tense als Wortklasse kennt und von

---

18 Hier ist zu beachten, welche kontextuellen und situativen Gegebenheiten evtl. dafür verantwortlich sein können.

regelmäßig gebildeten Verbformen unterscheiden kann, usw. Hinsichtlich des Formaspekts, der bei FoF fokussiert wird, ergeben sich auf unterrichtspraktischer Ebene zahlreiche solche Fragen. Übergeordnet gilt es zu berücksichtigen, vor welchem Wissenshintergrund Formen – kontextuell eingebettet – fokussiert werden.

Bevor nun auf die Fragen der Übertragbarkeit des FoF-Ansatzes auf den DaZ-Kontext eingegangen wird, soll an dieser Stelle noch das Begriffspaar *explizite* und *implizite* Instruktion, das häufig im Zusammenhang mit FFI bzw. formbezogenen Ansätzen vorkommt, erläutert werden.[19]

R. Ellis (2012) weist darauf hin, dass Instruktion das Attribut *explizit* erhält, wenn im Unterricht Regeln gelernt werden sollen und die Lerner auch dazu angeregt werden, bewusste Repräsentationen der jeweiligen Regeln zu speichern.[20] Als *implizit* wird Instruktion bezeichnet, wenn die Lerner die Regeln unbewusst inferieren sollen. In einem solchen Unterricht ist es nicht vorgesehen, dass die Lerner die Regeln, die ihrer Sprachverwendung zugrunde liegen, kennen und darüber Auskunft geben. Diese Unterscheidung ist theoretisch relevant, in der Unterrichtspraxis ist aber häufig nicht eindeutig festzustellen, ob es sich um explizite oder implizite Instruktion in Bezug auf die Fokussierung formalsprachlicher Aspekte handelt (vgl. Ellis, R. 2012).

Die Schwierigkeit mit diesen Begriffspaaren liegt m.E. auch darin, dass versucht wird, sowohl (angestrebte) Lernprozesse als auch Unterrichtstechniken und Wissensqualitäten in einem Begriff (nämlich explizit oder implizit, FoF oder FoFS) zu fassen, was der Vielfalt und Komplexität unterrichtlicher Vorgehensweisen nicht gerecht werden kann. Hinzu kommt, dass generell eine Außenperspektive eingenommen wird, aber davon auszugehen ist, dass unterschiedliche Vorgehensweisen zu ganz unterschiedlichen, individuellen Lernerreaktionen und lernerinternen kognitiven Prozessen führen. Auf die einzelnen Konstrukte wird daher in den folgenden Kapiteln näher eingegangen.

---

19 Hier wird in Anlehnung an das englische Wort *instruction* die deutsche Entsprechung Instruktion verwendet.

20 Dabei ist festzuhalten, dass auch eine explizite Fokussierung formalsprachlicher Aspekte unterschiedlich aussehen kann. Einerseits kann der Fokus explizit, i.S.v. eindeutig auf die Form und ihre Abweichung von der zielsprachigen Norm gemeint sein. Andererseits kann auch explizit auf die Bildung der Form und die zugrunde liegende Regel verwiesen werden.

2.4 Focus on Form im DaZ-Kontext

FoF erscheint als vielversprechender und zukunftsweisender Ansatz, um den Bedürfnissen von L2-Lernern entgegen zu kommen. Dennoch ist zu fragen, wie FoF in unterschiedlichen Unterrichtssettings und Erwerbskontexten zu implementieren ist, um möglichst effektiv zu sein. Insbesondere in Hinblick auf DaZ ist zu klären, welche Aspekte zu berücksichtigen sind.

Zunächst ist der Entstehungs- und Forschungskontext von FoF zu beachten. Dieser liegt hauptsächlich im angloamerikanischen Raum, d.h. die Zielsprache war in den meisten Untersuchungen Englisch. Inwiefern sich typologisch andere Sprachen durch FoF unterrichten lassen, ist weitgehend offen. So ist fraglich, wie Erwerbsprobleme des Deutschen (z.b. das Deklinationssystem) mit FoF zu behandeln sind.[21] Hinzu kommt, dass FoF meist im Unterricht mit erwachsenen Lernern (häufig im universitären Kontext) praktiziert und untersucht wurde. Es ist aber davon auszugehen, dass FoF im Unterricht mit Lernern unterschiedlichen Alters unterschiedlich realisiert werden muss. Wie sich das Alter und die kognitive Entwicklung (Metakognition, Lernstrategien u.Ä. einbezogen) auf die Möglichkeiten von FoF-Unterricht auswirken, ist kaum untersucht.

Die Größe der Lernergruppe und die Gruppenkonstellation erscheinen ebenfalls als kritische Faktoren bei der Implementierung von FoF. Für die interaktiven Aushandlungen und den kommunikativen Austausch müssen Zeit und Raum gegeben sein. In größeren Lerngruppen und v.a. im Regelunterricht[22], ist es für die Lehrkraft wahrscheinlich schwierig die individuellen Probleme aufzugreifen und auf diese einzugehen, insbesondere, wenn Disziplinprobleme bzw. Aufmerksamkeitsdefizite auftreten.

Wenn FoF im schulischen Kontext zur Förderung des Deutschen als Zweitsprache eingesetzt würde, ist zu fragen, in welchen Unterricht es integriert werden sollte. Hier ergeben sich mehrere Optionen. So könnte der Fachunterricht FoF einbeziehen. Dadurch wäre die notwendige Inhaltsorientierung gegeben. Das Problem liegt dann eher darin, dass die Fachlehrkräfte bisher nicht dazu ausgebildet wurden, Formaspekte aufzugreifen

---

21 Rezipiert wurde FoF auch im DaF-Kontext (vgl. dazu Portmann-Tselikas 2001). Im DaZ-Kontext finden sich Hinweise auf FoF bei Kaltenbacher/Klages (2008) und zuletzt in der BeFo-Untersuchung (vgl. Rösch/Stanat 2011).

22 Damit ist der gemeinsame Unterricht von Schülern mit Deutsch als Erstsprache und jenen mit Deutsch als Zweitsprache gemeint.

und zu thematisieren. Für die Fokussierung von Sprachaspekten wären die Sprachfächer prädestiniert, aber auch hier ist zu fragen, inwiefern z.B. die Ausbildung der Deutschlehrkräfte ein Vorgehen i.S.v. FoF ermöglicht. Möglicherweise eignen sich die Sprachfächer dazu, FoF als Prinzip zu integrieren. FremdsprachlehrerInnen haben zumindest den Vorteil, sich bereits intensiv mit Sprachstrukturen und den Anforderungen beim Aufbau einer Sprachkompetenz auseinandergesetzt zu haben.

Hinzu kommt, dass die DaZ-Lerner Regelklassen besuchen und bisher hauptsächlich Unterricht erfahren haben, der am monoglingualen deutschsprachigen Kind orientiert ist. Dass die Muttersprachdidaktik Deutsch eine komplett andere Herangehensweise an die Formen des Deutschen verfolgt, ist bekannt (vgl. Belke 2012, Schwenk 2014). Wie DaZ-didaktische Prinzipien in den Unterricht aufgenommen und FoF zur Förderung des Deutschen als Zweitsprache integriert werden könnte, ist bisher offen.

Damit ist das Problemfeld Zweitsprachdidaktik angesprochen. Reich/Roth (2002) weisen darauf hin, dass es eine deutlich weiter entwickelte Didaktik des Englischen als Zweit-/Fremdsprache gibt, als es für Deutsch als Zweitsprache der Fall ist. Mittlerweile ist auch die Didaktik des Deutschen als Fremdsprache weit entwickelt. Deren Übertragbarkeit auf DaZ ist aber ebenso problematisch, wie die Übertragung der didaktischen Modelle von Deutsch als Muttersprache (vgl. Belke 2012). Hinzu kommt, dass die Deutsch-Lehrkräfte des Regelunterrichts häufig nicht dazu ausgebildet wurden, grammatische Phänomene spontan aufzugreifen und darauf einzugehen. Um einen FoF realisieren zu können, muss die Lehrkraft die DaZ-spezifischen Formprobleme kennen. Es reicht nicht aus, jene Phänomene, wie sie aus dem Deutsch als Muttersprache-Unterricht bekannt sind, zu thematisieren.[23]

Strukturelle Vorgaben in Form von Lehrplänen, Unterrichtsmaterialien und Leistungsüberprüfungen sind ebenfalls entscheidend, wenn es um die Frage der Implementierung von FoF geht. Wenn sich die Lehrkräfte durch curriculare Vorgaben dazu gezwungen sehen, grammatische Teilbereiche zu lehren, ist eine gelegentliche Formfokussierung i.S.v. FoF unzureichend. Außerdem sind der Erwerbskontext und damit einhergehende Unterrichtstraditionen und -erwartungen als bedingende Faktoren zu nennen. Nicht

---

23 Außerdem ist darauf hinzuweisen, dass es auch von wissenschaftlicher Seite her noch unzureichend konkrete Hinweise für ein Implementierung von FoF in unterschiedlichen Unterrichtssettings gibt.

in jeder Kultur und Gesellschaft wird es gut geheißen, wenn ein individualistisches Vorgehen propagiert wird und die Lehrkraft in der Rolle des ‚Unterstützers' auftritt (vgl. Poole 2005).

Schließlich ist in Hinblick auf die Mehrsprachigkeitsdidaktik offen, welche Rolle die Erstsprachen der Lerner in einem Unterricht mit FoF spielen.

Fazit

Trotz der vielen offenen Fragen und Hürden in Bezug auf FoF erscheint es sinnvoll, FoF für den DaZ-Bereich zu etablieren. Erstens ist es lerntheoretisch und spracherwerbstheoretisch gut begründbar, Formen dann zu fokussieren, wenn sich in der Kommunikation ein Bedürfnis dafür einstellt. Der Vorteil der DaZ-Situation liegt m.e. sogar darin, dass bei den Lernern oftmals eine gewisse kommunikative Sprachkompetenz bereits vorliegt und ein FoF ergänzt werden kann. Zweitens ist bei Unterricht mit einem FoF keine Progression im klassischen Sinne notwendig. Fokussiert werden jene Elemente, die Probleme aufwerfen. Drittens ist es bei FoF möglich, Phänomene zu behandeln, die sich einer klaren regelgeleiteten Bildung entziehen.

Alle genannten Aspekte deuten darauf hin, dass der FoF-Ansatz zur DaZ-Förderung geeignet ist. Nötig sind aber Veränderungen in der LehrerInnenbildung, in der Curriculumsgestaltung, in den Lehr- und Unterrichtsmaterialien und auch in den Methoden der Leistungsüberprüfung. Ein erster Schritt könnte darin bestehen, den FoF-Ansatz für die separierte und additiv organisierte DaZ-Förderung einzusetzen. Die vorliegende Studie ist ein erster Schritt in diese Richtung. Die Ergebnisse zeigen, wo das Potenzial und die Herausforderungen für die Lehrkräfte bei der DaZ-Förderung mit FoF liegen.

2.5 Zusammenfassung

Die Kritik an rein inhaltsbezogenen Ansätzen besteht seit den 1980er Jahren, weil man erkannte, dass L2-Lerner durch verständlichen Input und inhaltsorientierten Unterricht zwar gute kommunikative Fähigkeiten in der L2 ausbildeten, aber gravierende Mängel im formalen Bereich zeigten (vgl. Long 1991, Spada 1997, Swain 1985). Verständlicher Input alleine, so die Schlussfolgerung, reiche nicht aus, um eine allgemein hohe Kompetenz in der L2 zu erlangen. Die Kritik an formbezogenen Ansätzen bezieht sich hingegen auf den begrenzten Nutzen, den (explizites) Sprachwissen in der spontanen Sprachverwendung zu haben scheint und die bedingte Steuerbarkeit des (Zweit)Spracherwerbs. Heute geht man davon aus, dass Formfokussierung im Unterricht mit L2-Lernern nur sinnvoll ist, wenn sie in Einklang mit den natürlichen Erwerbssequenzen erfolgt und die Form im Kontext bedeutsamer Kommunikation fokussiert wird.

Zwar weisen Forschungsergebnisse auf eine Überlegenheit formbezogener Ansätze gegenüber rein inhaltsbezogenen Ansätzen hin (vgl. Ellis, R. 2001). Wie Form- und Inhaltsfokussierung im Unterricht konkret zu verbinden sind, ist jedoch nicht eindeutig geklärt. Die theoretischen Ausführungen zu FoF sind durchaus vielversprechend, weshalb die Implementierung des Ansatzes im DaZ-Förderunterricht untersucht und Potenzial sowie Schwierigkeiten eingeschätzt werden sollen. Die Umsetzung der Theorie in der Praxis erscheint daher als große Herausforderung für Lehrkräfte im Unterricht mit DaZ-Lernern.

Zusammenfassend gilt: Unterricht mit Focus on Form ist durch folgende Merkmale gekennzeichnet: a) es gibt ein von der Form unabhängiges Thema, das vor und nach der Formfokussierung relevant bleibt, b) die Formfokussierung ist kein Selbstzweck, sondern ist in der kommunikativen Interaktion begründet und c) die Vorgehensweise der Lehrkraft sowie das Verhalten des Lerners entscheiden letztlich über die Realisierung der Formfokussierung und die Zuordnung zu FoF oder FoFS.

Für die vorliegende Arbeit ergaben sich folgende drei leitende Probleme:

1. Es gibt eine breite Diskussion zum Thema Formfokussierung im Fremd-und Zweitsprachunterricht, allerdings werden die Begrifflichkeiten (Form, Inhalt, Inhaltsorientierung, explizit, implizit, u.a.) zum Teil uneinheitlich verwendet und die Abgrenzung voneinander erscheint schwierig, insbesondere was die konkrete Umsetzung im Unterricht betrifft.

2. Die Forderung Formfokussierung im Sinne von Focus on Form zu realisieren, erscheint sinnvoll, es fehlt jedoch die klare Benennung der einflussnehmenden Faktoren und der Merkmale der Kommunikation, v.a. für Deutsch als Zweitsprache.

41

3. Die Lehrkraft als Schlüsselfigur in der Diskussion um Formfokussierung als FoF wird meist ausgeklammert, d.h. die an sie gestellten Forderungen und notwendigen Fähigkeiten wurden bisher nicht ausreichend thematisiert.

Kapitel 3

Grundlagen des Formfokussierungskonzeptes

Im Zentrum dieses Kapitels steht die Frage, warum Form im Kontext bedeutsamer Kommunikation fokussiert werden sollte und welche kognitiven Prozesse dabei angenommen werden. Ausgehend von den Erläuterungen in Kapitel 2 wende ich mich der Frage zu, wie Aufmerksamkeit und Sprachverarbeitung zum Zwecke der Sprachförderung im Sinne von FoF zu vereinen sind und welche Besonderheiten sich hinsichtlich der Zielgruppe ergeben. Es geht um das Bewusstsein der lernenden Person, die möglichen Eingriffe auf Verarbeitungs- und Lernprozesse durch die lehrende Person und die Begrenztheit des kognitiven Systems des Menschen. Ausgangspunkt der Überlegungen bilden verschiedene Konzeptionen von Sprache und Spracherwerb sowie neueste Erkenntnisse zu Sprachverarbeitungsprozessen und Sprachlernprozessen. Dabei wird zu zeigen sein, dass eine Abwendung von der rein formalen Sprachbeschreibung unumgänglich ist, um Spracherwerbsphänomene zu erklären. Die Konstruktionsgrammatik als neuere Sprachtheorie liefert eine gute Basis, um beobachtbare Phänomene zu deuten. Ergänzt um interaktionistische Erklärungsansätze ergibt sich ein differenzierter Blick auf die Lehrer-Lerner-Interaktion und die Gestaltungsmöglichkeiten durch Formfokussierung und Kommunikation. Hinzu kommt das Modell der „schwachen Schnittstelle", das die Rolle expliziten Sprachwissens neurowissenschaftlich neu erklärt und der formbezogenen Instruktion dadurch eine plausible Grundlage liefert.

Ziel der folgenden Abschnitte ist es, zu verdeutlichen, dass Formfokussierung kein Rückschritt in Richtung sinnentleerter Grammatikübungen oder entmutigender Feedbackschleifen darstellt. Vielmehr geht es darum, dass die theoretische Forderung von FoF eine fundierte und begründete Basis hat, die es zu verstehen und zu nutzen gilt. Die übergeordnete Frage lautet: **Warum kann Formfokussierung als FoF zielführender als andere Vorgehensweisen im Unterricht mit L2-Lernern sein?**

3.1 Spracherwerb als Korrelationsprozess

3.1.1 Über die Bedeutung zur Form

Der Mensch ist darauf ausgelegt, Sprache hinsichtlich der kodierten Bedeutung zu interpretieren, d.h. das Verstehen steht im Vordergrund und nur unter bestimmten Umständen verschiebt sich der Fokus auf einen anderen Aspekt, wie z.b. die genaue lautliche Realisierung des Wortes (konkret) oder die Regel (abstrakt), die der Lautgestalt zugrunde liegt.

Die Konstruktionsgrammatik erklärt sog. *frozen phrases* als Basiseinheiten des Spracherwerbs. Damit sind unanalysierte *chunks* gemeint, die situationsabhängig und in Momenten geteilter Aufmerksamkeit (vgl. Tomasello 2003) von Lernern[1] eingesetzt werden. Diese unanalysierten Einheiten stehen zunächst für ganze Sätze, einzelne Wörter oder auch nur Funktionen. Sie werden als bedeutungstragende Gesamteinheiten gelernt und erst im Laufe der Zeit analysiert. Mit zunehmender Spracherfahrung (Input) können die *frozen phrases* als Schablonen genutzt und mit neuen Lexemen gefüllt werden. Der Lerner erkennt, dass in gewissen Situationen gewisse Lautketten etwas Bestimmtes meinen und kann über Abstraktionsprozesse die Muster abstrahieren. Demnach geht man davon aus, dass sich Spracherwerb dadurch vollzieht, dass der Lerner über die kommunizierte Bedeutung die Möglichkeit hat, der Lautkette (Form) eine gewisse Bedeutung zuzuordnen. Die Aufgabe des Lerners besteht darin, Formen und Bedeutungen zu korrelieren. Man spricht von Spracherwerb als ‚Korrelationsprozess', wobei die Formen den Bedeutungen zuzuordnen sind (vgl. Bickes/Pauli 2009, Portmann-Tselikas 2003). Die Konstruktionsgrammatik lehnt die gängigen Vorstellungen der Modularität und des Naturalismus ab (vgl. Ehlich 2007). Auch die traditionellen Einheiten (Satz, Wort, Morphem, Phonem) bilden dieser Auffassung nach nicht die re-

---

1 In weiterer Folge wird von Lernern gesprochen, auch wenn sich die Beobachtungen meist auf den kindlichen L1-Erwerb stützen und die Erkenntnisse und Annahmen erst auf den L2-Erwerb umgelegt wurden.

levanten Einheiten des Sprachaneignungsprozesses ab und sind nicht im Stande die Sprachkompetenz zu beschreiben.[2]

Die Bedeutung eines sprachlichen Elements entnimmt das Kind im L1-Erwerb den Situationen geteilter Aufmerksamkeit. Es extrahiert jene Segmente, die bedeutungstragend sind und steht vor der Aufgabe diese mit der Form zu verbinden. Zunächst werden einzelne Formen für ganze Sätze (bzw. Propositionen) verwendet (vgl. Tracy 2007). Das Kind benötigt dazu keinerlei explizite Hinweise oder Regelerklärungen, aber die Interaktion mit der Bezugsperson.[3] Das Kind leitet sprachliche Regeln aus dem ihm zur Verfügung stehenden Input ab und entwickelt dadurch seine ‚innere' Grammatik. Die Extraktion von abstrakten Schemata zur produktiven Sprachverwendung, welche in Form von Regeln beschreibbar sind, sind als Ergebnis des Inferierens der Bedeutung aus den kontextualisierten Formen zu deuten. Portmann (2003) beschäftigt sich mit diesem Extraktionsprozess aus Sicht des Deutsch als Fremdspracherwerbs. Er formuliert:

„Was im Input zu sehen ist, sind sprachliche Formen im Kontext. Wir wissen, dass diese bestimmten Regularitäten gehorchen. Diese Regularitäten selbst sind aber nicht sichtbar, sondern müssen aufgrund ihrer Effekte in Äußerungen erschlossen werden." (Portmann 2003, 33)

Entscheidend ist nun einerseits, dass die Form ihre Bedeutung über die Verwendung in kommunikativen Situationen erhält (bzw. inferiert werden kann) und andererseits der Begriff *Form* dabei unterschiedliche sprachliche Einheiten, wie wir sie aus linguistischen Beschreibungen kennen, umfassen kann. Das Kind im L1-Erwerb demonstriert die Flexibilität dieser ‚Form-Einheit', indem es dieser unterschiedliche, kontextabhängige Bedeutungen zuspricht. Wenn das Kind z.B. das Wort *mehr* äußert, kann dies i.S.v. *mehr Saft, ich will noch getragen werden, ich möchte noch mehr essen* o.Ä. gemeint sein. Nur durch weiteren Input und die Abstraktion aus wiederkehrenden Mustern werden die Konstruktionen produktiv und für den kreativen Sprachgebrauch nutzbar. Deshalb wird der Begriff *Form*

---

2 Bemerkenswert erscheint an dieser Stelle, dass die Formen dennoch mithilfe der üblichen Kategorien und Klassifikationen beschrieben werden. Bickes/Pauli (2009) geben allerdings den Hinweis, dass ein „Wort" eine Konstruktion meint und „Wortstellung" die Reihenfolge, in der die Konstruktionen auftauchen.

3 Zur Rolle der sog. *motherese* siehe z.B. Bialystok (2002).

sehr weit gefasst und bezeichnet Formen auf lexikalischer oder morpho-syntaktischer Ebene ebenso wie die Form eines konzeptionell schriftlichen Textes oder ein Register (vgl. Schifko 2011).

Die Abstraktion der syntaktischen Muster aus dem sprachlichen Input lässt sich nach Tomasello (2006, zit. in Bickes/Pauli 2009, 74ff.) in vier Stadien beschreiben. Diese sind:

1. mit ca. 12 Monaten: die Verwendung von *chunks*, die deklarativ zur Beschreibung, imperativ als Aufforderung oder interrogativ als Fragen eingesetzt werden;

2. mit ca. 18 Monaten: Wortkombinationen, wobei ein fester ‚Angel-punkt' erkannt wird und andere Sprachelemente produktiv ergänzt werden; bereits hier beginnt das Kind z.b. Kasusmarkierungen vor-zunehmen, indem es die innere Struktur der Sprache mehr und mehr durchdringt und für den eigenen kreativen Sprachgebrauch zu nut-zen lernt; entscheidend ist diese Phase, weil die konstanten Elemen-te, die als ‚Angelpunkte' (*pivot*) dienen, um entsprechende Elemente ergänzt werden[4]; man spricht auch von *Pivot*-Grammatik;

3. ab ca. 24 Monaten: nun beginnt das Kind zu erkennen, dass sich um ein Verb Leerstellen eröffnen, die mit unterschiedlichen Personen und Objekten gefüllt werden können; diese am konkreten Verb und in Gebrauchssituationen vorkommenden Konstruktionen bezeichnet Tomasello als Verb-Insel-Konstruktionen;

4. mit 36 Monaten: nun erkennt das Kind in konkreten Konstruktionen gleichbleibende Muster und beginnt abstrakte Schemata abzuleiten; der Weg über das Spezifische und Konkrete hin zum Abstrakten wird hier für den Spracherwerb wie für anderes Lernen postuliert; die Konstruktionen werden denen der Erwachsenensprache ähnlich und kennzeichnen den Beginn des produktiven Sprachgebrauchs und der Zunahme an komplexen Strukturen.

Die Fähigkeit, Muster zu erkennen und das Verhalten Erwachsener als intentional und zielgerichtet zu interpretieren, gelten im konstruktions-

---

4 Diese Beschreibung erinnert an die Dependenz- oder Valenzgrammatik, wobei hier nicht das Verb (als Kategorie) entscheidend ist, sondern das gleichbleibende Element unabhängig von seinem grammatischen Status; Beispiel: *mehr* (als ‚Angelpunkt') - (Leerstelle) wird zu *mehr Milch/mehr Saft* u.Ä.

grammatischen Erklärungsansatz als grundlegende Voraussetzungen für Spracherwerb (vgl. Bickes/Pauli 2009, Tomasello 2003). Wie oben angedeutet, geht man bei der Konstruktionsgrammatik nicht von einem grammatischen Modul und einem Lexikon im klassischen Sinne aus, sondern von einer auf der Verwendung sprachlicher Redemittel basierenden Grammatik. Dieser gebrauchsbasierte Ansatz (*usage based*) erklärt Grammatik als emergente Struktur und nimmt keine Trennung zwischen Grammatik und Lexikon an.[5] Vielmehr wird dies als Kontinuum konzeptualisiert und der Fokus gilt immer einer Form mit der ihr zugeordneten Bedeutung. Die Konstruktionsgrammatik passt sich in einen allgemein kognitiven Ansatz ein, indem sie nicht von sprachspezifischen, sondern allgemeinen Konzeptualisierungen ausgeht. Bedeutung (Semantik) ist dabei kein isoliertes Feld mehr, sondern wird in die Betrachtung von Sprache und Sprachaneignung einbezogen (vgl. Zippel 2009). Kognitive Sprachtheorien betonen, dass eine (Sprach-)Übung deshalb unter möglichst realitätsnahen Konditionen stattfinden muss (vgl. Ellis, R. 2003).

Das Kind bzw. der L2-Lerner benötigt in dieser Konzeption von Sprachaneignung kein Sprachwissen und keine Universalgrammatik. Was es bzw. er nutzt, sind allgemeine, unbewusste Lernmechanismen, die ihm helfen, aus dem umgebenden sprachlichen Input jene Muster und Segmente zu filtern, die bedeutungstragend sind. Für das Deutsche gilt beispielsweise der Trochäus als Anhaltspunkt, den Kinder ab einem Alter von sechs bis sieben Monaten zur Musterextraktion nutzen, um bedeutungstragende Elemente zu erkennen (vgl. Bickes/Pauli 2009). Auch bei Portmann (2003) findet sich diese Sichtweise auf Spracherwerb. Er beschreibt die Lernaufgabe des L2-Lerners als Entdeckung der Form-Bedeutungsrelationen:

„Sprachlernen ist Lernen von Form-Bedeutungs-Korrelationen: Schaut man so auf Sprache, kann man sagen: Die zentrale Aufgabe von Sprachlernenden ist, die Korrelation von Sprachformen und Bedeutungen zu lernen. In Bezug auf die Grammatik heißt dies, dass die Rolle der grammatischen Mittel für die Interpretation bzw. den Ausdruck von Bedeutungen erkannt und beherrscht werden muss." (Portmann 2003, 31-32)

---

5 Damit ist die Konstruktionsgrammatik auch im Stande Sprache unter diachroner Perspektive zu erklären (kreative Analogiebildungen und Sprachwandelphänomene).

3.1.2 Die Form-Bedeutungsverbindung

Was der L2-Lerner in seinem Spracherwerbsprozess in sein kognitives System aufnimmt, sind Verbindungen aus Form und Bedeutung.[6] Zur Veranschaulichung eignet sich die folgende Abbildung, die die Konstruktion als Verbindung aus Form und Bedeutung im hier verstandenen Sinne darstellt (Croft 2001, zit. in Ziem 2008, 185):[7]

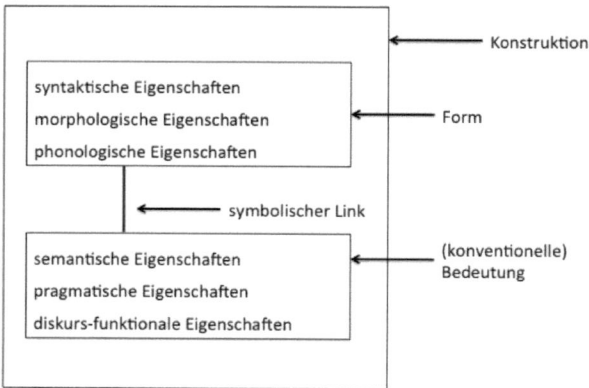

Abbildung 3.1: Die symbolische Struktur einer Konstruktion nach Croft (2001)

Der Begriff *Form* meint sowohl die Lautgestalt als auch die morphologischen und syntaktischen Eigenschaften eines sprachlichen Elements. Die Bedeutung der Form meint neben dem semantischen auch den pragmatischen und diskursfunktionalen Aspekt. Ziem (2008) erklärt, dass die Verbindung auf Konventionen beruht und eine symbolische Einheit dar-

---

6 Man spricht zwar von Formfokussierung, was aber fokussiert wird, ist die sprachliche Einheit aus Form und Bedeutung.

7 Es existieren unterschiedliche Zeichenmodelle zur Beschreibung der Form-Bedeutungsbeziehungen. Dazu zählen das strukturalistische Zeichenmodell, das auf DeSaussure zurückgeht, das Modell von Ogden/Richards, sowie Bühlers Organon-Modell. Das konstruktionsgrammatische Modell spricht im Unterschied zu den anderen Modellen nicht von „Zeichen", sondern von „Konstruktionen" (vgl. Wälchli/Ender 2013).

stellt.[8] Er betont dabei, dass die *Relation* zwischen Form und Bedeutung symbolisch ist und die Formen syntaktische und morphologische Kategorien ebenso repräsentieren wie lexikalische Einträge. Das lexikalische Morphem *Hund* beispielsweise ist eine Verbindung aus der phonologischen Ausdrucksstruktur, die mit der semantischen Inhaltsstruktur eine Konstruktion bildet. *Hunde* bildet eine komplexe Konstruktion, da die Bedeutung des Pluralmorphems die Konstruktionsbedeutung verändert (ebd., 182).

Die phonologische Struktur wird in Anlehnung an Langacker (1987) als *„kognitive Repräsentation materieller, sinnlich wahrnehmbarer (d.h. graphischer wie auch akustischer) Aspekte"* des sprachlichen Ausdrucks verstanden (Ziem 2008, 182). Die semantische Struktur, die immer gemeinsam mit der phonologischen auftritt, ist jene Bedeutung, die der Zeichenbenutzer mit der phonologischen Struktur (der Lautgestalt) verbindet. Diese ist durch ihren Gebrauch verfestigt und muss vom Kind und L2-Lerner gleichermaßen gelernt werden.[9]

Zusammengefasst bedeutet dies, dass die Form auf allen Ebenen der Zeichenorganisation zu verstehen und mit Bedeutungsaspekten assoziiert ist. Phoneme, Morpheme, *chunks* oder Wortstellung sind in diesem Sinne als Formen zu verstehen, denen Regeln (Kongruenz, Allomorphie u.a.) zugrunde liegen und bestimmte Bedeutungsaspekte zuzuordnen sind. Psycholinguistische Untersuchungen zeigen, dass die Form als grafische oder lautliche Gestalt und ihre Bedeutung – das, worauf sich die Form bezieht – psychologisch real sind und, dass Form und Bedeutung in unterschiedlichen Hirnarealen gespeichert sind (vgl. Höhle 2010).

Die Aneignung von Form-Bedeutungsverbindungen

Die Vorstellung, wie Form und Bedeutung verknüpft werden, wird in Stadien beschrieben. Nach VanPatten/Williams/Rott (2004) wird die Form-Bedeutungsverbindung in drei Schritten hergestellt:

---

8 Der Unterschied zwischen der *Konstruktion* und der *symbolischen Einheit*, wie sie in der Kognitiven Grammatik als Basiseinheit angenommen wird, liegt darin, dass die Konstruktion nicht weiter zerlegbar ist; die symbolische Einheit hingegen aus mehreren Konstruktionen zusammengesetzt sein kann (vgl. Ziem 2008, 181).

9 Für eine detaillierte Auseinandersetzungen mit den Gemeinsamkeiten und Unterschieden von Konstruktionsgrammatik und kognitiver Grammatik, sowie den unterschiedlichen Konzeptualisierungen von Form und Bedeutung bzw. Inhalt, vgl. Ziem (2008, 177ff.).

1. Zunächst muss eine initiale Verbindung zwischen Form und enko-
   dierter Bedeutung hergestellt werden. Dies ist möglich, wenn ausreichend Kontext gegeben ist, der es erlaubt die Bedeutung eines un-
   bekanntes Elements zu erschließen, oder wenn ausreichend Elemente
   der Äußerung bekannt sind, um die Bedeutung zu inferieren. Dieses erste Registrieren führt unter Umständen dazu, dass der Lerner
   die Form mit der Bedeutung (oder einem Bedeutungsaspekt) verknüpft. Diese Verknüpfung kann partiell oder vollständig sein, womit
   sich erklären lässt, warum Lerner manchmal nur Bedeutungsnuancen zielsprachlicher Formen kennen und weitere Bedeutungsnuancen
   durch weiteren Sprachkontakt weiter ausgeführt werden müssen.[10]
   Außerdem ist mit einer ersten Form-Bedeutungsverbindung erfah-
   rungsgemäß noch nicht sicher gestellt, dass diese eine bleibende Spur
   im kognitiven System des L2-Lerners hinterlässt, also dauerhaft ist.
   Durch Häufigkeit (Frequenz) wird die Verbindung stabiler.[11]

2. Im nächsten Schritt wird die hergestellte Form-Bedeutungsverbindung weiterverarbeitet. In dieser Phase, so erklären VanPat-
   ten/Williams/Rott (2004), bildet der Lerner den mit der Form asso-
   ziierten Begriff durch weiteren Input und Outputmöglichkeit weiter
   aus. Er erkennt bestimmte Bedeutungsnuancen oder Beschränkun-
   gen bezüglich der Verwendung der Form. Festigung und Restrukturierung werden ebenfalls in dieser Phase verortet. Die Restrukturierung stellt jenen Prozess dar, der als entscheidend bei der Veränderung von Wissensrepräsentationen angenommen wird (vgl. Bialystok 2002). Durch die voranschreitende Entwicklung wird Wissen
   analysiert und dadurch expliziter und strukturierter. Dieser Prozess der Restrukturierung führt nicht zu einer Addition von Wis-
   sen(santeilen), sondern zu veränderten kognitiven Strukturen (vgl.
   Doughty 2001).

3. Die letzte Phase betrifft die Abrufbarkeit der Form-Bedeutungsverbindungen. Durch Zugriff – sowohl rezeptiv als auch produktiv –
   wird die Verbindung gestärkt.[12]

---

10 Zur Entwicklung von Begriffen, vgl. Knapp (2007); zur Auseinandersetzung mit
    den Begrifflichkeiten, vgl. Komor (2008).
11 Andere wichtige Faktoren sind die Bedeutsamkeit, die dem Phänomen beigemessen
    wird, sowie das Vorwissen, an das angeknüpft werden kann, vgl. dazu Abschnitt 3.3
    und 3.4.
12 Zur Rolle von Output im L2-Erwerb siehe Swain (1985, 1998) und Swain/Lapkin
    (1995).

Verstehen als Voraussetzung für Formfokussierung

Formen sind für das Verstehen sprachlicher Äußerungen unterschiedlich relevant. Sie kodieren z.t. lexikalische, z.t. rein grammatische Bedeutung. Was L2-Lerner verstehen, kann rein inhaltsbezogen sein und auf semantischer Ebene verbleiben, oder ein Verstehen, wie die Formen die Bedeutung kodieren, einschließen: „[...] comprehension represents a continuum of possibilities ranging from semantics to detailed structural analysis" (Gass 1997, 5). Demnach kann der L2-Lerner die Bedeutung einer Äußerung auf rein semantischer Ebene verstehen, oder aber er bekommt tiefere Einblicke in die Funktionsweise der Zweitsprache durch die Analyse der Wort-, Satz- und Textstrukturen. Je tiefer die Analyse bzw. das Verstehen geht, desto wahrscheinlicher wird der Input zu Intake und auch ein produktiverer Umgang mit der Zweitsprache möglich (vgl. Gass 1997).

Beim Verstehen greift der Lerner auf unterschiedliche Informationsquellen zurück (vgl. Izumi 2003). Im Verstehensprozess ist der Lerner gefordert die Information im Arbeitsgedächtnis präsent zu halten, was erklärt, warum die Kapazitäten des Arbeitsgedächtnisses relevant sind. Je mehr dieser Kapazitäten zur Verfügung stehen, umso besser gelingt es den Fokus auf die Form, die die verstandene Bedeutung kodiert, zu lenken. Was passiert, ist, dass der Lerner im auf ihn einströmenden Input bestimmte Elemente wahrnimmt und (zunächst) semantische Repräsentationen herstellt. Dieser Teil des Inputs wird als Intake bezeichnet und dient dem Spracherwerb, während reines Sprachverstehen den Erwerb nicht zwingend fördert. Gass (1997) unterscheidet in ihrem Modell des L2-Erwerbs deshalb zwischen *comprehended input* und *intake*. Den entscheidenden Unterschied in den beiden Verarbeitungsprozessen macht, wie weiter unten noch gezeigt wird, der Wahrnehmungsmoment des *noticing*, wonach der Lerner mit der verstandenen Bedeutung auch eine Form verknüpft und im besten Fall auch ein Verstehen dieser Verknüpfung einhergeht.

VanPatten hat basierend auf den beschriebenen Annahmen über Sprachverstehens- und Verarbeitungsprozesse ein Modell entwickelt, wonach die Art der Verarbeitung der Form von der kodierten Bedeutung abhängt. Die formulierten Prinzipien der Inputverarbeitung (*Input Processing*, vgl. VanPatten 2004) erklären, warum bestimmte Formen schwieriger sind und später erworben werden als andere.

Prinzipien der Sprachverarbeitung

Zu verstehen, wie das Gedächtnis und die Sprachverarbeitung funktionieren, ist grundlegend, um Formfokussierung so realisieren zu können, dass der Sprachaneignungsprozess dadurch nicht gestört wird (vgl. Doughty 2001). Die Verarbeitung von Sprache erfolgt großteils unbewusst und automatisch, weil nur diese ‚online'-Verarbeitung eine auf Verstehen ausgerichtete zwischenmenschliche Kommunikation ermöglicht (vgl. Zippel 2009). Dass aber gewisse Aspekte bewusst (gemacht) werden können, ist die Grundannahme der folgenden Ausführungen.

Da der Mensch mit begrenzten kognitiven Ressourcen ausgestattet ist, muss er bei der Verarbeitung von Stimuli selektieren. In Bezug auf die Fragestellung geht es um die Verarbeitungsressourcen, die der sprachlichen Form oder der transportierten Bedeutung (dem Inhalt, vgl. Kap. 2) zugeteilt werden. Die Aufmerksamkeit dem einen oder dem anderen Aspekt zu widmen, bedarf i.d.S. einer willentlichen Fokusausrichtung, die durch didaktische Modellierungen unterstützt werden soll. Wie oben ausgeführt, sollte die Form aber erst fokussiert werden, wenn ein grundlegendes Verstehen der mitgeteilten Information gegeben ist (vgl. Richards 2007, Doughty 2001).

VanPattens Modell der Inputverarbeitung beschreibt Prinzipien der Sprachverarbeitung in Hinblick auf die Nutzung der vorhandenen Ressourcen. Diese Prinzipien helfen einerseits dabei zu verstehen, warum bestimmte Formen der L2 ‚schlecht' erworben werden. Andererseits kann durch die Berücksichtigung dieser Prinzipien versucht werden, Unterrichtsmaterialien und Diskurse so zu manipulieren, dass auch jene Formen besser bemerkt werden (vgl. VanPatten 2004). Konkret handelt es sich um folgende Prinzipien:

1. Das sog. *Primacy of Meaning Principle* postuliert, dass Lerner Input zunächst inhaltlich verarbeiten. Ein Fokuswechsel auf die Formseite bedeutet einen höheren kognitiven Aufwand und ein Abweichen vom sog. Default-Modus. Eine solche bevorzugte inhaltliche Sprachverarbeitung betont auch Bialystok (2002) und verweist auf den fortschreitenden Kontrollgewinn über die selektive Aufmerksamkeit im Sprachaneignungsprozess, der für einen bewussten Wechsel auf formale Aspekte der Sprache verantwortlich ist.

VanPatten differenziert dieses erste Prinzip weiter und postuliert ein *Primacy of Content Words Principle*, wonach Lerner zuerst Inhaltswörter verarbeiten, bevor sie andere Elemente einer Äußerung verarbeiten. Außerdem werden nach dem *Lexical Preference Principle* lexikalische Elemente bevorzugt. Der Lerner orientiert sich an lexikalischen Elementen, wenn diese dieselbe semantische Bedeutung kodieren wie grammatische Formen (am Beispiel der Tempusmarkierung durch Verbmorphologie im Gegensatz zu temporalen Adverbien kann dieses Prinzip verdeutlicht werden). Grammatische Elemente werden nach dem *Preference for Nonredundancy Principle* vom Lerner verarbeitet, wenn diese nicht redundant sind (Bsp.: Keine lexikalischen Hinweise auf Tempus erfordert die Beachtung der Verbalflexion). Das *Meaning-Before-Nonmeaning Principle* führt weiter aus: unabhängig von Redundanz verarbeitet der Lerner bedeutsame grammatische Formen vor nicht bedeutsamen grammatischen Formen. Ein grundlegendes Verstehen der Bedeutung, um Ressourcen für die Form zu haben, erklärt das sog. *Availability of Resources Principle*: damit Lerner Formen verarbeiten, müssen, wie bereits ausgeführt, ausreichend kognitive Ressourcen zur Verfügung stehen. Damit erklärt sich, warum bei FoF ein rudimentäres Verstehen als Voraussetzung für eine Formfokussierung genannt wird. Erst wenn das Verstehen grundlegend gesichert ist, wird den Formen Aufmerksamkeit geschenkt. Richards (2007) fordert aus diesem Grund eine Verstehensphase im Unterricht, die der Erwerbsphase vorauszugehen hat. Außerdem spielt die Position der Elemente in der Äußerung (im Satz) eine Rolle. Das *Sentence Location Principle* postuliert, dass das erste Element des Satzes zunächst immer in der Funktion des Subjekts interpretiert wird.

2. Das zweite zentrale Prinzip lautet *The first Noun Principle* und besagt, dass Lerner dazu tendieren, das erste Nomen oder Pronomen in einer Äußerung (im Satz) als Subjekt oder Agens zu interpretieren. Auch dieses Prinzip wird weiter ausdifferenziert. Das *Lexical Semantics Principle* besagt, dass Lerner, wenn möglich, lexikalische Semantik vor der Wortstellung nutzen, um Äußerungen zu interpretieren. Außerdem verlässt sich der Lerner bei der Satzinterpretation mehr auf Ereigniswahrscheinlichkeiten als auf Wortstellung, was mit dem *Event Probabilities Principle* erfasst wird. Das *Contextual Constraint Principle* beschreibt schließlich, dass der Lerner je nach vorausgehendem sprachlichen und situativen Kontext vom

First Noun Principle absieht, d.h. er interpretiert das erste Nomen im Satz nicht als Subjekt, wenn der Kontext etwas anderes nahe legt.

VanPatten baut sein kognitives Modell der angeleiteten Inputverarbeitung (Processing Instruction) auf natürlichen Sprachverarbeitungsprozessen auf. Die Erkenntnisse entnimmt er vorwiegend der Erstspracherwerbsforschung und überträgt sie auf den Zweitspracherwerb.[13] Durch pädagogische Eingriffe soll die Inputverarbeitung durch den Lerner so manipuliert werden, dass mehr des Inputs zu Intake wird. Didaktisch umgesetzt werden diese Prinzipien in sog. *noticing*-Aktivitäten sowie Techniken der Inputmanipulierung. Diese werden in Kap. 4 detailliert beschrieben.

3.2 Aufmerksamkeit und Sprachverarbeitung

3.2.1 Aufmerksamkeit als Filter

Aufmerksamkeit gilt als zentraler Mechanismus. Sie ist als Teil der menschlichen Kognition bei der Verarbeitung von Stimuli[14] entscheidend, lenkt aber auch unsere innere Wahrnehmung. Durch die Ausrichtung der Aufmerksamkeit auf Elemente des Inputs wird die Verarbeitung dieser Elemente verändert. Eingehende Reize gehen nicht verloren oder werden automatisch verarbeitet. Vielau (1997) erklärt, dass durch die Konzentration der Aufmerksamkeit auf bestimmte Elemente des Inputs deren Verblassen verlangsamt werden kann. Aufmerksamkeit wird daher als Selektionsprozess definiert und bestimmt, welche Perzepte der Umwelt ins Arbeitsgedächtnis gelangen (vgl. Portmann 2001, Fritz et al. 2010). Sie arbeitet unwillentlich und willentlich, d.h. der Mensch kann z.T. selbst bestimmen, worauf er seine Aufmerksamkeit lenkt, es gibt aber auch Phänomene, die die Aufmerksamkeit auf sich ziehen und deren Anziehungskraft man sich nicht widersetzen kann.

Aufmerksamkeit ist mit dem Bewusstsein assoziiert, weil jene Dinge bewusst werden, die in den Aufmerksamkeitsfokus gelangen. Damit wird deutlich, dass Aufmerksamkeitszuwendung als gradueller Mechanismus zu

---

13 Zu beachten ist, dass auch dieses Modell aus dem angloamerikanischen Raum stammt, und deshalb womöglich hauptsächlich Englisch als Zielsprache angedacht ist.

14 Auch als Perzepte, Umweltreize, Stimuli, Input bezeichnet.

verstehen ist. Man kann wach und aufmerksam sein, man kann seine Aufmerksamkeit auf etwas konzentrieren oder unaufmerksam sein.[15] Seine Aufmerksamkeit zu lenken und aufrecht zu erhalten, d.h. sich einer Sache länger zu widmen, ist eine Fähigkeit, die sich im Laufe der Kindheit entwickelt. Entwicklungspsychologen haben nachgewiesen, dass es große Unterschiede bei Kindern zwischen sechs und vierzehn Jahren gibt, was ihre Fähigkeit betrifft, Dinge zu fokussieren. Es gibt Tätigkeiten, die keine Aufmerksamkeit benötigen, die also automatisch ablaufen (z.b. atmen, schlucken). Andere Fertigkeiten laufen nach einer gewissen Zeit der Übung automatisch ab. Davor benötigte man allerdings Aufmerksamkeit, um die Fertigkeit zu erlernen (z.b. Auto fahren oder laufen).

Willentliche und unwillentliche Aufmerksamkeitszuwendung

Was ins Arbeitsgedächtnis gelangt, wird bewusst. Damit Wahrnehmungsinhalte ins Arbeitsgedächtnis gelangen und bewusst werden, müssen sie eine sog. Aktivationsschwelle übertreten (vgl. Fritz et al. 2010, 64ff.). Aktuelle Aktivation (was momentan verarbeitet wird) und Voraktivation bilden die sog. Aktivationssumme. Interessant im Zusammenhang mit Aufmerksamkeitssteuerung ist, dass die Voraktivation von verschiedenen, individuellen Erfahrungen geprägt ist. Der Grad der Voraktivation entscheidet sich durch die Bedeutsamkeit, die einzelnen Fakten zugesprochen wird. Der eigene Name hat beispielsweise eine größere Bedeutung und daher auch eine höhere Voraktivation. Interessen und Erfahrungen führen ebenfalls zu einer höheren Voraktivation, was erklärt, warum einem individuelle Dinge auffallen, die andere (mit anderen Interessen) nicht bemerken (man spricht auch von einem Signifikanzfilter). Damit etwas bemerkt wird, muss dementsprechend die Voraktivation berücksichtigt werden. Um die aktuelle Aktivation durch den Wahrnehmungsapparat zu erhöhen, können die Eigenschaften des Perzeptes manipuliert werden.[16] Die Salienz von Reizen erhöht sich z.B. durch Vergrößerung oder farbige Hervorhebung (visueller Kanal) oder Erhöhung der Lautstärke (auditiver Kanal). Ein anderes Prinzip ist das der Pertinenz bzw. Impertinenz. Damit wird beurteilt, ob eingehende Reize in einen Situationszusammenhang passen und wenn nicht, wird ebenfalls Aufmerksamkeit mobilisiert.

---

15 Wann sich das Bewusstsein einschaltet, d.h. jene Schwelle überschritten ist, die Perzepte bewusst werden lässt, wurde in neurobiologischen Studien untersucht (vgl. Robinson et al. 2012).

16 Ein Beispiel dafür sind Werbetricks.

Damit neue durch Input eingehende Reize nicht unbemerkt vorüberziehen und verlöschen, müssen sie mit Bestehendem verbunden werden. Faktoren, die beeinflussen, ob die Reize diesen Status erreichen und Input zu Intake werden kann, sind nach Gass (1997) der Zeitdruck[17], die Frequenz, Affekte, Vorwissen, Salienz und die Qualität der beteiligten Aufmerksamkeit. Brünken/Seufert (2006) weisen darauf hin, dass es sich beim *aufmerksam Sein* um eine aktuelle Disposition handelt, die Aufmerksamkeitszuwendung aber als aktives Verhalten zu verstehen ist. Aufmerksamkeit und Konzentration sind einander sehr nahe, Konzentration schließt allerdings eine Intentionalität mit ein, die bei Aufmerksamkeit nicht gegeben sein muss. Es besteht ein funktionaler Zusammenhang zwischen Aufmerksamkeit und Lernen. In verschiedenen Bereichen der Psychologie wird Aufmerksamkeit als Phänomen beschrieben, das sich durch Kapazitätsbegrenzung und Selektivität auszeichnet (vgl. Fritz et al. 2010). Im Rahmen von informationsverarbeitenden Modellen ist Aufmerksamkeit jener Mechanismus, der es dem Individuum erlaubt, aus dem gesamten Input jene Informationen herauszufiltern, die weiterverarbeitet werden sollen.

Aufmerksamkeitszuwendung geschieht nicht nur unwillentlich und als Reaktion auf eingehende Reize, sondern kann auch gesteuert und kontrolliert erfolgen. Die Aufmerksamkeit wird deshalb auch als Steuer- und Kontrollinstanz beschrieben, die mit dem Arbeitsgedächtnis interagiert.

> „Durch Aufmerksamkeit werden nicht alleine Informationen unwillkürlich selektiert, sondern alle bewussten kognitiven Abläufe gesteuert und kontrolliert. Es geht dabei um die Verteilung der Verarbeitungskapazitäten auf die anstehenden kognitiven Aufgaben bzw. Probleme." (Fritz et al. 2010, 78)

Kognitive Prozesse des Wahrnehmens, Behaltens, Erinnerns usw. werden durch Aufmerksamkeitszuwendung kontrolliert. Sie dienen der Erkenntnisgewinnung und verbrauchen Verarbeitungskapazitäten des Arbeitsgedächtnisses. Im Kontext von formbezogenem Unterricht soll den Formen und ihren Bedeutungen Aufmerksamkeit (d.h. Verarbeitungskapazität des Arbeitsgedächtnisses) geschenkt werden. Dabei erscheint die „Art der Nutzung" und „das Ausmaß der Nutzung" dieser Kapazitäten entscheidend

---

17 Der Faktor *Zeitdruck* ist hier so zu verstehen, dass unter Zeitdruck Dinge nicht bemerkt werden, also nicht ins Arbeitsgedächtnis gelangen.

(Fritz et al. 2010, 72ff.). Unter der Art der Nutzung wird die Qualität der zu steuernden Prozesse verstanden. Etwas bewusst (aufmerksam) wahrzunehmen (z.b. die Häufigkeit, mit der bestimmte Autos an einem vorbeifahren), zu erinnern oder zu behalten (z.b. Vokabeln lernen) sind Beispiele für solche fokussierten Prozesse. Wie lange und mit welcher Intensität auf die Verarbeitungskapazitäten zugegriffen wird, betrifft das Ausmaß der Nutzung. Wird etwas beiläufig gemacht, werden weniger Verarbeitungskapazitäten verbraucht, als wenn etwas aufmerksam und konzentriert bearbeitet wird.

Um die Aufmerksamkeit zu lenken, nützen Bezugspersonen im L1-Erwerb die Interaktion. Auch hierzu hat Tomasello (2003) eine entscheidende Entwicklung beobachtet, wonach Kinder um das neunte Lebensmonat lernen, die Aufmerksamkeit auf Dinge auszurichten, die die Bezugsperson fokussiert. Es handelt sich um Momente geteilter Aufmerksamkeit (*joint attention*), die es ermöglichen mit dem Kind *über* Dinge zu sprechen, sie zu benennen und sie zu bezeichnen. Das Kind beginnt zu diesem Zeitpunkt die Symbolfunktion der Sprache zu erkennen. Die Wichtigkeit der interaktiven Aushandlung wird in interaktionistischen Ansätzen betont, wodurch auch einsichtig ist, warum FoF z.T. dieser Tradition zugerechnet wird. Interessant ist der kognitive Aspekt und die Zusammenführung der Kognition über die Interaktion. R. Ellis (1999a) spricht von inter- und intrapersonellen Prozessen, d.h. zwischenmenschlichen und inneren individuellen kognitiven Prozessen, die einander befruchten. Wie wichtig die kontextuelle Einbettung von Formen ist, betont auch Knapp (2007) in seiner Auseinandersetzung mit der Begriffsentwicklung und der gängigen Praxis bei der Wortschatzvermittlung im DaZ-Bereich. Beide Aspekte werden in Kap. 4.2 erneut aufgegriffen.

Aufmerksamkeitsfokussierung als Fähigkeit

Bei der Diskussion um Aufmerksamkeit und ihre Rolle im formbezogenen Unterricht muss betont werden, dass es ein Entwicklungsprozess ist, um Aufmerksamkeit auf Umweltreize auszurichten, zur Verarbeitung und Speicherung dieser Information und für deren Abruf zu nutzen. Kinder müssen diese Strategien erst entwickeln, was erklärt, warum sie über eingeschränkte Möglichkeiten der Informationsverarbeitung verfügen (vgl. Kap. 3.4.2). Die Aufmerksamkeitszuwendung als Spanne, über die ein Kind aufmerksam sein kann, ist zunächst noch sehr begrenzt, was einerseits den kognitiven Gegebenheiten des Kindes geschuldet ist, aber auch vom Reiz selbst abhängt (vgl. Mietzel 2002). Die Fähigkeit der Aufmerksamkeitsausrichtung auf bestimmte, als bedeutsam erachtete Reize (auch selektive Aufmerksamkeit) nimmt ebenfalls mit zunehmendem Alter zu. Untersuchungen mit Schülern zwischen zehn und vierzehn Jahren zeigten, dass die älteren Schüler auf Bildern nur bestimmte, fokussierte Aspekte verarbeiteten und auch behielten, während die jüngeren ihren Fokus nicht so selektiv ausrichteten und stattdessen verschiedene Aspekte der dargebotenen Szene fokussierten. Angenommen wird, dass die Aufmerksamkeit ab dem sechsten Lebensjahr zunehmend selektiv wird (vgl. Mietzel 2002).

Die Lenkung der Aufmerksamkeit und die Bedeutungszuschreibung als Kontrollprozesse entscheiden darüber, was vom sensorischen Register ins Arbeitsgedächtnis gelangt. Wichtig ist, dass die Verknüpfung neuer Information mit Information aus dem Langzeitgedächtnis mit dem Alter und den bereits ausgebildeten Gedächtnisstrategien zusammenhängt. Dadurch wird auch der Abruf und die effektive Speicherung von Informationen positiv beeinflusst. Je älter Kinder sind, umso eher nutzen sie solche Lernstrategien.

Den Fokus auf einen Aspekt auszurichten, bedarf demnach eines Trainings und ist altersabhängig mehr oder weniger möglich. Dennoch scheint eine Fokuslenkung durch explizite Hinweise wie in der Sprachtherapie bei Motsch (2004) („Achte auf das Wortende") auch bei jungen Lernern üblich und auch möglich und effektiv zu sein.

3.2.2 Bewusstheit für Sprachliches

Die große Streitfrage in der Diskussion um Bewusstheit und L2-Erwerb gilt dem Grad der notwendigen Aufmerksamkeit (und daher der Frage nach dem Bewusstsein), um von Lernprozessen zu sprechen. Es ist nicht eindeutig geklärt, welche Qualität der Bewusstheit für die Form gegeben sein muss, um sie als Intake ins lernersprachliche System aufzunehmen. Muss sich der Lerner dessen bewusst sein, was er lernt? Ist ihm beispielsweise bewusst, dass die Form -s im Deutschen u.a. die Kategorie *Genitiv* kodiert?

Zur Beantwortung dieser Fragen gibt es unterschiedliche Vorschläge. Schmidt (2010) spricht von einem komplexen Prozess des Bemerkens (*noticing*), der seiner Meinung nach Bewusstheit einschließt. Andere nehmen

Verarbeitungsprozesse an, die unterhalb der Schwelle des Bewusstseins stattfinden und für sprachliches Lernen ausreichen. Aufschlussreich erscheinen in diesem Kontext die Ansätze von Van Lier (1998) und Bialystok (2002). Diese vereinen den sozial-interaktiven und kognitiven Zugang zum Phänomen *Formfokussierung*.

Noticing und Grade von Sprachbewusstheit

Dieser Abschnitt beschäftigt sich mit dem viel zitierten und diskutierten Konzept des Wahrnehmens (*noticing*) von Formen als Bedingung für Sprachlernen. Dabei ist zu klären, was unter *noticing* verstanden wird und welche Art der Bewusstheit und Abstraktion bezüglich der wahrgenommenen Phänomene dabei involviert zu sein scheint. Die Frage ist, ob unbewusste Lernprozesse den L2-Erwerb vorantreiben oder doch zumindest bewusste Anteile notwendig sind.

Schmidt (1990, 2001, 2010) brachte bezüglich der Qualität der an der Informationsverarbeitung beteiligten Aufmerksamkeit die Unterscheidung zwischen *noticing* (Bemerken) und *understanding* (i.S.v. Wieder-Erkennen, vgl. Portmann 2001) in die Diskussion um zweitsprachliche Lernprozesse ein. Die *noticing*-Hypothese wird seit den 1990er Jahren vielfach theoretisch hinterfragt und empirisch zu belegen versucht. Die allgemeine Aussage ist, dass jene Teile des Inputs zu Intake werden, die der Lerner bemerkt. Dieses Bemerken meint, dass er Inputelementen eine gewisse Aufmerksamkeit widmet. Schmidt (2001) definiert *noticing* als

> „[...] very low level of abstraction [...] assuming that the objects of attention and noticing are elements of the surface structure of utterances in the input – instances of language, rather than any abstract rules or principles.“ (Schmidt 2001, 5)

Portmann (2001) umschreibt den *noticing*-Begriff als ein „*Herausheben*" jenes Elements, das bemerkt wurde. Ob dieses Bemerken Bewusstheit (*awareness*) einschließt oder nicht, ist bisher nicht eindeutig geklärt und wird von Forschern unterschiedlich eingeschätzt.[18] Bewusstheit (*awareness*) und Aufmerksamkeit sind nach Schmidt eng miteinander verbunden:

---

18 Gass (1997) spricht von *detection* und ordnet in ihrem Modell diese Stufe der Verarbeitung der reinen Wahrnehmung (*apperception*) als nachfolgend ein.

„[...] what we are aware of is what we attend to, and what we attend to determines what enters phenomenal consciousness." (Baars 1988, zit. in Schmidt 2010, 726)

Was unbewusst verarbeitet wird, ist jedoch auch im Stande unsere Wahrnehmung und damit auch das Lernen zu beeinflussen. Die kognitive Psychologie beschreibt in diesem Zusammenhang die sog. Theorie der späten Auswahl (auch *Reaktionsauswahlmodell*), die erklärt, wie unbewusst verarbeitete Information Einfluss auf die weitere Verarbeitung und Wahrnehmung von Stimuli nimmt (vgl. Fritz et al. 2010). Man geht dabei davon aus, dass alle Umweltreize verarbeitet werden und ins Langzeitgedächtnis gelangen. Durch die *späte* Auswahl der als relevant erachteten Information kann zunächst unbewusst wahrgenommene Information bewusst werden (vgl. Fritz et al. 2010, 64ff.). Für den FoF-Ansatz und wenig aufdringliche Techniken zur Formfokussierung ist insbesondere interessant, dass

- unbewusst aufgenommene Informationen verarbeitet werden;

- diese gleichzeitige und nachfolgende kognitive Abläufe beeinflussen;

- der Effekt aus der Voraktivierung (sog. *priming*) der Inhalte im jeweils nicht beachteten Kanal resultiert;

- unbewusst verarbeitete Informationen nicht bewusst abgerufen werden können; (vgl. Fritz et. al 2010).

Dieser Theorie zufolge sind implizite Techniken der Formfokussierung deshalb gewinnbringend, weil die Verarbeitung von Formen – selbst wenn sie unbewusst bleiben – verändert wird. Der Lerner nimmt dann z.B. eine gehäufte Form im Input (Inputflut, vgl. Kap. 4) nicht bewusst wahr, dennoch verändert die Häufung eventuell die Verarbeitung eben dieser Form in weiterem Input. In diesem Sinne erhalten implizite Varianten von FoF eine Basis durch die hier beschriebene Theorie der späten Auswahl.

Noticing wird von *understanding* klar abgegrenzt. Mit dem Begriff *understanding* ist ein höheres Bewusstheitslevel assoziiert, das eine Generalisierung über einzelne Phänomene hinweg ermöglicht (vgl. Schmidt 1990, 2001, 2010). In dem Begriff *understanding*, so führt Portmann (2001) dazu aus, geht es darum, das Wahrgenommene mit vorhandenem Wissen in Verbindung zu bringen, es als Wiederholbares, mit anderem Vergleichbares zu erkennen. Deshalb spricht Portmann auch von „Erkennen" im Unterschied zum Bemerken.

Die *noticing*-Hypothese basiert auf zwei Fallstudien, die Schmidt durchführte. Gegenstand der ersten Fallstudie war ein 30-jähriger japanischer Englischlerner, der in die USA emigrierte und dessen Erwerb des Englischen Schmidt über einige Jahre hinweg beobachtete. Es zeigte sich, dass dieser Englischlerner im natürlichen Zweitspracherwerbskontext rasch eine gute kommunikative Sprachkompetenz ausbildete. Diese beobachtete er in den Bereichen: Flüssigkeit, lexikalische Entwicklung, Verstehen, Konversationsfähigkeit, pragmatische Kompetenz und strategische Kompetenz. In den formalen Bereichen jedoch (Morphologie und Syntax) wies der mit dem Synonym „Wes" ausgestattete Lerner große Mängel auf (vgl. Schmidt 2010). Schmidt führte seine Beobachtungen darauf zurück, dass Wes formalen Eigenschaften der Zielsprache keine Aufmerksamkeit schenkte und über die Strukturen der Zielsprache nicht reflektierte.[19] Er schloss daraus, dass zumindest beim Zweitspracherwerb Erwachsener „[...] some level of conscious attention to form is required" (Schmidt 2010, 723).

Die zweite Fallstudie bezieht sich auf Schmidt selbst. Er beobachtete und analysierte seinen Portugiesisch-Erwerb und erkannte, dass selbst Phänomene, die gehäuft im Input vorkamen, nicht erworben wurden, bis er sie bewusst wahrnahm. Hinzu kam die Beobachtung, dass Korrekturen durch Interaktionspartner effektiv waren, wenn diese zu den eigenen Äußerungen in Bezug gesetzt wurden. Solange dem Lerner nicht bewusst ist, dass er korrigiert wird und seine Äußerungen mit der Umgebung vergleicht, so die Schlussfolgerung, bleibt Feedback ineffektiv. Diese Abänderung der *noticing*-Hypothese wird als *noticing the gap*-Prinzip bezeichnet (vgl. Schmidt und Frota 1986).

Noticing ist nicht auf die grammatische Form beschränkt. Alle Aspekte der L2 können zum Gegenstand der Wahrnehmung und des Bemerkens werden. Wie wichtig es für den L2-Lerner ist, seine Aufmerksamkeit zu fokussieren, anstatt global auf das Verstehen auszurichten, erklärt Schmidt (2010) in Anlehnung an Logan, Taylor, Etherton (1996). Demnach muss die Aufmerksamkeit auf jene Aspekte gelenkt werden, die domänenspezifisch sind, d.h. um die Phoneme einer Sprache zu lernen, muss diesen im

---

19 Welche Rolle die Ausgangssprache des Lerners (Japanisch) dabei spielt, kann hier aus Platzgründen nicht vertieft erörtert werden.

Input Aufmerksamkeit gewidmet werden, um Vokabeln zu lernen, muss man der Wortform (Aussprache, Schreibung) und der Bedeutung dieser Aufmerksamkeit widmen usw.

Scharfe Kritik an der Hypothese äußert Truscott (1998). Ihm zufolge muss die Frage schließlich sein, WAS der Lerner bemerkt und WOMIT er es vergleicht, in Beziehung setzt und WELCHEN Aspekt er gegebenenfalls versteht. Er fragt m.E. berechtigterweise, was der Gegenstand der *noticing*-Hypothese ist.

Das Konstrukt *noticing* dient als Grundlage für eine Vielzahl von Studien. Diese Studien versuchen zu überprüfen, welche Rolle Aufmerksamkeit für das Erlernen zweitsprachlicher Elemente spielt. Neben der theoretischen Auseinandersetzung haben sich Forscher die Frage gestellt, wie man *noticing* und Lernen zueinander in Beziehung setzt. Dafür ist es notwendig den kognitiven, lernerinternen Prozess zu operationalisieren. Dieses Unterfangen wird sehr kritisch betrachtet, da es sich um einen nicht direkt beobachtbaren Prozess handelt. Die Datenerhebung und -auswertung gestaltet sich dementsprechend schwierig.

Mackey (2006) konnte in ihrer Untersuchung dennoch zeigen, dass es einen Zusammenhang zwischen *noticing* und Lernen gibt. Sie hat das Bemerken der im Unterricht ausgehandelten und fokussierten Formen mithilfe unterschiedlicher Techniken erfasst. Die Lerner sollten während des Unterrichts Tagebücher führen, um individuelles Bemerken von Formen festzuhalten. Nach dem *Treatment*, wurde die Methode des stimulierten Erinnerns (sog. *stimulated recall*) zu den ausgehandelten Formen durchgeführt. Anschließend sollten die Lerner Fragen zu den Zielen und Aktivitäten im Unterricht beantworten (wobei dies in der Erstsprache der Lerner erfolgte) und abschließend wurden schriftliche Fragebögen bearbeitet, in denen die Lerner ebenfalls darüber Auskunft geben sollten, ob sie etwas Besonderes bemerkt hätten. Die Triangulation der Datenerhebung spricht für eine Validität der Ergebnisse, die andere Studien kaum aufweisen. Dennoch, so Mackey, ist es äußerst komplex *noticing* einer Form und Lernen zu korrelieren. Sie resümiert:

> „In the current study, some learners' reports suggest that they noticed but did not develop, and a few learners in the control group developed but did not report noticing the target items [...]." (Mackey 2006, 424)

Mackey diskutiert deshalb unterschiedliche Ebenen von *noticing*, d.h. auch sie geht davon aus, dass es sich dabei nicht um ein einheitliches Phänomen handelt, sondern unterschiedliche Abstufungen existieren, welche wiederum Auswirkungen auf das Lernen haben müssten. Auch Kuiken/Vedder (2005) postulieren solche Abstufungen. *Noticing* zeigt sich auf unterschiedlichen Ebenen, z.B. nur durch Wiederholen oder Berichten über Wahrgenommenes oder aber metasprachlich. Portmann (2001) beschreibt, wie man sich den Prozess des individuellen Bemerkens im Lerner vorstellen kann. Demnach bemerkt er beispielsweise, dass das Verb *essen* im Deutschen in der 3. Person Singular als *er/sie isst* realisiert wird. Die Verbform bzw. die Verbendung als Hinweis für das Verstehen zu erkennen, homophone Formen der Pronomina in verschiedenen Kasus wahrzunehmen oder die Verbform als Singular zu erkennen, bedarf der Aufmerksamkeitszuwendung auf eine Form-Bedeutungsverbindung und ist als Wahrnehmen von Form und Bedeutung im situativen Zusammenhang zu verstehen. D.h. mit dem Bemerken der Form ist nicht zwingend eine Abhandlung des Paradigmas der unregelmäßigen Verben, der Klasse der Pronomina oder des Kasus notwendig. Erst wenn man die bewusste Repräsentation der korrekten Form mit Wissen, das im Langzeitgedächtnis gespeichert ist, verknüpfen kann, so lässt sich daraus schließen, wird jenes explizite Sprachwissen aufgebaut, von dem im Abschnitt 3.3 die Rede ist.

Ob ein Lerner etwas im Input bemerkt, hängt von verschiedenen Faktoren ab. Williams (2001) nennt als wichtige Faktoren die kommunikative Notwendigkeit der Form für kommunikative Bedürfnisse, was m.E. als die Grundidee der *focused tasks* wie sie in Kapitel 4 beschrieben werden, bezeichnet werden kann, den Lern- oder Wissensstand, Aufgaben, die zum Bemerken der ‚Lücke' führen sowie den Zeitpunkt, der optimal *online* während der Sprachproduktion stattfindet und vom Lerner selbst als FoF verlangt wird. Williams (2001) betont zudem die Rolle des Feedbacks, das die Lehrkraft gibt. Eckerth (2003) nennt als beeinflussende Faktoren die Frequenz, die Aufgabenstellung, phonologische oder strukturelle Besonderheiten, Bedeutungsaushandlung sowie vorhandenes Sprachwissen.[20]

Abschließend soll betont werden, dass Bemerken i.S.v. *noticing* ein komplexer Prozess ist, wobei der Lerner Form **und** Bedeutung – wenn auch nur Teile davon – verarbeitet. Es ist der erste und nach Schmidt auch not-

---

20 Dass Motivation und Bedeutsamkeit eine zentrale Rolle für das individuelle Bemerken spielen, wird in den Abschnitten 3.4.2 und 4.2.2 näher ausgeführt.

wendige Schritt (als erstes Wahrnehmen) für Sprachlernen (vgl. Schmidt 2001, Batstone 1996). Dieser Prozess schreitet voran, um schließlich über eine Abstraktion der Formen zu einer regelgeleiteten Verwendung dieser zu gelangen.

Zum Nutzen von Sprachbewusstheit

Ein zentraler Streitpunkt in der Diskussion um Zweitpracherwerbsprozesse ist, welche Rolle das Bewusstsein bzw. das bewusste Lernen spielt. Für die vorliegende Arbeit geht es um eine Konkretisierung des Konzepts *Sprachbewusstheit* (*language awareness*) und zwar in Hinblick auf den Nutzen, den der sprachbewusste Lerner von seiner Fähigkeit hat. Außerdem ist interessant, was die sprachbewusste Lehrkraft auszeichnet. Zunächst wird geklärt, was unter Bewusstsein (*consciousness*) und Bewusstheit (*awareness*) verstanden wird, welche Vorstellungen man bezüglich der Entstehungs- und Erscheinungsformen hat und welchen Effekt Sprachbewusstheit auf die Sprachverwendung und das Sprachlernen hat. Dazu werden diese Phänomene von kognitiver und sozialer Perspektive aus betrachtet.

Zunächst ist zu fragen, was Bewusstsein ist und warum es im L2-Erwerb eine Rolle spielt. Man kann sich einer Sache bewusst sein, etwas kann einem aber auch erst bewusst werden, was bedeutet, dass es eine andere Qualität annimmt und das Denken und Wahrnehmen verändert; verschiedene Dinge können bewusst sein und wieder vergessen werden. Entscheidend sind der Zugriff und die Struktur des Wissens (vgl. Bialystok 2002). Nach Van Lier (1998) handelt es sich beim Bewusstsein um ein vielschichtiges, facettenreiches Konzept. Aus kognitiver Sicht lassen sich vier Ebenen von Bewusstsein unterscheiden, auf die in weiterer Folge eingegangen werden soll.

Bewusstsein auf unterster Ebene ist die Voraussetzung für Lernen. Van Lier (1998) spricht unter Bezugnahme auf Wittgenstein (1980) von Level 1 und dieses ist vorhanden oder nicht (im Schlaf ist diese Form von Bewusstsein z.B. nicht gegeben). Die zweite Ebene umfasst die Bewusstheit (*awareness*), die sich durch die Wahrnehmung der Umgebung auszeichnet. Man ist sich durch das Ausrichten der Aufmerksamkeit und allgemeine Wachheit verschiedener Dinge bewusst und fokussiert Unterschiedliches. Diese Form der Bewusstheit ist graduierbar, d.h. mehr oder weniger vorhanden (vgl. dazu Tomlin/Villa 1994). Diese Ebene 2 erscheint für die Formfokussierung relevant und deckt sich m.E. mit dem bereits eingeführten *noticing*-Konzept. Für die Fragestellung der vorliegenden Arbeit ist insbesondere auch Level 3 von Interesse, jene Bewusstseinsebene, die von Van Lier (1998) als „awareness of the activity of the mind" beschrieben wird als Beobachterinstanz dessen, was sich mental abspielt, fungiert (ebd., 131). Hier sind Sprachbewusstheit und metasprachliche Bewusstheit ebenso angesiedelt wie Wissen über mentale Prozesse. Dieser Bereich wird unterschiedlich bezeichnet, wobei es um willentliche Aktionen (inklusive der Fokusausrichtung) und Reflexionen geht, die das Individuum im Stande ist zu vollziehen.[21]

Nun ist die Frage wie sich Level 3 beobachten lässt. Van Lier argumentiert überzeugend, dass es auf Level 3 einen qualitativen Unterschied gibt: praktische (auch konkrete) Sprachbewusstheit (als Level 3a bezeichnet) zeigt sich, indem man konkretes sprachliches Material manipuliert und (kreativ) bearbeitet. Sprachspiele, Analogien oder Ähnliches sind Beispiele dafür.[22] Zentral ist, dass hier kein explizites Sprachwissen als Wissen über Strukturen und das Sprachsystem und keine abstrakte Terminologie involviert sind und dennoch von Bewusstheit gesprochen wird. Diese abstrakten, terminologisch gefassten Wissensanteile sind bei Van Lier auf Level 3b angesiedelt, also von den eben genannten sprachlichen Aktivitäten zu unterscheiden.

Zusammenfassend gilt: Der Sprecher/Lerner, der sich seiner Sprache oder seines Denkens bewusst ist, kann sich hier zwischen einer praktischen und einer akademischen/technischen Bewusstheit bewegen (*„practical" vs. „technical awareness"*, Van Lier 1998, 132), was gut nachvollziehbar ist, gleichzeitig aber wiederum die Frage aufwirft, wo die Grenze zwischen detaillierter Terminologie und explizitem Strukturwissen ist.[23]

Auf Level 4 zeigt sich eine für die Fragestellung entscheidende Eigenschaft menschlicher Kommunikation: Die Bedeutung, das gegenseitige Verstehen ist nicht in den Wörtern oder Sätzen, die ausgetauscht werden, zu finden. Sie wird konstruiert und wirkt nach, sie geht über das Gesagte hinaus und

---

21 Van Lier (1998, 131) spricht von *„metaconsciousness"*.
22 Vgl. dazu den sprachspielerischen Ansatz von Belke (2012), der diese Ebene nutzt und damit Spracherwerb und Sprachvermittlung zu vereinen versucht.
23 Die Terminologie und das Wissen sind als Begriffe wiederum nicht eindeutig zu fassen und graduierbar, vgl. dazu Kap. 3.3.1.

wird interpretiert. Sprache und Bewusstsein sind in diesem Sinne unzertrennlich miteinander verbunden: „*Consciousness is intimately connected with language [...]*." (Van Lier 1998, 133). Die Forderung das Bewusstsein als soziales Phänomen zu untersuchen, geht auf Vygotsky, Bakhtin und Wittgenstein, Hymes u.a. zurück. Van Lier verweist an dieser Stelle auf die semiotische Basis der Sprache und betont, dass sprachliche Zeichen neben anderen semiotischen Systemen zur Bedeutungszuweisung beitragen. Sprache und Bewusstsein sind nicht zu trennen. Beide spielen in der ontogenetischen Entwicklung des Selbst und der Identität eine wichtige Rolle. Die Sprache hilft dabei, bewusst zu werden und ist das zentrale Werkzeug der Kommunikation. In der Interaktion mit der Umwelt und in weiterer Folge über Sprache realisierte Interaktion mit anderen führt zu mentalen Aktivitäten (*„higher mental aktivity"*, Vygotsky, zit. in Van Lier 1998, 134).

Die Sprachbewusstheit (*language awareness*), die als praktische oder akademische Sprachbewusstheit gefasst wird, sieht Van Lier als mehrschichtig an, wobei die Übergänge von weniger sprachbewusst zu sprachbewusster z.T. das Ergebnis von natürlichen Entwicklungsprozessen und Schriftspracherwerb gesehen werden. Dass Sprachbewusstheit als explizites Sprachwissen verstanden wird, führt er auf die Tatsache zurück, dass die üblichen Tests (z.B. Bewertungsaufgaben, was grammatisch korrekt ist und was nicht, oder die Benennung von Sprachelementen mit grammatischen Termini usw.) nur diese Qualität der Sprachbewusstheit als verbalisierbares Sprachwissen testen. Die (anzustrebende) Sprachbewusstheit als ‚kreativer Motor' zeigt sich aber vielmehr in der Kontrolle über sprachliches Material und dessen Manipulation als Aufmerksamkeit, die man seiner eigenen und der Sprache anderer widmet, womit der Grundgedanke von FoF genannt zu sein scheint.

Ein weiterer zentraler Punkt ist die Tatsache, dass Wissen das Ergebnis von Handeln ist. Dieses zu kommentieren ist erst der zweite Schritt, was für den Unterricht mit L2-Lernern bedeutet, dass die Lehrkraft zunächst beobachtet, wie Lerner mit sprachlichem Material umgehen und nicht ausschließlich darauf achtet, wie sie ihr Sprechen oder Schreiben kommentieren, benennen, begründen usw. Das Wissen ist von der Performanz (*proficiency*) zu trennen und nicht mit ihr gleichzusetzen. Demnach muss auch die Frage nach der Rolle expliziten Unterrichts ausgeweitet werden: Es geht nicht um die Vermittlung expliziten Wissens, sondern darum, die Lerner anzuregen ihre Aufmerksamkeit auf sprachliches Material auszurichten. Speicherbares, deklaratives Wissen darüber kann angestrebt werden, muss es aber nicht (vgl. Kap. 3.3).

Die Sprachverwendung und die Interaktion mit der Umwelt sind als Motor für Entwicklung von Sprachbewusstheit zu sehen. Metasprachliches Wissen stellt dabei die Spitze des ‚Sprachbewusstheits-Eisbergs' dar (vgl. Van Lier 1998, 137). Dieses Auseinandersetzen mit Sprache im Miteinander ist auch, was von Lehrkräften häufig erwartet wird. Lehrkräfte sind dann gefordert, über so viel explizites Wissen zu verfügen, dass es ihnen möglich ist, geeignetes Unterrichts- und Sprachmaterial auszuwählen, es nutzbringend einzusetzen und Sprachliches aufzugreifen. Sie benötigen jene Sprachbewusstheit, auf die willentlich zugegriffen werden kann, die als deklarativ gespeichertes explizites Wissen vorliegt, um dem Lerner Phänomene erklären und sie mit ihm gemeinsam analysieren zu können. Die Bewusstheit für eigenes und fremdes Sprechen ist für die Lehrkraft und Lerner gleichermaßen zentral, aber die Lehrkraft sollte diese Vorgänge und Prozesse initiieren und lenken können. Für sie stellen sich Fragen, wie die folgenden: Was gibt es (für L2-Lerner) zu bemerken, was zu erkennen? Wo können Analogien gefunden oder Ausnahmen betrachtet werden? Wann ist eine Form kommunikativ bedeutsam? u.a. (vgl. dazu Kap. 4.3).

Fazit

FoF fordert, dass die selektive Aufmerksamkeit kurzfristig der Formseite des sprachlichen Zeichens gewidmet wird. Ob dabei *noticing* oder *understanding* (oder ein Bereich dazwischen) angestrebt wird, ist nicht festgelegt und hängt v.a. vom Lernstand und Alter des Lerners ab. Demnach kann sich die Fokussierung einer Form als *noticing* realisieren, sie kann aber auch mit dem Ziel des Erkennens erfolgen. Die Abstraktion und der Grad der Explizitheit sind bei FoF nicht festgelegt. Wichtig erscheint, dass ein Bemerken auch auf noch unbewusstem Niveau den L2-Erwerb positiv zu beeinflussen vermag und v.a. bei jungen DaZ-Lernern eine solche Form der Fokusausrichtung auf formale Aspekte sinnvoll sein könnte. Die Aufmerksamkeit für die Form in der Unterrichtssituation bedarf keiner linguistischen Analyse, keines abstrakten Regelwissens, keiner Paradigmen oder Schemata. Vielmehr geht es darum, zu bemerken, dass die Form eine Bedeutung in der konkreten Kommunikationssituation trägt. Wurde diese Beziehung hergestellt und bemerkt, kann sie sich sprachlich unterschiedlich, auch vage oder unpräzise darstellen. Die Frage ist letztlich, wann und wodurch sich die Sprachverarbeitung von Kindern im L1-Erwerb und jungen DaZ-Lernern unterscheidet und eine Bewusstheit wie die hier diskutierte, für eine Weiterentwicklung in der L2 notwendig macht (vgl. Kap. 3.4.2).

3.3 Expliziter Unterricht und der Nutzen von Sprachwissen

Sowohl im täglichen Sprachgebrauch als auch im Spracherwerb muss sprachlicher Input verarbeitet werden. Wie dies geschieht, wurde unterschiedlich erklärt. Neben modularen Erklärungsansätzen existieren interaktive Ansätze (vgl. Höhle 2010). Meist wird zwischen rezeptiver und produktiver Sprachverarbeitung unterschieden. Doughty (2001) beschäftigt sich mit den kognitiven Grundlagen der Formfokussierung und geht von Makroprozessen und Mikroprozessen aus. Während die Makroprozesse nicht zu beeinflussen und zu stören sind, argumentiert sie auf der Grundlage von Forschungsergebnissen aus der Konversationsanalyse, der Mutter-Kind-Interaktion und Untersuchungen zu natürlichen Sprechfehlern, dass auf der Ebene der Mikroprozesse in die Sprachverarbeitung eingegriffen werden kann, um lernerseitiges *noticing* zu fördern.

Nachdem explizites Wissen über sprachliche Regeln und Strukturen lange Zeit als notwendig angesehen wurde, um danach ‚verteufelt' und als sinnlos dargestellt zu werden, erhebt sich aufgrund von Forschungsergebnissen aus der Neuro- und Kognitionswissenschaft neues Interesse an der Rolle expliziten Sprachwissens für den gesteuerten Zweitspracherwerb (vgl. Ellis, N. 2007). Gefragt wird nach der Qualität des Sprachwissens, das der spontanen Sprachverwendung zugrunde liegt und nach den Lernprozessen, die zu dieser Wissensqualität führen. Sind es explizite Lernprozesse, die zu explizitem Sprachwissen (als Faktenwissen und Regelwissen) führen, welches durch Übung prozedualisiert wird? Oder sind implizite Lernprozesse zu bevorzugen? Kann explizites Wissen überhaupt implizit werden und für die spontane Sprachverwendung genutzt werden? Welche Rolle hat der Monitor als überprüfende Instanz bei der Sprachverwendung?

Dieser Abschnitt behandelt die Frage, welche Funktion Unterricht und darin vermittelte Wissensanteile für den gesteuerten L2-Erwerb haben können. Zu hinterfragen ist das unmittelbare Ziel, das mit der Fokussierung formaler Aspekte verfolgt wird. Anders ausgedrückt, geht es um das, was der Lerner durch den formbezogenen Unterricht können oder wissen soll und inwiefern der Unterricht bei FoF als explizit-formbezogen zu bezeichnen ist.

3.3.1 Die Entstehung von (Sprach-)Wissen

Die Kognitionspsychologie fragt, wie Wissen entsteht, repräsentiert und organisiert wird, wie es aufbewahrt (gespeichert) und genutzt werden kann. In Bezug auf die Fragestellung der vorliegenden Arbeit geht es um die Entstehung, die Speicherung und den Abruf von Wissen, das der L2-Sprachkompetenz zugrunde liegt und um die Rolle des Unterrichts bei der Initiierung bestimmter Lernprozesse.

Das kognitive System des Menschen ist so angelegt, dass Information verarbeitet und zu Wissen werden kann. Wissen wird als im Langzeitgedächtnis gespeicherte Information beschrieben und entsteht durch Informationsverarbeitung. Der Sprachverwendung zugrunde liegendes Wissen wird in kognitiven Ansätzen nicht von anderen Wissensformen unterschieden. Ein Teil der den Menschen umgebenden Perzepte (Input) gehen in das kognitive System ein, werden verarbeitet und gespeichert. Dieser Teil wird als Intake bezeichnet. Die im Langzeitgedächtnis gespeicherte Information wird dabei so organisiert, dass eine schnelle Verarbeitung und ein schneller Zugriff prinzipiell möglich sind. Man benötigt hierzu aber Anknüpfungspunkte, Vorwissen, Organisationsprinzipien und Metakognition (vgl. Fritz et al. 2010).

Man nimmt an, dass Wissen in sog. Schemata (auch als *frames, scripts* oder *Rezepte* bezeichnet) abgelegt wird (vgl. Vielau 1997). Diese Schemata liegen als sog. subjektive Theorien vor und bestimmen, wie wir Situationen interpretieren und Information verarbeiten. Sie sind als ,Brille der Wahrnehmung' zu verstehen und können dem Individuum bewusst sein oder sein Verhalten und seine Wahrnehmung unbewusst steuern. In jedem Fall spielt das vorhandene Wissen – bewusst oder unbewusst – eine Rolle bei der Wahrnehmung und Verarbeitung neuer Information.

Wissen kann als Faktenwissen oder Handlungswissen vorliegen.[24] Faktenwissen wird häufig als *Wissen, dass*, Handlungswissen als *Wissen, wie* beschrieben. Außerdem werden zur Unterscheidung der Wissenstypen die

---

24 Auf andere Wissensformen wie das episodische oder metakognitive Wissen wird weiter unten näher eingegangen.

Begriffe explizit und implizit bzw. deklarativ und prozedural herangezogen.[25] Prozedurales Wissen umfasst motorische und kognitive Fähigkeiten gleichermaßen. Prozedurales Sprachwissen ist Anwendungswissen z.b. grammatisches Wissen bei der Sprachbeherrschung.[26] Diese Wissensart steht automatisch zur Verfügung und kann nicht verbalisiert werden. Das deklarativ gespeicherte Faktenwissen meint in Bezug auf Sprachwissen das Wissen über sprachliche Regeln.[27] Charakteristisch für deklaratives Sprachwissen ist, dass es unvollständig, unpräzise und unscharf ist (vgl. Ellis, R. 2004).[28]

Auf explizites Wissen kann zugegriffen werden, d.h. das Individuum kann dieses Wissen (bzw. einen Teil dieses Wissens, der als Gedächtnisinhalt im Langzeitgedächtnis vorliegt) willentlich abrufen und sich in einem nächsten Schritt auch dazu äußern, sofern eine gewisse Art der Metasprache vorhanden ist.[29] Die Art der Wissensrepräsentation ist aber nicht an die Möglichkeit der Versprachlichung geknüpft (vgl. Ellis, R. 2004). Liegt das Wissen implizit vor, ist es dem Bewusstsein (zunächst) nicht zugänglich und kann in Folge dessen nicht verbalisiert, sondern nur indirekt über das Verhalten inferiert werden. Am Beispiel von Sprache: Lerner 1 weiß, wie man den Konjunktiv bildet und gibt darüber, wenn auch rudimentär, Auskunft. Er verfügt demnach über explizites Wissen. Lerner 2 verwendet den Konjunktiv, ist sich dessen aber nicht bewusst und kann auch keine Auskunft darüber geben, was nicht ausschließt, dass auch Lerner 2 sich der Form bewusst werden kann und in weiterer Folge (metasprachlich) zu verbalisieren lernt, was er sprachlich äußert.

Eine dichotomische Gegenüberstellung von Sprachwissen als Faktenwissen und Sprachkönnen als Handlungswissen ist nicht nur schwierig zu begründen und aufrecht zu erhalten, sondern läuft auch Gefahr, den dynamischen und ganzheitlichen Charakter der Wissensrepräsentation zu

---

25 In der kognitiven Psychologie sind die Bezeichnungen deklaratives und prozedurales Wissen üblich, wobei deklaratives Wissen nicht mit explizitem und prozedurales nicht mit implizitem Wissen gleichgesetzt werden kann (vgl. DeKeyser 2011).

26 Man spricht auch von sprachpraktischen Fähigkeiten, *tacit knowledge* oder *competence*.

27 DeKeyser (2011) führt eine weitere Differenzierung zwischen Faktenwissen (*semantic memory*) und Wissen über Erlebtes (*episodic memory*) an.

28 Dieser Hinweis erscheint zentral, um von der Vorstellung einer vollständigen, deklarativ gespeicherten Wissenseinheit – auch nicht sprachbezogener Natur – absehen zu können.

29 In Bezug auf Sprachliches ist nicht zwingend eine grammatische Terminologie gemeint.

verkennen (vgl. Vielau 1997, Ellis, R. 1990). Es erscheint daher sinnvoll von einem Kontinuum zwischen bewussten und unbewussten Wissenstypen, auf die situationsabhängig unterschiedlich zugegriffen werden kann, auszugehen. Die angeführten Wissenstypen sind dann als Eckpunkte zu verstehen, wobei prinzipiell beide Komponenten vorhanden sein können und sich die Gewichtung je nach Aktivität, Handlung, Situation, u.Ä. verschiebt. Das kognitive Modell von Bialystok (1991) differenziert ebenfalls zwischen der Repräsentation des Wissens einerseits und dem Zugriff darauf andererseits. Sie beschreibt lernersprachliches Wissen anhand von zwei Dimensionen:

1. Dimension eins betrifft das *Ausmaß*, mit welchem der Lerner bewusst über die Struktur seines Wissen verfügt. Der Lerner beginnt mit unanalysiertem Wissen, sog. *chunks*. Durch Lernen (bzw. voranschreitende Entwicklung, d.h. auch ohne Zutun von Unterricht oder einer anderweitigen Art der Steuerung) wird dieses Wissen bewusster[30] und mehr und mehr analysiert. Analysiertes Wissen ist die Voraussetzung für verbalisierbares, metasprachliches Wissen, aber nicht damit gleichzusetzen (vgl. dazu auch Ellis, R. 2004). Durch zunehmende Analyse wird Wissen internalisiert, was zu kognitiver Restrukturierung führt.[31]

2. Dimension zwei bezieht sich auf den *Zugriff*, den der Lerner auf sein Wissen hat. Zunächst ist der Zugriff nicht automatisiert. Im Laufe der Zeit erlangt der Lerner immer schnelleren Zugriff. Er automatisiert sein Wissen.

Bialystok betont, dass die beiden Dimensionen unabhängig voneinander sind, der Lerner entweder sein Wissen automatisiert oder analysiert. Neben dem Lernstil ist es der Lernkontext, der beeinflusst, welche der beiden Dimensionen vordergründig erworben wird. Beim formalen Lernen steht die Analyse im Vordergrund, weshalb auch dekontextualisiertes Üben bestimmter Strukturen üblich ist. Beim informellen Lernen steht die Au-

---

30 Bewusst ist hier nicht als *conscious* zu verstehen, der Lerner muss es nicht erklären können.

31 Diese Sichtweise auf entstehende abstrakte und nutzbare sprachliche Muster wurde weiter oben im Rahmen der konstruktionsgrammatischen Erklärung von Spracherwerb ebenfalls diskutiert und passt sich demnach auch in diesen Erklärungsansatz ein.

tomatisierung im Vordergrund. Prinzipiell, so R. Ellis (1990), sollte im Unterricht beides gefördert werden.

Von zentraler Bedeutung ist, dass der Begriff *explizit* in Bezug auf Wissen über sprachliche Phänomene in diesem Erklärungsmodell eine veränderte kognitive Struktur des gespeicherten Wissens meint, d.h. Wissen ist nicht explizit oder implizit, sondern mehr oder weniger explizit in seiner Struktur, was unterschiedliche Zugriffsmöglichkeiten zur Folge hat. Bialystok (1991) verdeutlicht unter Hinzuziehung psychologischer Forschung (Mandler 1983), dass der Begriff *Repräsentation* in zweierlei Bedeutung verwendet wird. Einerseits wird damit die Organisation und Struktur von Wissen bezeichnet. Andererseits geht es darum, wie sich die Beziehung zwischen einem Symbol und einem Referenten gestaltet. In der ersten Bedeutung wird die Repräsentation eines sprachlichen Elements entlang der Bedeutung und des Gebrauchs gespeichert: „*In this way, language is a set of semantic relations that organize our knowledge of the world.*" (Bialystok 1991, 117).[32] Der Lerner kann sich dieser Art von Repräsentationen mehr oder weniger bewusst sein, weshalb es einem Sprecher auch möglich ist, die Bedeutung eines lexikalischen Elements zu erklären und die eines anderen eventuell nicht (vgl. Ellis, R. 2004).

Um sich metasprachlich mit Formen und ihren Bedeutungen befassen zu können, bedarf es jener zweiten Repräsentationsform sprachlichen Wissens, auf die Bialystok referiert. Die sprachlichen Einheiten werden dann anstatt entlang semantischer Kategorien an formalen symbolischen Kategorien organisiert. Diese Kategorien liegen im Unterschied zur ersten Repräsentationsart explizit vor. Bialystok spricht von analysierten Repräsentationen des sprachlichen Wissens. Wichtig ist, dass die analysierten Repräsentationen aus den zunächst unanalysierten oder semantischen hervorgehen. Anhand eines Beispiels von Karmiloff-Smith (1986) erläutert Bialystok (1991), wie man sich diesen Prozess der Umstrukturierung vorstellen kann. So verwenden französischsprachige Kinder den indefiniten Artikel *un* zunächst in verschiedenen Kontexten, aber unabhängig voneinander. Das sprachliche Element liegt dann im Sinne der ersten beschriebenen Repräsentationform als semantisches Element vor. Im Laufe der Zeit findet der Prozess der Analyse statt und das Kind verbindet die formal gleichen Elemente zu einer Kategorie (indefiniter Artikel). Entscheidend

---

32 Bei der Suche nach Wortfeldern oder assoziativen Wortschatzübungen wird beispielsweise diese Art der Wissensrepräsentation gefördert.

ist nun, dass die semantisch-basierte Repräsentation deshalb nicht verloren geht, *„[...] rather, the learner has added to the knowledge of language a new level of organization based on formal structure"* (Bialystok 1991, 118). Interessant ist zudem, dass verschiedene Stadien zwischen der rein semantisch organisierten und der formalen symbolischen Repräsentation angenommen werden. Demnach entwickelt sich beim Lerner kontinuierlich und für unterschiedliche Aspekte eine immer deutlichere formale Kategorie heraus, die letztlich eine im Unterricht nutzbare (metasprachliche) Zugriffsweise auf explizit-sprachliches Wissen ermöglicht.

Dass bestehendes Wissen die Verarbeitung neuen Wissens verändert, sowie die Speicherung und Nutzung beeinflusst, belegen Neuro- und Kognitionswissenschaft (vgl. Fritz et al. 2010). Demnach ergeben sich Unterschiede in der individuellen Informationsverarbeitung durch Unterschiede im Abstraktionsvermögen, durch den unterschiedlichen Einsatz kognitiver Strategien und durch Vorhandensein und Nutzung von Vorwissen. Diese Faktoren wirken auch bei der unterschiedlichen Nutzung von sprachlichem Input durch unterschiedliche Lerner (vgl. Ellis, N. 2007). So nimmt man mittlerweile an, dass der Lernstand in der jeweiligen Zielsprache ebenso einen Einfluss auf die Nutzung sprachlichen Inputs (metasprachlich oder nicht) hat, wie die Erstsprache oder die kognitive Entwicklung allgemein.

Vielau (1997) geht davon aus, dass explizites Wissen nicht im Stande ist prozedurales Wissen (Handlungswissen) zu verändern[33], aber dass es eine Hilfsfunktion übernehmen kann, indem es den Lernprozess steuert, kontrolliert und überwacht. Vielau spricht in diesem Zusammenhang vom „inneren Lehrer" in Analogie zum Begriff des „inneren Lehrplans". Der Lerner, so Vielau, konstruiert sein Wissen jedoch immer selbst und die Eingriffsmöglichkeiten von außen sind sehr begrenzt. DeKeyser (2011) fasst die Diskussion um die am L2-Erwerb beteiligten Wissensbestände folgendermaßen zusammen:

> „[...] all learners have both declarative and procedural knowledge, implicit and explicit knowledge, knowledge of items and rules and knowledge of how to process language in real time for production or comprehension." (DeKeyser 2011, 124)

---

33 Als Beispiel nennt Vielau hier einen Tennisspieler, der zunächst spielerisch und implizit lernt den Schläger zu benutzen, anschließend explizite Anweisungen bekommt und diese für seinen Lernprozess nutzt.

Der L2-Lerner des Deutschen kann demnach wissen, dass es im Deutschen drei Genera gibt (deklarativ) und dass man Gut*en* Abend (gespeichertes *item*) sagt. Er weiß, dass sich Artikel verändern müssen und dass es einen Kasus gibt, der als *Akkusativ* bezeichnet wird. Warum ein türkischsprachiger Deutschlerner anstatt des Verbs *schmecken gefallen* verwendet, weiß er nicht, ebenso wenig, dass er diesen Fehler systematisch begeht (sein Wissen liegt implizit vor.[34]

Lernprozesse und Typen von Unterricht

Lernprozesse werden seit der kognitiven Wende informationstheoretisch erklärt und in die Modellbildung einbezogen (vgl. Vielau 1997). Bei dem an der Entstehung von Wissen beteiligten Lernprozess sind mindestens drei Aspekte relevant:

1. der Inhalt (Was lerne ich?);

2. die Handlung oder Situation (Wann und in welchem Kontext lerne ich?);

3. die Beziehung oder Emotion (Was fühle ich in Bezug auf den Lerngegenstand?).

Lernprozesse werden ebenfalls als *explizit* oder *implizit* bezeichnet. Einen expliziten Lernprozess kennzeichnet, dass sich das lernende Individuum bewusst ist, dass es lernt und auch – so wird vielfach argumentiert – was es lernt. In Bezug auf Sprachlernprozesse ist gemeint, dass der L2-Lerner Regeln zu entdecken oder anzuwenden versucht oder bewusst Vokabeln memoriert. Seine Aufmerksamkeit gilt dann z.B. der Bildung von zusammengesetzten Zeitformen oder dem Memorieren von unregelmäßigen Verbformen. Implizite Lernprozesse zeichnen sich dadurch aus, dass sich das Individuum nicht bewusst ist, dass es lernt oder was es lernt. Sein Fokus gilt einem anderen Aspekt. Sind implizite Lernprozesse abgelaufen, beherrscht man zwar die Fähigkeit danach, kann jedoch keine Auskunft über das Wissen oder dessen Aneignung geben.

Je nach Unterrichtsform werden unterschiedliche Lernprozesse in Bezug auf die L2 angeregt. Implizite Vorgehensweisen setzen auf implizite Lern-

---

34 Dass es sich hierbei um einen Interferenzfehler aus der Erstsprache handelt, ist naheliegend, aber nicht eindeutig zu klären.

prozesse, die durch bedeutsamen Input und Begegnungen mit der L2 im bedeutsamen Kontext initiiert werden. Der Fokus liegt dabei auf der flüssigen Verwendung der Zielsprache, wobei Fehler unaufdringlich und so repariert werden, dass die Kommunikation nicht unterbrochen wird und der Fokus der Interaktionspartner (Lehrkraft und Lerner) auf dem Austausch der Information, also der inhaltlichen Ebene, verbleibt. Dies schließt die Verwendung von Metasprache ebenso aus, wie die formbezogene (!) Fokussierung einzelner Formen oder Strukturen oder die Aufforderung an den Lerner sich zu korrigieren oder sprachliche Regeln zu berücksichtigen.

Expliziter Unterricht zeichnet sich durch eine Lenkung der Aufmerksamkeit auf bestimmte Aspekte der Zielsprache aus, was wiederum mit bewusstem Lernen und der Fokussierung von korrekter Sprachverwendung zusammenhängt. Zwar werden explizite Vorgehensweisen mittlerweile differenzierter wahrgenommen, dennoch sind verschiedene Merkmale wie der Einsatz von Metasprache oder die Dekontextualisierung einzelner Phänomene bis hin zur Regelerklärung weiterhin charakteristisch.

Es folgt eine Beschreibung eines Modells, das die Zusammenhänge zwischen a) dem Wissen, das im formbezogenen Unterricht vermittelt wird, b) dem zweitsprachlichen Input und der Kommunikation und c) jenem Wissen, das zur spontanen Sprachverwendung benötigt wird, aufzeigt. Dieses Modell vereint die Grundgedanken der Theorie des gesteuerten Zweitspracherwerbs (Ellis, R. 1990, 1994) mit neueren Erkenntnissen aus der Neuro- und Kognitionswissenschaft hinsichtlich unterschiedlicher Sprachlern- und Sprachverarbeitungsprozesse (vgl. Ellis, N. 2007).

3.3.2 Das Modell der ‚schwachen Schnittstelle‘

Im Rahmen der sog. *interface*-Diskussion wird die Frage nach dem Nutzen expliziten Sprachwissens für den L2-Erwerb diskutiert. Dabei lassen sich drei große Lager unterscheiden. Vertreter der sog. *strong-interface*-Position gehen davon aus, dass explizites Wissen durch Anwendung und Übung automatisiert wird und die Qualität impliziten Wissens annehmen kann. Vertreter der sog. *non-interface*-Position gehen davon aus, dass explizites Wissen und explizites Lernen nicht zum Erwerb einer Sprache beitragen und berufen sich auf Krashens Unterscheidung zwischen Lernen und Erwerben einer L2 (vgl. Ellis, N. 2007). Die dritte Position geht von einer zumindest ‚schwachen‘ Schnittstelle (*weak-interface*-Position) zwischen den beiden Wissenstypen und einem indirekten positiven Einfluss von explizitem Sprachwissen und formbezogenem Unterricht aus.

Belege für eine solche Position stammen aus den Neuro- und Kognitionswissenschaften, die nicht nur unterschiedliche Wissenstypen und deren Speicherung in unterschiedlichen Gehirnarealen nachweisen, sondern auch, dass sich Lernprozesse hinsichtlich der beteiligten Bewusstseinsanteile unterscheiden. So konnte mithilfe moderner Methoden der Neurowissenschaften beispielsweise belegt werden, dass beim expliziten Lernen, d.h. bewusster Aktivität, das gesamte Gehirn beteiligt ist und dadurch mehr neue Assoziationen möglich sind, als beim impliziten Lernen, das auf einen Teil des Gehirns beschränkt ist (vgl. Ellis, N. 2007).

Im Rahmen der *weak-interface*-Position geht man davon aus, dass explizites Wissen drei wichtige Funktionen beim Erwerb einer zweiten Sprache hat:

1. Explizites Wissen fördert *noticing*, da Lerner eine Form besser bemerken können: „[...] if learners are armed with explicit knowledge of a linguistic feature, they are more likely to notice its occurence in the communicative input they receive and thus to learn it implicitly" (Ellis, R. 2003, 149).

2. Explizites Wissen unterstützt das von Schmidt/Frota (1986) beschriebene *noticing the gap*-Prinzip. Lerner können kognitive Vergleiche besser anstellen, wenn sie ihre Äußerungen mit denen der sie umgebenden Sprache auf Grundlage expliziten Wissens vergleichen. Durch explizites Wissen und Formbewusstheit hat der Lerner mehr Möglichkeiten seinen Output mit dem, was er explizit über die Sprache weiß, abzugleichen.

3. Explizites Wissen trägt zur Automatisierung und Proceduralisierung sprachlicher Verarbeitungsprozesse in Übungsphasen bei, was v.a. bei Anfängern hilfreich und sinnvoll ist.

Die hier beschriebene Schnittstelle von expliziten und impliziten Wissensanteilen schreibt explizitem Wissen eine steuernde und ‚erwerserleichternde' Funktion zu. Die möglichen positiven Effekte sind dabei allerdings indirekt und zeitverzögert (vgl. Ellis, R. 1990, Ellis, N. 2007). Das Modell sieht folgendermaßen aus:

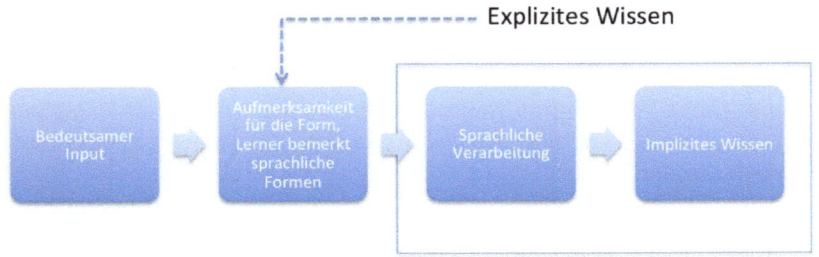

Abbildung 3.2: Die Rolle expliziten Sprachwissens beim Erwerb impliziten Sprachwissens (Ellis, R. 1990, 193, übersetzt von D. Rotter)

Diesem Modell zufolge wird primär der Erwerb impliziten Sprachwissens angestrebt und zwar über Input, der für den Lerner bedeutsam ist. Diesen Input kann und soll der Lerner nutzen, um Form-Bedeutungsverbindungen zu bilden und zu verarbeiten (Intake) und sich so implizites Wissen über die L2 anzueignen. Die Rolle expliziten Wissens liegt darin, das Bemerken der Form-Bedeutungsverbindungen zu unterstützen und die Verarbeitung des zweitsprachlichen Inputs zu verändern (i.S.v. verbessern). N. Ellis resümiert:

> „[...] implicit and explicit modes of operation interact in interesting ways ... [and] demonstrate that a blend of explicit instruction and implicit learning can be superior to either just explicit instruction or implicit learning alone." (Ellis, N. 1995, 136 zit. in Spada 1997, 82)

Die Balance zwischen implizitem Lernen und explizitem Unterricht – unter der Prämisse, dass sich Aufmerksamkeit auf Form lenken lässt – ist das definierte Ziel für den Unterricht mit L2-Lernern. Betont sei, dass die Voraussetzung für den hier postulierten positiven Effekt explizitformbezogenen Unterrichts der bedeutsame Input und das Verstehen der kommunizierten Inhalte darstellt. Die Fokussierung formaler Aspekte im Sinne eines FoF ist eine Erweiterung einseitig inhaltsorientierter oder formorientierter Ansätze.[35] Die Gestaltung der expliziten Komponente

---

35 Didaktisch-methodische Umsetzungsmöglichkeiten, die unterschiedlich explizit i.S.v. kognitiv aufdringlich sind, werden in Kap. 4 diskutiert.

des Unterrichts bewegt sich dabei auf einem Kontinuum der „Aufdringlichkeit", wie Schifko (vgl. 2008) erklärt. Im Hinblick auf unterschiedliche
Unterrichtssettings und unter Berücksichtigung unterschiedlicher Lernerprofile gibt es aber noch zahlreiche offene Fragen, wie z.B. wie der bedeutsame Input zu gestalten und zu strukturieren ist, wie ‚aufdringlich'
vorgegangen werden soll oder welche Formen der jeweiligen L2 wie fokussiert werden sollen.

Die Annahme einer ‚schwachen Schnittstelle' führte zu erneutem Interesse an explizitem Unterricht, darf aber nicht als Rückschritt in Richtung bedeutungsloser grammatischer Drills verstanden werden (vgl. Ellis,
N. 2007). Zusammenfassend kann festgehalten werden, dass (Vor-)Wissen,
Erfahrungen (auch andere Sprach- und Sprachlernerfahrungen) usw. unsere Interpretation von Neuem beeinflussen. Diese Erkenntnis erklärt,
warum Wissen über Sprachliches positiven Nutzen haben kann und zwar
in anderer Weise als bisher angenommen. Weiß der Lerner etwas über eine
Form und die Regel zur Bildung dieser Form, so die Annahme, nimmt er
sie im Input anders (verbessert) wahr und verarbeitet sie in anderer Weise, als wenn er kein explizites Wissens darüber hätte. Der Nutzen des im
Unterricht vermittelten Sprachwissens für den Lerner besteht also darin,
dass er sich im *„Feld zwischen Form und Bedeutung"* sprachlicher Zeichen
besser zurecht finden kann und die arbiträre und auf Konvention beruhen-
de Korrelation zwischen Form und Bedeutung erkennt (Portmann 2003,
27).

Wie bisher ausgeführt, geht es bei FoF darum, gewisse Formen der L2 in
den Fokus der Lerner zu bringen, damit diese sie wahrnehmen (bemerken) und in weiterer Folge so verarbeiten, dass sie in das lernersprachliche
System eingehen. In diesem Sinne **können** sich im Unterricht mit FoF
explizit-formbezogene Phasen ergeben (vgl. Ellis, R. 2008a). Der Lerner
kann die konkrete Form, ihre Lautgestalt oder Schreibweise fokussieren
und als *item* abspeichern. Es ist aber auch denkbar, dass in diesen Phasen z.B. geklärt wird, wie die Form gebildet wird, dass sie ähnlich gebildet
wird, wie eine schon bekannte Form oder, dass die Form nur in bestimmten
Situationen verwendet wird. Sprich: was explizit, d.h. bewusst gemacht
wird, kann sich hinsichtlich der Abstraktion und Weite unterscheiden. FoF
kann aber auch implizit realisiert werden. In diesem Fall wird kein explizites Wissen als verbalisierbares, deklaratives Wissen angestrebt, sondern
eine im Bereich des impliziten Wissens angesiedelte Repräsentation einer
Form. In welcher Weise der FoF realisiert wird, hängt von verschiedenen

Faktoren ab. Wichtig ist, dass die Lehrkraft die Flexibilität und Freiheit in der Realisierung der Formfokussierung i.S.v. FoF erkennt und zu nutzen lernt. R. Ellis fasst zusammen:

> „[...] whereas focus-on-forms involves explicit instruction, focus-on-form can involve both implicit and explicit instruction." (Ellis, R. 2008a, 439)

3.3.3 Fokuswechsel und Aufdringlichkeit

Im Unterricht gilt es die Aufmerksamkeit der Lerner zu bündeln und auf gewisse Aspekte der L2 zu lenken. Dieser Versuch in den Sprachverarbeitungsprozess einzugreifen, kann, wie gezeigt wurde, unterschiedlich aufdringlich ausfallen und bewegt sich im Spannungsfeld zwischen expliziten Hinweisen und Erklärungen und implizitem Andeuten. In Kap. 4 werden die konkreten Techniken diskutiert, an dieser Stelle geht es um die Frage, ob FoF als Fokuswechsel oder als Fokuserweiterung zu verstehen ist und wie sich variierende ‚Aufdringlichkeit' kognitiv auswirken kann.

Zunächst kann FoF als Fokuswechsel von der Inhalts- auf die Formebene verstanden werden. So sprechen Long/Robinson (1998) von einem gelegentlichen Wechsel des Fokus auf die Form, wenn ein Problem auftritt:

> „[...] focus on form often consists of an occasional shift of attention to linguistic code features - by the teacher and/or one or more students - triggered by perceived problems with comprehension or production." (Long/Robinson 1998, 23)

Dass der Fokus beim Auftreten von Problemen von der Inhalts- auf die Formseite wechselt, kann man auch in der Erstsprache beobachten. Wenn die automatisch ablaufenden Sprachverarbeitungsroutinen versagen, ergibt sich natürlicherweise ein Fokuswechsel. Man korrigiert sich oder sucht dann beispielsweise nach einem anderen Wort. Bredel (2007) hat dieses Phänomen als sprachdidaktisch relevantes Moment im Unterricht mit monolingual deutschsprachigen Kindern erklärt. Sie spricht von Sprachbetrachtung und erklärt:

> „In der Regel verwenden wir Sprache als Instrument, um uns über Gegenstände, Sachverhalte, Handlungen etc. zu verstän-

digen [...] Sprache dient uns vor allem als Medium. Wir sind jedoch auch in der Lage, Sprache zum Gegenstand unserer Aufmerksamkeit zu machen. Das geschieht z.b. dann, wenn wir jemanden nicht verstehen und nachfragen, was er gesagt hat, oder wenn uns ein Wort, von dem wir wissen, dass wir es eigentlich kennen, nicht einfällt. [...] In solchen Momenten wird Sprache selbst zum Gegenstand der Aufmerksamkeit." (Bredel 2007, 22)

Die Fokussierung der Formseite sprachlicher Elemente impliziert also bereits einen Wechsel von der ‚normalen' Sprachverarbeitung, die auf kommunikativer Ebene das gegenseitige Verstehen verfolgt und weitgehend automatisch abläuft, zu einer davon abweichenden Verarbeitung, da *„Sprachproduktion und Sprachrezeption in der Regel ohne besondere Aufmerksamkeit ablaufen"*, was bedeutet, *„dass wir das Sprechen automatisiert haben"* (Bredel 2007, 24). Die für eine Sprachbetrachtung benötigte Distanz wird nach Bredel häufig durch ein Versagen der sprachlichen Handlungsroutine hergestellt. Der ansonsten automatisch ablaufende Vorgang wird dann unterbrochen und Aufmerksamkeit mobilisiert. Bei Lücken im Bereich Wortschatz wird dabei schneller Aufmerksamkeit bereitgestellt, als z.B. bei grammatischen Fehlern.

Distanz zum Betrachtungsobjekt Sprache, Deautomatisierung von ansonsten automatischen Sprachverarbeitungsprozessen sowie Dekontextualisierung als Herauslösung einzelner Elemente aus der ursprünglichen Umgebung werden von Bredel (2007) als Voraussetzung für Sprachbetrachtung genannt. Diese sprachbezogenen Aktivitäten führen zu einer deutlichen Fokusverschiebung von der inhaltlichen auf die sprachliche Ebene.[36]

Die kognitive ‚Aufdringlichkeit', mit der der Fokuswechsel auf die Formseite verfolgt wird, setzt sich aus der Dauer der Formfokussierung und der Intensität zusammen. Wird die inhaltsbezogene Verarbeitung zugunsten der Formfokussierung für einen längeren Zeitraum unterbrochen, ist die Fokuslenkung ‚aufdringlicher', als wenn der Fokus nur für kurze Zeit wechselt. Die Frage ist nämlich, wie lange der Fokus des Lerners auf die Form seiner Äußerung gelenkt werden kann, ohne dass dieser seinen *„Hand-*

---

36 Zu beachten ist, dass Bredel den Unterricht mit monolingual deutschsprachigen Kindern im Blick hat.

lungsplan" (vgl. Rehbein 1978) aus den Augen verliert und der Zielfokus und damit die Bedeutsamkeit seiner Äußerung erhalten bleibt.

Die Intensität der Formfokussierung bezieht sich auf die Qualität der beteiligten Aufmerksamkeit. Wie in Abschnitt 3.2 bereits ausgeführt wurde, ist je nach Aufgabe die Qualität der Nutzung der Verarbeitungskapazitäten unterschiedlich (Autofahren und Sprechen erfordern beispielsweise weniger Aufmerksamkeit als das Lösen eines Rätsels). Doughty erklärt diesbezüglich *„that focus on form involves lerners' briefly and perhaps simultaneously attending to form, meaning, and use during one cognitive event."* (Doughty 2001, 211)

Die Voraussetzung für diese Art der gleichzeitigen Verarbeitung (*„joint processing"*, Doughty 2001, 211) ist, dass der Lerner ausreichend kognitive Ressourcen zur Verfügung hat. Ist er mit der inhaltsbezogenen Verarbeitung auf produktiver oder rezeptiver Ebene oder durch andere Lernprozesse ausgelastet, ist es unwahrscheinlich, dass der FoF effektiv ist und der Lerner eine Form oder eine ‚Lücke' in seinem lernersprachlichen System bemerkt (vgl. Doughty 2001, Grotjahn 2000). Je weiter der Zweitspracherwerb voranschreitet, umso mehr Kapazitäten werden aber frei. Der Lerner kann seine Aufmerksamkeit auf immer kleinere Details – also auch formale Eigenschaften der L2 – lenken. Das multidimensionale Modell von Pienemann und Johnston (1987, zit. in Schmidt 2001, 7) beschreibt den Zusammenhang zwischen den natürlichen Erwerbssequenzen und den frei werdenden Verarbeitungskapazitäten durch mehr vorhandene Aufmerksamkeit. Wichtig ist, dass die Aufmerksamkeit des Lerners während der ‚online'-Kommunikation bzw. Verarbeitung auf die Form gelenkt wird. Nur so wird die Form *mit* der Bedeutung und der Funktion verarbeitet (vgl. Schmidt 2001). Es ist das Besondere am FoF-Konzept, dass der Lerner kurzfristig sowohl auf die Form, als auch auf die Bedeutung und die Funktion achten muss (soll).

Für die vorliegende Arbeit gilt: Das Kriterium **Fokuswechsel**, das auch für die spätere Auswertung der Unterrichtsinteraktionen von zentraler Bedeutung ist, kann nun präzisiert werden. Es geht um den Wechsel zwischen automatischer, inhaltsbezogener Sprachverarbeitung und formbezogener Sprachverarbeitung, bei der einzelne Elemente dekontextualisiert (isoliert) und distanziert betrachtet werden. Eine Forderung an Unterricht, in dem sowohl form- als auch inhaltsorientiert vorgegangen wird, ist dieser Wechsel von der Inhalts- zur Formebene und wieder zur Inhaltsebene obligatorisch. Im rein inhaltsbezogenen Unterricht wird der Fokus von der Inhaltsebene niemals gewechselt. Im rein formbezogenen Unterricht verbleiben die Sprachformen und Regeln im Aufmerksamkeitsfokus und es gibt keinen ‚echten' Inhaltsfokus.[37]

Die Gestaltung des Fokuswechsels ist auf einer Skala zwischen explizit und implizit zu sehen. Die Gegenüberstellung von expliziten und impliziten Vorgehensweisen im Unterricht mit L2-Lernern ist in der Diskussion um formfokussierenden Unterricht zwar üblich (vgl. Housen/Pierrard 2005), greift aber oft zu kurz, um die tatsächlich zur Verfügung stehenden Optionen zu erfassen.[38] Burgess/Etherington sprechen sogar von einer Gefahr, *„[...] in seeing explicit and implicit teaching as opposing methods, rather than points on a continuum of options."* (Burgess/Etherington 2002, 440)

Formfokussierung als Fokuserweiterung

Es ist genau dieser Wechsel zwischen fokussierter Aufmerksamkeit einerseits und erweiterter Aufmerksamkeit für Form und Bedeutung andererseits. Bildlich kann man sich dies verdeutlichen durch ein Hervortreten des einen und ein Zurücktreten des anderen Aspekts, wobei beide vorhanden sind und der primäre Fokus wechselt:

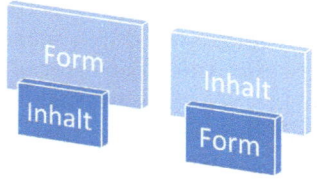

Abbildung 3.3: Wechsel in der primären Fokusausrichtung

In diesem Sinne kann FoF als Erweiterung des Fokus von einer ausschließlichen Inhaltsorientierung auf eine zusätzliche Fokussierung der Form, die die kommunizierten oder zu kommunizierenden Bedeutungen kodiert, verstanden werden. Da die Formfokussierung dem Verstehen folgt, ist, so die

---

37 Wiederum gilt hier die Perspektive der Lehrkraft, also was sie intendiert und forciert.

38 Ähnlich wie die Gegenüberstellung von explizitem und implizitem Sprachwissen als unzureichend angesehen werden muss.

Annahme, die verstandene Bedeutung noch im Arbeitsgedächtnis präsent und die Form kann mit dieser verknüpft werden. Es liegt dann an der Lehrkraft eine Aufgabe so zu präsentieren und zu implementieren, dass die Lerner die Zielform verwenden, ihr Fokus aber auch auf der Inhaltsebene verbleibt. Bereits an dieser Stelle wird deutlich, dass der ,offensichtliche' Fokus der Lehrkraft inhaltsorientiert erscheinen mag, eigentlich aber eine Form im Fokus steht, die dem Lerner nicht bekannt sein muss. Insofern ist von der Lehrkraft ein *doppelter Fokus* (vgl. Seedhouse 1997a) erforderlich, weil sie die Zielform elizitieren und gleichzeitig das Gespräch bzw. die Aufgabenbearbeitung inhaltlich orientiert halten muss. Diese Orientierung zu erfassen, ist ein anspruchsvollen Unterfangen, aber für eine Einschätzung von Formfokussierung zentral. Auf die Schwierigkeit dabei hat insbesondere Farrokhi hingewiesen:

> „In fact, there tends to be a trade-off between degrees of explicitness of focus on form and focus on meaning: the more explicit the focus on form, the less prominent the focus on meaning and the less engagement with meaning aspects of the message, and vice versa." (Farrokhi 2011, 140)

3.4 Einflussfaktoren auf den Effekt von Formfokussierung

3.4.1 Formbezogene Faktoren

Im Rahmen von FfI wird diskutiert, wie man jene Formen, die im Unterricht – explizit oder implizit – fokussiert werden sollen, auswählt. Als relevante Formmerkmale werden u.a. genannt: Die Vorkommenshäufigkeit[39], die kodierte Bedeutung, der kommunikative Wert, die Transparenz zwischen der Form und der kodierten Bedeutung und die Komplexität der zugrunde liegenden Regel (vgl. Schifko 2011, Doughty/Williams 1998b).

---

39 Man kann darunter die Häufigkeit, mit der die Form im natürlichen Input vorkommt, verstehen. Es ist aber auch denkbar die Lernerperspektive einzunehmen und zu fragen, ob der Lerner diese Form häufig benötigt.

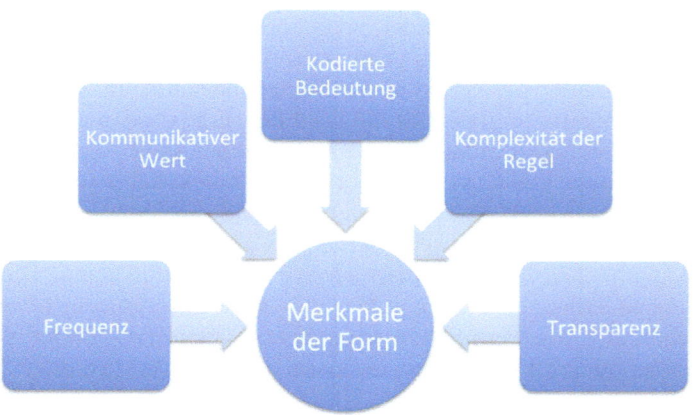

Abbildung 3.4: Für die Auswahl der Form relevante Merkmale

Die in Abb. 3.4 dargestellten Aspekte tragen zur Salienz, d.h. zur Auffälligkeit der Form und ihrer Lernbarkeit bei[40] und werden in weiterer Folge anhand deutscher Formen und in Abgrenzung zu anderen Sprachen exemplarisch dargestellt.

Nach konnektionistischen Erklärungsmodellen werden v.a. die Formen erworben, die häufig im Input vorkommen. Man geht von Frequenzeffekten aus, die insbesondere im Bereich des lexikalischen Lernens bereits nachgewiesen werden konnten (vgl. Ellis, N. 2004). Es gibt allerdings Formen, die zwar häufig im Input vorkommen, aber dennoch große Probleme bereiten. Anhand der deutschen Funktionswörter, wie den Artikeln, Konjunktionen, Hilfsverben oder Präpositionen, die als DaZ-Stolpersteine bekannt sind (vgl. Rösch 2003, 2005), zeigt sich, dass die Frequenz für den Erwerb der Formen nicht alleine ausschlaggebend sein kann.

Neben der Frequenz ist die Bedeutung ein entscheidender Faktor. Betrachtet man die Bedeutung der Funktionswörter, wird deutlich, dass sie

---

40 Dabei gilt es wiederum zu beachten, dass die äußerlich beschreibbaren Merkmale nicht deckungsgleich mit der lernerseitigen Wahrnehmung sein müssen, d.h. was auffällig ist, hängt neben linguistischen und situativen Gegebenheiten v.a. von der Lernerkognition ab (vgl. dazu Abschnitt 3.4.2).

im Unterschied zu sog. Inhaltswörtern keine oder nur eine vage referenzielle eigenständige Bedeutung tragen. Ihre Funktion ist es, Bezüge auf Satz- oder Textebene herzustellen (vgl. Bergmann 2013).[41] Die Kopula *ist* beispielsweise stellt eine Beziehung zwischen Subjekt und Prädikat her, sie hat aber für sich keine eigenständige Bedeutung. Nomen, Verben und Adjektive sind als Inhaltswörter die Träger der Hauptinformation und der lexikalischen Bedeutung. Da sich aber diese Formen durch Flexion verändern und semantische und grammatische Bedeutung in den Wortformen verschmolzen sind, ist es häufig schwierig, die grammatische Bedeutung zu erkennen. Welche Form welche grammatische Bedeutung kodiert, ist häufig intransparent, was man an den Formen des bestimmten Artikels unschwer erkennen kann:

Tabelle 3.1: Formensynkretismus beim bestimmten Artikel

	maskulin	feminin	neutrum	Plural
Nominativ	der/ein	**die**/eine	das/ein	**die**
Genitiv	des/eines	der/einer	des/eines	der
Dativ	dem/einem	der/einer	dem/einem	den
Akkusativ	den/einen	**die**/eine	das/ein	**die**

Die Form *die* kann demnach bedeuten:

1. Nominativ - Singular - Feminin

2. Akkusativ - Singular - Feminin

3. Nominativ und Akkusativ Plural in allen drei Genera

Es gibt auch Formen, die keine Bedeutung transportieren, wie die Fugenelemente in Komposita (Auge-**n**-arzt, Urlaub-**s**-ziel). Inwiefern die Form lexikalische oder grammatische Bedeutung kodiert, ist ein wichtiges Merkmal der Form, das bei der Auswahl und der Vermittlung dieser berücksichtigt werden muss.

Außerdem sind die Regeln zur Bildung der grammatischen Formen oft sehr komplex und erfordern mehrere Denkschritte. Damit ein Wort korrekt dekliniert werden kann, sind Genus, Kasus und Numerus als grammatische Kategorien zu berücksichtigen. Hinzu kommen unterschiedliche

---

41 Präpositionen nehmen in dieser Hinsicht eine Sonderstellung ein, da sie z.T. auch eine eigenständige lexikalische Bedeutung tragen.

Deklinationsklassen und Ausnahmen von Regeln, die z.T. phonologisch begründet sind. Die Muster zeigen sich in sog. Paradigmen und lassen prinzipiell Generalisierungen zu. Dennoch wird der Nutzen, den der L2-Lerner von einer Vermittlung der Regel im Unterricht hat, je nach Regelschwierigkeit unterschiedlich eingeschätzt. So wird bei sehr komplexen Regeln von einer Vermittlung eher abgeraten. Die folgende Tabelle zeigt, den (angenommenen) Nutzen von Instruktion in Abhängigkeit von der Regelschwierigkeit:

Tabelle 3.2: Regelschwierigkeit und Nutzen von Instruktion (DeKeyser 2003, 332, übersetzt v. D. Rotter)

Regelschwierigkeit	Rolle der Instruktion
sehr einfach	nicht nützlich, nicht notwendig
einfach	beschleunigt expliziten Lernprozess
mäßig schwer	erweitert endgültiges Erwerbsniveau
schwierig	erhöht *noticing* und damit eventuell den zeitverzögerten impliziten Erwerb
sehr schwierig	nicht nützlich, nicht effektiv

Westhoff (2012) unterscheidet zwischen vier Kategorien von Formen aufgrund der ihnen zugrunde liegenden Regeln. Je nachdem empfiehlt er unterschiedliche Vorgehensweisen in der Vermittlung:

1. *Chunks* werden als idiomatische Wendungen zunächst unanalysiert und ohne Regelbewusstsein gespeichert und verwendet. Diese Einheiten werden später, so haben Myles, Hooper und Mitchel (1998, zit. Westhoff, 2012, 13) nachgewiesen, von Sprachlernern produktiv für andere Konstruktionen verwendet;

2. Direkt abrufbare Formen sind nicht über Regeln, sondern als zusammengehörige Sprachformerscheinungen zu präsentieren. Was zusammengehört, wird zusammen präsentiert und so die Speicherung im Langzeitgedächtnis gefördert. Zur Illustration: nicht *Wald* als maskulines Nomen, sondern die konkrete Form sollte im Fokus stehen und dadurch bemerkt und gespeichert werden (*der Wald, ein Wald, die Wälder*);[42]

---

42 Dieser Argumentation folgend wären m.E. noch die Formen *in den Wald* und *in dem Wald* zu ergänzen.

3. Eine Regel, die sich auf eine Klasse von Wörtern bezieht, aber dennoch nur einen einzigen Denkschritt erfordert, bezeichnet Westhoff als einfache „Wenn-dann-Regel". Als Beispiel nennt er die Pluralregel (z.B. Wörter, die auf *-e* enden, bekommen im Plural meist ein *-n* wie *Ente - Enten*), oder die Regel zur Konjugation (in der 2. Person Singular endet das Verb auf *-st*);

4. Die vierte Kategorie betrifft Formen, denen komplexere Regeln zugrunde liegen, wie z.B. den Wechselpräpositionen (an, auf, u.a.).

In Bezug auf DaZ und die unterrichtenden Lehrkräfte ist wiederum zu fragen, ob diese die Regeln, die der Verwendung ihrer Erstsprache (!) zugrunde liegen, überhaupt in solcher Weise kennen, um sie hinsichtlich der Regelschwierigkeit einschätzen zu können. Und selbst wenn einige Regeln als deklaratives Wissen vorliegen, ist fraglich, ob diese gut erklärt oder exemplifiziert werden können (vgl. dazu Kap. 3.4.3).

Häufig ist die kodierte grammatische Bedeutung redundant, d.h. für das gegenseitige Verstehen nicht zwingend notwendig. Man spricht auch von einem geringen kommunikativen Wert. Insbesondere an der formalen Angleichung des attributiv gebrauchten Adjektivs in der Nominalgruppe lässt sich dieses Formmerkmal gut verdeutlichen. So ist für das Verstehen die formal korrekte Endung am Adjektiv nicht relevant (*Der wütend/er/es Hund* ist verständlich, wenn auch grammatisch falsch.). Die Regel zur Bildung der Adjektivform ist sehr komplex. Je nachdem, ob vor dem Adjektiv ein bestimmter, ein unbestimmter oder kein Artikel vorkommt, wird das Adjektiv unterschiedlich dekliniert. Regelhaft gestaltet sich dann die formale Markierung nach Genus, Kasus und Numerus (vgl. Belke/Geck 2007). Zwar lassen sich die Formveränderungen systematisch darstellen und auch erklären, inwiefern die Lehrkraft, die über diese Formen aufgrund ihres impliziten Sprachwissens verfügt, auch im Stande ist, die Regeln übersichtlich darzustellen oder sogar spontan zu erläutern, ist fraglich. Ebenso fraglich ist es, wie bereits ausgeführt wurde, ob die Bildung dieser Formen erklärt werden sollte. Bei Kindern wird eine frühe und häufige Konfrontation der Lerner mit den Formen empfohlen (vgl. ebd.).

An einem anderen Beispiel lässt sich die Komplexität, die das System von Genus-Kasus-Numerus mit sich bringt, besonders deutlich demonstrieren. Im Beispielsatz „*Der Schüler beschwert sich, weil er glaubt, dass sein Aufsatz ungerecht bewertet worden ist.*" (Helbig/Buscha 2001, 543) ist die Relation zwischen „Der Schüler" und „er" transparent, v.a. weil sie auch durch das biologische Geschlecht herzuleiten ist. Bei der Form „sein Aufsatz" kongruiert das Artikelwort (das Possessivpronomen) „sein" einerseits mit dem Besitzer (der Schüler) in Person, Genus, Numerus („die Schülerin" – „ihr Aufsatz"). Andererseits kongruiert es mit dem folgenden Substantiv „Aufsatz" in Genus, Kasus, und Numerus (z.b. „Klassenarbeit" – „seine Klassenarbeit"). Um Kongruenz in der Nominalgruppe herzustellen, muss der Lerner beachten, dass:

1. unter die Klasse der Artikelwörter verschiedene Wörtern fallen (Nullartikel, (un)bestimmer Artikel, Demonstrativ- und Possessivpronomen, Indefinit- und Interrogativpronomen;

2. der Artikel als Genusanzeiger fungiert;

3. die Form in Abhängigkeit vom Vorhandensein eines Artikels und/oder eines attributiv gebrauchten Adjektivs variiert (*großen Erfolg – großer Erfolg – großes Glück – einer großen Freude*).

Betrachtet man andere Sprachen wie z. B. Englisch, Türkisch oder Italienisch werden die Unterschiede in der Komplexität der Formen für den Ausdruck derselben Bedeutung deutlich. In diesen Sprachen ist diese Art der formalen Kongruenz nämlich nicht notwendig, d.h. die Formen sind in diesem Sinne weniger komplex:

- Türkisch: beyaz peynir: weiß Käse (keine Genus-, Kasus- oder Numerusmarkierung am Adjektiv);

- Englisch: white cheese: weiß Käse (keine Genus-, Kasus- oder Numerusmarkierung am Adjektiv);

- Italienisch: formaggio bianco: Käse (mask. Sg.) – weiß (mask. Sg.), wobei die formale Kongruenz mit relativ zuverlässigen und einfachen Regeln beschrieben werden kann.

Der kommunikative Wert ist bei Inhaltswörtern prinzipiell höher als bei Funktionswörtern oder grammatischen Endungen. Dass aber auch die kodierte grammatische Bedeutung verstehensrelevant sein kann und eine wichtige Funktion inne hat, zeigt Portmann (2003, 29) anhand der beiden

Sätze *„Ich gebe ihm den Tiger."* versus *„Ich gebe ihn dem Tiger."* Der formal ausgedrückte Bedeutungsunterschied entscheide schließlich über Leben und Tod.

Die Beispiele zeigen, dass der kommunikative Wert grammatischer Formen nicht fixiert ist, sondern je nach sprachlichem und situativem Kontext variiert. Auch am Beispiel der Tempusmarkierung lässt sich der variierende kommunikative Wert grammatischer Formen demonstrieren. Tempusmarkierung zur Einbettung des Geschehens in einen zeitlichen Rahmen ist z.B. redundant, wenn der Kontext oder andere sprachliche Elemente wie Zeitadverbien das Ereignis klar in der Vergangenheit markieren. Kaum redundant ist die flektierte Form des Verbs, wenn die Zeitrelation nur durch diese erkennbar ist (sprich: bedeutsam für das Verstehen ist). Vergleicht man die beiden Beispielsätze 1 und 2, wird der unterschiedliche kommunikative Wert der Tempusmarkierung am Verb deutlich:

1. *Gestern* spiel**ten** wir Tennis.

2. Wir spiel**ten** Tennis.

Tempus und Zeit werden im Rahmen der Zeit-Linguistik als eigener Forschungsgegenstand untersucht (vgl. Vater 1994, zit. in Römer 2006, 101). Zeitliche Lokalisierungen (absolute und relative Zeitlichkeit) werden lexikalisch oder grammatisch ausgedrückt. Das Deutsche verfügt über lexikalisierte Mittel wie Zeitadverbien, Präpositionalphrasen, Temporalsätze mit temporalen Konjunktionen oder echte Präfixe. Tempus und Aspekt werden als grammatikalisierte Mittel bezeichnet.[43] Tempus als Flexionskategorie ordnet einen Sachverhalt in einen Zeitablauf ein (vgl. Römer 2006). Angelehnt an das Lateinische werden traditionell sechs Tempora angenommen. Diese Einteilung wurde häufig problematisiert und in Frage gestellt. Insbesondere sind die Tempusformen von der Zeitbedeutung zu trennen. Formen des Präsens tragen ganz unterschiedliche Zeitbedeutungen (wie allgemein gültig, Ereignisse berichtend, gegenwärtig, zukunftsorientiert). Dennoch gibt es Grundbedeutungen für einzelne Tempusformen im Indikativ (vgl. ebd.). An den Formen zur Bildung der verschiedenen Tempora

---

43 Auch hier sieht man wiederum sehr deutlich, dass die Form auf unterschiedliche Einheiten bezogen werden kann und die zur Verfügung stehenden Mittel hinsichtlich ihrer lexikalischen oder grammatischen Natur einzuschätzen sind.

zeigt sich, dass neben synthetischen Bildungen häufig analytische Formen genutzt werden (z.b. kaufte – ich habe gekauft).[44]

Fazit

Wenn man eine Auflistung deutscher Formen vornehmen möchte, können entlang der genannten Kriterien verschiedene ,Formblöcke' zusammengefasst werden:[45]

- Inhaltswörter mit lexikalischer Bedeutung: das Nomen *Bär* als Form, das Verb *tauchen* als Form, u.Ä.;

- Formveränderungen an diesen Inhaltswörtern in Abhängigkeit von anderen Elementen, d.h. im Fokus sind dann mindestens zwei Elemente, deren Zusammengehörigkeit formal ausgedrückt wird: Deklination: **des** Bär**en**, Konjugation: **du** tauch**st**;

- ein Funktionswort als Auslöser für die Formveränderung: **wegen** *des Bären*, **weil** *du* gerne *tauchst*;

- Oppositionen: **ich** tauche – **du** tauchst, **des** Bären – **den** Bären;

- formverändernde Inhaltswörter, wenn z.B. die Verbrektion, die formale Anpassungen anderer Elemente zur Folge hat: den Bären **sehen**, **wohnen** in;

- ,weitreichende formale Einflüsse': Genus und Numerus, die sich satz-übergreifend auswirken (z.B. in den Pronomina).

3.4.2 Lernerbezogene Faktoren

Nimmt man die Lerner, die Unterricht nach dem FoF-Ansatz erhalten sollen, in den Fokus, ergeben sich zahlreiche Fragen hinsichtlich relevanter lernerspezifischer Eigenschaften und Unterschiede. Insbesondere im Hinblick auf das junge Alter der DaZ-Lerner der vorliegenden Studie ist zu

---

44 Römer weist in diesem Zusammenhang auf die Tatsache hin, dass auch das Deutsche stark analytische Tendenzen aufweist und demnach nicht so sehr vom Englischen abweicht.

45 Die angeführten Beispiele dienen der Illustration. Es ist keine Vollständigkeit in Bezug auf die Formen intendiert.

fragen, wie sich das Alter und damit einhergehend die kognitive Reife auf die Umsetzung von FoF auswirken. Außerdem ist zu klären, ob sich FoF für AnfängerInnen oder eher fortgeschrittene L2-Lerner eignet und welche anderen lernerspezifischen Eigenschaften den Erfolg von Formfokussierung i.S.v. FoF fördern oder hemmen können.

Generell ist offen, vor welchem Hintergrund FoF im Unterricht mit L2-Lernern realisiert werden kann. Dabei geht es um vorhandenes sprachliches und nicht-sprachliches Wissen in der Erstsprache und in der L2, gemachte Lern- und Unterrichtserfahrungen des Lerners, insbesondere aufgrund der Lehrtraditionen im jeweiligen Erwerbskontext oder den Einsatz von Lernstrategien. Robinson et al. (2012) sprechen von unterschiedlichen Lernerprofilen, die noch zu erforschen sind, um die Aufmerksamkeit der Lerner möglichst effektiv auf die Formen, ihre Bedeutung und Funktion zu lenken und Unterrichtstechniken darauf abstimmen zu können.

Es wird zunächst auf den Faktor *Alter* und damit zusammenhängende kognitive Aspekte eingegangen. Anschließend wird diskutiert, wie sich der erreichte Wissensstand in der L2, aber auch der in der Erstsprache auswirkt und wie die Rolle des Arbeitsgedächtnisses des Lerners für den Erfolg von FoF eingeschätzt wird.

Alter und kognitive Reife

Inwiefern das Alter der L2-Lerner für den Erfolg oder Misserfolg bei FoF eine Rolle spielt, ist bisher nicht eindeutig geklärt. Nach Long (1991) ist die konkrete Realisierung von FoF am Lerner zu orientieren, es finden sich jedoch keine genaueren Aussagen dazu, ob FoF auch bei jungen Lernern sinnvoll ist oder nicht.

In Bezug auf das Alter ist im Kontext von formbezogenem Unterricht mit L2-Lernern die Frage, ab wann sie dazu in der Lage sind, formalsprachlichen Aspekten und sprachlichen Regeln Aufmerksamkeit zu widmen und in weiterer Folge auch abstrakte metasprachliche Regeln als mentale Repräsentationen zu bearbeiten und zu speichern.[46] Ältere Lerner haben aufgrund ihrer vorangeschrittenen kognitiven Entwicklung andere Vor-

---

46 Bredel (2007) hat sich für den muttersprachlichen Unterricht mit dieser Frage auseinandergesetzt, wobei es auch für monolingual deutschsprachige Kinder erst ab einem gewissen Alter möglich zu sein scheint, Distanz zur Sprache einzunehmen und sie als Objekt zu betrachten.

aussetzungen als junge Lerner (vgl. Zippel 2009). Da FoF aber auch in seiner impliziten Variante und ohne metasprachliche Regelformulierung auskommt, eignet sich FoF auch für junge Lerner, die noch keine abstrakten metasprachlichen Operationen durchführen können.

Bei den Lernern in den Studien zu FoF handelt es sich in den meisten Fällen um Erwachsene. Sie erhalten den formbezogenen Unterricht meist im universitären oder einem anderen institutionellen Kontext. Einige Studien wurden im schulischen Kontext und mit jüngeren Lernern durchgeführt (vgl. z.B. Harley 1998). Unterschiede ergeben sich dann nicht nur in Bezug auf das Alter, sondern auch in Bezug auf die Rahmenbedingungen. So ist davon auszugehen, dass für den Nutzen und den Erfolg der Formfokussierung die Motivation eine zentrale Rolle spielt. Beschäftigen sich Lerner freiwillig mit der L2, ist die Motivation natürlich höher auch formalen Aspekten Aufmerksamkeit zu widmen, als wenn die L2 das gewohnte Medium zur Kommunikation im schulischen und außerschulischen Kontext darstellt. Motivation ist für jeden Unterricht und Ansatz der entscheidende Faktor.

Wenn im Unterricht ein FoF verfolgt wird, ist zu klären, vor welchem Hintergrund Formaspekte thematisiert werden. Je nach Alter der Lernergruppe ergeben sich hierbei große Unterschiede hinsichtlich des sprachlichen und nicht-sprachlichen Vorwissens, auf dem der FoF aufgebaut werden kann. Da der L2-Erwerb *„vor dem Hintergrund bereits existierenden sprachlichen sowie nicht sprachlichen Wissens"* (Zippel 2009, 49) stattfindet, ist zu hinterfragen, über welches sprachliche und nicht-sprachliche Wissen die L2-Lerner verfügen. Anders formuliert geht es um die Frage, wie das L2-Wissen (auch junger) DaZ-Lerner beschaffen ist und vor welchem Hintergrund Formaspekte der L2 thematisiert werden. Je nachdem kann (oder muss!) der FoF unterschiedlich realisiert werden. Konkret bedeutet das: wenn Formaspekte thematisiert werden, ist zu klären, ob die jeweilige Form vor dem FoF bereits thematisiert wurde, der Lerner also diese zumindest schon einmal gehört oder verwendet hat. Wurde sie bereits als Lerngegenstand behandelt, ergeben sich deutlich andere Möglichkeiten für eine kurze, unaufdringliche Formfokussierung, als wenn es sich um völlig neues Sprachmaterial handelt, dem der Lerner erstmalig begegnet. Werden Formaspekte erklärt, ist die Frage nach dem ‚Fundament' noch zentraler. Tritt beispielsweise ein Fehler in der Kasusmarkierung auf, kann der Fokus auf das Genus des Bezugsnomens, die kasusregierende Präposition oder die korrekte Form des Artikels gelenkt werden. Je nachdem, was der Lerner weiß oder wissen kann, ergeben sich an diesem Punkt unterschiedliche Fragen zur Realisierung des FoF.

Das vorhandene Wissen verändert die Möglichkeiten der weiteren Wissensaneignung und -speicherung und erhöht den Anteil expliziten Lernens (vgl. Kap. 3.3). Außerdem hat der Lerner je nach Alter und Sozialisation unterschiedliche Lern- und eventuell auch schon Unterrichtserfahrungen gemacht, was sich auf den Effekt oder Nutzen eines FoF im Unterricht auswirken kann. So ist z.b. eine zentrale Frage, ob und inwiefern der Lerner lesen und schreiben kann und so der Fokus auf Geschriebenes gelenkt werden kann.[47] Insgesamt ist zu fragen, wie viel Kontakt der Lerner mit der L2 – im schulischen und außerschulischen Bereich – gehabt hat und welche Wissensanteile vorhanden sind. Ein Schulanfänger, der Deutsch als Zweitsprache spricht, stellt eine andere Zielgruppe dar als der jugendliche DaZ-Lerner, der bereits einige Jahre Schulunterricht im deutschsprachigen Kontext erhalten hat. Je nach Unterrichtserfahrung liegen unterschiedliche Wissenstypen vordergründig vor und verändern die Voraussetzungen, an denen man mit FoF ansetzen kann (vgl. Ellis, R. 1990).

Inwiefern die typologische Nähe oder Distanz zwischen Erstsprache und L2 für die Unterschiede und Schwierigkeiten der L2-Lerner verantwortlich ist, ist bis heute nicht eindeutig geklärt. N. Ellis (2007) vertritt die Position, dass erstsprachliches Wissen den Zweitspracherwerb durchaus negativ beeinflussen oder zumindest erschweren kann. Er erklärt, dass implizite Lernprozesse für den Zweitspracherwerb unzureichend sind und um explizite Lernprozesse durch Formfokussierung angereichert werden müssen. Er argumentiert mit sog. gelernter Aufmerksamkeit (*learnt attention*), die Lerner aus der Erstsprache mitbringen. Gemeint ist damit die Tatsache, dass sich die Sprachverarbeitung an die Erstsprache des Lerners angepasst hat, was dazu führt, dass bestimmte Aspekte der L2 nicht optimal verarbeitet werden und die im Erstspracherwerb wirkenden Mechanismen nicht greifen. Die Aufgabe expliziten Unterrichts besteht nach N. Ellis darin, den Lerner dabei zu unterstützen, ungeeignete eventuell durch die Erstsprache bedingte, Sprachverarbeitungsroutinen zu überwinden, sodass Elemente der L2 besser (bewusster) wahrgenommen und verarbeitet werden können. Inwiefern sich der FoF auch unter Zuhilfenahme der Erstsprache realisieren lässt, ist nicht eindeutig. Der Vergleich

---

47 Tophinke (2010) weist darauf hin, dass Schreiben eine Formfokussierung darstellt. Dieser Aspekt ist bisher allerdings kaum in die Theoriebildung von FoF einbezogen worden.

mit der erstsprachlichen Struktur erscheint aber auch bei FoF prinzipiell denkbar.

Weitgehend offen ist, welche Voraussetzungen junge DaZ-Lerner, wie die der vorliegenden Studie, mitbringen und vor welchem sprachlichen und nicht-sprachlichen Wissenshintergrund sie Formen des Deutschen erlernen oder erwerben können. Ihr L2-Erwerb beginnt **vor** Abschluss des Erstspracherwerbs, d.h. es ist zu fragen, wie sich dieser frühe Kontakt mit der L2 auswirkt.

Dass erwachsene und adoleszente Lerner eine Form der Instruktion und negativer Belege bezüglich der L2 benötigen, betont auch Schulz (1996). In Bezug auf junge Kinder ist die allgemeine Meinung weniger eindeutig. Positive Effekte von Interaktion und Feedback auf das sprachliche Verhalten junger L2-Lerner liefert Mackey (2002). Außerdem zeigen zahlreiche Untersuchungen vorhandene Sprachaufmerksamkeit auch sehr junger Kinder (z.B. als Selbstkorrekturen), die i.s.v. impliziter Formfokussierung genutzt werden kann (vgl. Andresen/Funke 2006, Lütke 2011).

Erreichter Wissensstand in der L2

Der erreichte Wissensstand[48] in der L2 ist ein wichtiger Faktor in der Diskussion um die Effekte, die Unterricht auf den Zweitspracherwerb haben kann. Mittlerweile geht man davon aus, dass formbezogener Unterricht dann am effektivsten ist, wenn er in Einklang mit den natürlichen Erwerbssequenzen ist, d.h. wenn Aspekte der L2 dann behandelt werden, wenn der Lerner im Sinne seiner lernersprachlichen Entwicklung ‚bereit' dafür ist. Im Kontext von FfI geht es um die Frage, ob eine Formfokussierung erst ab einem gewissen erreichten Wissensstand sinnvoll ist bzw. wie formbezogener Unterricht bei Anfängern und bei fortgeschrittenen L2-Lerner auszusehen hat (vgl. Nassaji/Fotos 2007, Lightbown 1998).

Prinzipiell geht man davon aus, dass Formfokussierung auch negative Effekte haben kann, nämlich dann, wenn der Wissensstand der Lerner nicht berücksichtigt wird. Sie durch Formfokussierung zu überfordern, führt zu Verwirrung und trägt nicht zur Weiterentwicklung bei (vgl. Lightbown 1998). Auch Williams (2001) beschäftigt sich mit dieser Frage. Sie kommt allerdings zu dem Ergebnis, dass wenig fortgeschrittene Lerner seltener

---

48 Man findet auch den Begriff *Lernstand.*

Form fokussieren als fortgeschrittenere Lerner, dass aber auch sie von einer gelegentlichen Formfokussierung profitieren. Ihr zufolge ist entscheidend, wer – Lehrkraft oder Lerner – die Formfokussierung auslöst und wer die formbezogene Information liefert. Dahinter steht die Annahme, dass die Effektivität von formbezogenem Unterricht stark vom Lerner und seiner Bereitschaft der Form Aufmerksamkeit zu schenken, beeinflusst ist. Außerdem zeigt sie, dass der erreichte Wissensstand einen wichtigen Faktor für den Nutzen sprachbezogener Information darstellt. Fortgeschrittene Lerner profitieren Williams zufolge mehr davon als weniger fortgeschrittene Lerner:

> „Proficiency seems to provide increasing returns: not only do the more advanced learners generate more LREs[49], they also use this information more effectively." (Williams 2001, 336)

Der Wissensstand beeinflusst demnach, wie häufig Lerner eine Form fokussieren und wie sie mit sprachbezogener Information umgehen.

Studien zeigen auch, dass Lerner auf unterschiedliche Aspekte reagieren. Einerseits sind die Merkmale der Form entscheidend, da beobachtet wurde, dass Lerner zuerst auf Lexik und Phonetik fokussieren und auch Feedback, dass sich auf diese Aspekte bezieht, besser verarbeiten und nutzen können. Andererseits fokussieren Lerner zielsprachige Aspekte in Abhängigkeit von ihrem Vorwissen. Fortgeschrittene Lerner fokussierten nicht nur häufiger und zum Teil selbstinitiiert Formen, sondern auch Formen der morphosyntaktischen Ebene, während Anfänger vorwiegend semantische und lexikalische Aspekte fokussieren (vgl. Williams 1999, Robinson et al. 2012). Wiederum dient das Konzept der Salienz zur Erklärung dieser Beobachtung: salient sind bedeutsame Phänomene; die Salienz erhöht sich durch Vorwissen und vorhandene Ressourcen.

Der erreichte Wissensstand beeinflusst auch, wie Feedback verarbeitet werden kann. Feedbackstudien, die zur Messung Prä-Posttest-Designs wählten, wiesen nach, dass je nach Wissensstand der Nutzen von Feedback unterschiedlich ist (vgl. Lyster 2004).

---

49 LRE steht für *language related episode*. Damit sind allgemein sprachbezogene, nicht ausschließlich formbezogene Sequenzen im Unterrichtsdiskurs gemeint.

Arbeitsgedächtnis und kognitive Ressourcen

Als zentraler individueller Faktor für den Erfolg von Sprachlernen allgemein und FoF wird die sog. Sprachlerneignung genannt. Diese setzt sich aus verschiedenen Komponenten wie z.b. der Fähigkeit sprachliche Einheiten aus dem Sprachfluss zu extrahieren und ihnen Bedeutung zuzusprechen (*phonemic coding ability*), oder einer grammatischen Sensibilität (*grammatical sensitivity*) zusammen.[50] Die Möglichkeiten des Lerners Form zu fokussieren sind u.a. auf das Vorhandensein dieser beiden Fähigkeiten zurückzuführen. Da sich Lerner hinsichtlich ihrer Sprachlerneignung unterscheiden, ist zu fragen, wie den unterschiedlichen Gegebenheiten zu begegnen ist. Die Frage lautet, was Lerner mitbringen müssen, damit Form überhaupt lerneffektiv in den Fokus gelangen kann und wie Unterrichtsvorgehen und FoF-Techniken entsprechend unterschiedlicher Lernerprofile zu variieren sind.

Das Arbeitsgedächtnis als jene Instanz, die bei der Verarbeitung und Manipulation eingehender Information beteiligt ist, kurzfristig speichert und die Verbindung zum Langzeitgedächtnis herstellt, spielt in Bezug auf die Effekte von FoF eine zentrale Rolle. Im Arbeitsgedächtnis laufen Verstehens- und Verarbeitungsprozesse ab und es werden die Aufmerksamkeitsressourcen an die unterschiedlichen Aufgaben verteilt. Je höher die Kapazitäten sind, umso mehr ist der Lerner im Stande etwas zu bemerken. Ein Beispiel dafür ist modifizierter Output, der auf Feedback folgt. Lerner unterscheiden sich u.a. darin, wie sie Feedback nutzen können, weil sie die im Feedback enthaltene Information unterschiedlich gut behalten und verarbeiten können. Außerdem unterscheiden sich Lerner aufgrund ihrer Arbeitsgedächtniskapazitäten dahingehend, ob und wie sie bereits fokussierte Formen wieder erkennen oder auf ähnliches Feedback reagieren (vgl. Robinson et al. 2012).

3.4.3 Lehrkraftbezogene Faktoren

Die Lehrkraft stellt einen zentralen bedingenden Faktor im Kontext von FfI dar. Ihr Verhalten im Unterricht bzw. in der Interaktion mit den L2-Lernern ist entscheidend für die Qualität und den Nutzen der Formfokussierung. Ihre Verhaltensweisen und Entscheidungen sind auch maß-

---

50 Robinson et al. (2012) beziehen sich auf Carroll (1973, 1981), die die Grundlagenarbeit in Bezug auf das Konstrukt *Sprachlerneignung* geleistet hat.

geblich dafür verantwortlich, wie sich der Unterrichtsdiskurs entwickelt und damit, ob sich Gelegenheiten für FoF ergeben. Sie ist als zentrale Schaltstelle zu verstehen, die großteils darüber entscheidet, ob, wann und wie Formen fokussiert werden. In weiterer Folge wird erörtert, wie sich die Persönlichkeit bzw. Kognition der Lehrkraft auf die Realisierung der Formfokussierung auswirkt.

Überzeugungen

Alle Vorgehensweisen im Unterricht beruhen auf den individuellen subjektiven Theorien bzw. Überzeugungen der Lehrkräfte, weshalb „*teaching as a thinking activity*" umschrieben wird (Basturkmen et al. 2004, 244). Diese Überzeugungen bilden die Grundlage für die Unterrichtspraxis. Sie leiten die Lehrkraft und beeinflussen ihre Wahrnehmung und Urteilsbildung, was sich im Unterrichtsverhalten widerspiegelt. Überzeugungen zeichnen sich nach Borg (2001) durch folgende Merkmale aus:

1. Überzeugungen gelten für das Individuum als wahr, sie haben keine externe Richtigkeit und unterscheiden sich dadurch von Wissen;

2. Überzeugungen lenken das Denken und Handeln von Menschen;

3. Überzeugungen spiegeln Wertzuschreibungen wider;

4. Überzeugungen können bewusst oder unbewusst sein.[51]

Je nach Überzeugung der Lehrkraft hält sie Unterschiedliches für wahr oder sinnvoll. Die Untersuchungen zu dieser Thematik beziehen sich meist auf die Überzeugungen von Lehrkräften bezüglich des Lehrens, Lernens, der Lerner, der Inhalte, der Selbstwahrnehmung als Lehrkraft oder der Rolle der Lehrkraft (vgl. Borg 2001).

Loewen (2003) zeigt in seiner Untersuchung beispielsweise, dass sich Lehrkräfte deutlich unterscheiden, wie häufig sie Form im inhaltsorientierten Unterricht fokussieren und führt die Unterschiede u.a. auf unterschiedliche Überzeugungen zurück. Lehrkräfte, die vom Effekt von FoF überzeugt sind, nutzen mehr Gelegenheiten formale Fehler zu fokussieren, als

---

51 Dieser Punkt scheint strittig zu sein.

Lehrkräfte, die eine Unterbrechung der inhaltsorientierten Unterrichtskommunikation zum Zwecke der Formfokussierung als störend empfinden. Die Untersuchung von Basturkmen et al. (2004) korreliert die von Lehrkräften geäußerten Überzeugungen zur Umsetzung zufälliger Formfokussierung mit Beobachtungsdaten. Es wurden retrospektive Daten zu folgenden Fragen erhoben:

1. Wann ein Formfokus realisiert werden sollte;

2. Warum ein Formfokus realisiert werden sollte;

3. Welche Sprachbereiche fokussiert werden sollten;

4. Wie der Formfokus im kommunikativen Unterricht realisiert werden sollte.

In der qualitativen Studie wurden drei unterschiedlich erfahrene Lehrkräfte bei der Durchführung der gleichen Lernaufgaben beobachtet. Es zeigten sich dabei deutliche Unterschiede in der Realisierung von spontanem FoF. Außerdem wurde deutlich, dass es bei den Lehrkräften Inkonsistenzen zwischen den geäußerten Überzeugungen gab, d.h. es wurde keine stringente Überzeugung verfolgt, was u.a. auf die Lehrerfahrung zurückgeführt wird und in Zusammenhang mit den theoretischen Forderungen des FoF-Ansatzes steht. Schließlich zeigte sich, dass die geäußerten Überzeugungen nur teilweise die Vorgehensweise im Unterricht widerspiegelten. Um spontanen FoF zu realisieren, so die Erklärung der Ergebnisse, müssen ‚online'-Entscheidungen getroffen werden. Diese mit den eigentlichen Überzeugungen zu korrelieren, so Basturkmen et al. (2004), ist besonders schwierig.

Borg (1998, 1999, 2005) legt den Fokus in seinen Untersuchungen ebenfalls auf die Lehrkraft und ihr System von Überzeugungen. Er geht davon aus, dass einerseits detaillierte deskriptive Untersuchungen zu den Realisierungen formalen Unterrichts benötigt werden und andererseits Einsichten in die den Realisierungen zugrundeliegenden Kognitionen (Borg 1999). Die sich in der Unterrichtsinteraktion realisierenden Strukturen sind als „task-in process" zu verstehen, die dokumentiert werden müssen (Seedhouse 1997b) und sich von der Planung („task as workplan") unterscheiden.

Rollenwahrnehmung und Unterrichtserfahrung

Auch die Wahrnehmung der eigenen Rolle im Unterricht ist bei der Realisierung von FoF zentral. Die Lehrkraft, die sich als aktiver Kommunikationspartner wahrnimmt und mit den Lernern in kommunikativen Austausch tritt, eröffnet sich (und den Lernern) mehr Gelegenheiten Form während der Interaktion auszuhandeln und zu fokussieren. Tritt die Lehrkraft dagegen als ‚Beobachter' auf, reduzieren sich auch die Möglichkeiten den FoF ins Gespräch zu integrieren, was auch die Merkmale der Formaushandlung zu beeinflussen scheint (vgl. Loewen 2003). Die Lehrkraft nimmt sich traditionellerweise als *„transmitter of information"* wahr (Hasan 1993, zit. in Hasan 2006, 12). Bei FoF erscheint deshalb eine Veränderung in der Rollenwahrnehmung notwendig.

Schließlich scheint die Unterrichtserfahrung eine entscheidende Rolle für die Häufigkeit und Qualität spontaner Formfokussierung zu spielen. Mackey/Polio/McDonough (2004) konnten zeigen, dass unerfahrene Lehrkräfte im Vergleich zu erfahrenen Lehrkräften seltener auf die Form fokussieren und mehr auf den semantischen Inhalt der Lerneräußerungen reagierten. Seedhouse (Seedhouse 1997a) schlussfolgert ebenfalls, dass es eine erfahrene und ‚geschickte' Lehrkraft braucht, die es schafft, Form- und Bedeutungsfokus zu vereinen und die Interaktion natürlich weiterlaufen zu lassen.

Etwas anders stellen sich die geforderten Fähigkeiten der Lehrkraft dar, wenn die Formfokussierung nicht ausschließlich spontan und zufällig erfolgen soll, sondern geplant wird. Material so auszuwählen und als Input zu manipulieren, dass sowohl Interaktion und inhaltsbezogene Kommunikation gefördert als auch Gelegenheiten für eine Formfokussierung geschaffen werden, erfordert ein hohes Maß an Sprachbewusstheit auf Seiten der Lehrkraft. Damit sie Sprachliches thematisieren, aufgreifen und erklären kann, muss sie antizipierend erkennen, was relevant und schwierig für die L2-Lerner sein kann. Sie muss den Input so strukturieren, dass die jeweiligen Zielstrukturen zu Intake werden können. Gleichzeitig sollte sie flexibel bleiben, um auf Lerneräußerungen eingehen zu können (vgl. Andrews/McNeill 2005).

Außerdem gilt es, Situationen zu schaffen, die Sprachformen sinnvoll eingebettet elizitieren oder kontextualisieren. Da die Lehrkraft immer als Sprachvorbild gilt und ihr die Aufgabe zukommt, einen variatonsreichen und komplexen Input zur Verfügung zu stellen ohne die Lerner zu über- oder zu unterfordern, bedarf es hoher reflexiver Fähigkeiten, was das eigene Sprachverhalten betrifft. Die Fragen nach den optimalen Merkmalen des Inputs ist nicht einfach zu beantworten. Konsens besteht aber darin, dass er nicht vereinfacht werden sollte (vgl. Wong-Fillmore 1999).

Interaktionale Fähigkeiten und Wissensgrundlagen

Auf interaktionaler Ebene ergeben sich noch größere Herausforderungen für die Lehrkraft, insbesondere wenn sie eine bestimmte Form fokussieren will. Es geht dann nicht mehr nur darum, was sie wie äußert, sondern wie sie auf folgende Lernerbeiträge eingeht und sie zur Etablierung des Gesprächs und zur Fokussierung der Form nutzt.[52]

Eine Möglichkeit den Fokus implizit auf die Form des Lernerbeitrags zu lenken, besteht darin, ihn zu erweitern (sog. Expansionen) oder zu reformulieren (auch Rückspiegeln) (vgl. Abschnitt 4.2.3). Explizitere Techniken sind zwar eindeutiger zu verstehen, laufen aber Gefahr den kommunikativen Fluss zu unterbrechen. Die Lehrkraft entscheidet demnach, worauf sie in diesem Moment den Hautpfokus legt. Unterschiedliche Feedbacktechniken zu kennen und einzusetzen wird bei Ellis, R. (2012) als eine effektive Art des Lehrerverhaltens angegeben. Er räumt aber ein, dass bisher nicht eindeutig geklärt ist, ob es wirklich effektiver ist, verschiedene Feedbacktechniken einzusetzen.

Wie Grammatik unterrichtet wird und aufgrund welcher Entscheidungen und Wahrnehmungen dies auf bestimmte Weisen geschieht, wird im Kontext angloamerikanischer Forschung zur *Language Teacher Education* unter dem Sammelbegriff des „Wissens über Sprache" (K.A.L., **K**nowledge **A**bout **L**anguage) bzw. der *Teacher Language Awareness* subsumiert. Es geht dabei um alle Einstellungen zur und das Wissen über die Zielsprache der Lerner. Diese Wissensbasis wird als entscheidend für die Unterrichtspraxis angenommen. K.A.L. entscheidet über die Wahl von Unterrichtsmaterialien, die Präsentation derer und allgemein wie Grammatisches – präventiv oder reaktiv – erklärt, aufgegriffen und geübt wird (vgl. Borg 2005). K.A.L. wird mittlerweile als Voraussetzung für effektiven Sprachunterricht gesehen. Es geht darum, sprachlichen Input zur Verfügung zu

---

52 Kostrzewa (2009) weist darauf hin, dass der Begriff *teacher talk* sowohl die von der Lehrkraft aktiv geäußerten als auch die auf Lerneräußerungen reaktiv geäußerten Redebeiträge der Lehrkraft umfasst.

stellen sowie die Bereitschaft und Fähigkeit allgemein Sprachliches bzw. Grammatisches im Unterricht aufzugreifen (vgl. Andrews/McNeill 2005). K.A.L. ist außerdem die Grundlage für das Erkennen relevanter oder problematischer sprachlicher Strukturen im Unterricht und die sprachdidaktischen Entscheidungen diesen zu begegnen (präventiv oder reaktiv, explizit oder implizit, induktiv oder deduktiv?) (vgl. Bigelow/Ranney 2005).

Die als notwendig erachtete Sprachbewusstheit von Lehrkräften zeigt sich u.a. in der Anpassung des eigenen Sprachverhaltens an das Niveau der Lernergruppe, im Bieten von korrekten und passenden Modellen, im Geben korrekter und adäquater Information über Form, Bedeutung und Gebrauch eines sprachlichen Phänomens sowie der Fähigkeit auf Lernerbeiträge zu reagieren und diese auch zu nutzen (vgl. Andrews/McNeill 2005). Die sprachbewusste Lehrkraft präsentiert Neues klar und effektiv, benutzt Terminologie sicher und gewinnt so das Vertrauen der Lerner. Verfügt die Lehrkraft nicht über die notwendige Sprachbewusstheit zeigt sich das u.a. darin, dass Lernerschwierigkeiten nicht antizipiert werden können und Unterrichtspläne auf einem nicht angemessenen Niveau ansetzen.

Um Formen erklären zu können, braucht die Lehrkraft Wissen über die Zielsprache und ihren strukturellen Aufbau. Als hilfreich wird auch ein interlingualer Vergleich angenommen, der den Blick der Lehrkraft, insbesondere wenn sie die Zielsprache als Muttersprache spricht, für die Schwierigkeiten schärfen kann (vgl. Schwenk 2014). Dahinter steht die Annahme, dass Lehrkräfte dieses explizite Wissen über Sprachformen in die Aktivitäten und den Unterricht transferieren können (vgl. Bartels 2005a). Das Wissen dient dann als Grundlage für die Diagnose des Lernstandes und zur besseren Einschätzung der Probleme der Lerner mit gewissen Sprachformen (die auftauchen oder zu erwarten sind). Dabei ist noch weitgehend offen, ob und wie dieser Transfer gelingt.[53]

Für die Gestaltung der Lernumgebung ist es auch wichtig inhaltsbezogenes Feedback zu geben und echtes Interesse an den Lerneräußerungen zu zeigen.

---

53 Bartels (2005a) fasst die zentralen Ergebnisse unterschiedlicher Studien aus dem Sammelband (Bartels 2005) zusammen und weist in diesem Zusammenhang darauf hin, dass es Menschen generell schwer fällt, Wissen in Handeln umzusetzen.

Fazit

Um Unterschiede im Nutzen von FoF zu erklären, können einerseits Merkmale der Formen, andererseits lerner- und lehrkraftspezifische Merkmale herangezogen werden. Während sich die Merkmale der Formen aus linguistischer Sicht gut beschreiben lassen, bleibt immer die Frage nach der Verarbeitung eben dieser Formen durch unterschiedliche Lerner. Dabei spielen Salienz und Redundanz der Formen in konkreten Äußerungskontexten eine Rolle für die mögliche Bedeutsamkeit der Form. Für Fragen der Vermittlung sind die forminhärenten Eigenschaften, ihre Komplexität und Transparenz von großer Relevanz.

Die Auswahl der zu fokussierenden Formen ist vor diesen sprachbezogenen Eigenschaften und unter Berücksichtigung der lernerspezifischen Eigenschaften zu treffen. So ist einerseits das Alter der Lerner und ihr Wissensstand zu beachten. Andererseits geht es darum, die individuellen Möglicheiten der Speicherung und Manipulation von (sprachbezogener) Information, der Verteilung von Aufmerksamkeitsressourcen und der gezielten Nutzung dieser für die Fokussierung von Formen und ihren Bedeutungen im Blick zu haben. Lerner unterscheiden sich dahingehend, wie sie Formaspekte im kommunikativen Kontext wahrnehmen und fokussieren können und damit, wie sie ihren Fokus ausrichten und wechseln können.

In Bezug auf die Lehrkraft ergeben sich Einflüsse durch die Überzeugungen, die Rollenwahrnehmung, die Erfahrungen und das vorhandene theoretische Wissen und seinen Transfer in die Praxis. Geht man davon aus, dass der Unterricht inhaltsbezogen realisiert wird, ist es grundlegend, dass die Lehrkraft überhaupt auf Formfehler reagiert. Ist die Lehrkraft vom Nutzen eines FoF nicht überzeugt, reagiert sie seltener auf Formfehler und initiiert seltener Formaushandlungen (vgl. Loewen 2003). Angesprochen ist damit die primäre Orientierung der Lehrkraft, die u.a. festlegt, ob Formkorrektheit als Ziel definiert ist oder nicht.

Auf der Grundlage expliziten Spracherwerbswissens entscheidet die Lehrkraft, ob eine Form als Fokussierungsgegenstand geeignet ist oder nicht. Aufgrund expliziten Sprachstrukturwissens entscheidet sie, ob die Form ‚erklärbar' ist oder nicht. Transparenz und Regelkomplexität sind dabei als Merkmale der Form (und in Abhängigkeit vom Lerner) heranzuziehen, um den Explizitheitsgrad der Formfokussierung festlegen zu können. Wenn Formen fokussiert werden sollen, ist die Frage, ob die Lehrkraft dazu tendiert, implizit oder expliziter vorzugehen. Ausschlaggebend dafür sind u.a. eigene Unterrichtserfahrungen, bevorzugte Lernstile oder der Lernkontext. Beide Varianten erfordern, dass die Lehrkraft problematische Formen erkennt und *während* der Kommunikation entscheidet, ob sie fokussiert werden sollen oder nicht. Insbesondere explizitere Vorgehensweisen verlangen dann spezifische metasprachliche Kenntnisse, wenn die Form erklärt werden soll.

3.5 Zusammenfassung

In diesem Kapitel wurde die Verbindung aus Form und Bedeutung als Grundeinheit des Spracherwerbs (Erst- und Zweitspracherwerb) erklärt. Das Verständnis dafür, dass die *Form* phonologische, morphologische und syntaktische Aspekte und die zugeordnete Bedeutung neben der semantischen v.a. auch pragmatische und diskursfunktionale Bedeutungsaspekte einschließt, wird als grundlegend angesehen und im Begriff der *Konstruktion* erfasst. Die Aufmerksamkeit bei der Verarbeitung der Konstruktion ist entscheidend, um auch die formale Sprachkompetenz voranzutreiben. Dabei wird die involvierte Aufmerksamkeit nicht auf explizite Lernprozesse beschränkt, sondern auch auf niedrigerem Niveau angenommen.

Aufmerksamkeit stellt eine begrenzte Ressource dar. Der Lerner muss deshalb selektieren, worauf er seine Aufmerksamkeit lenkt. Einerseits ist interessant, wann sich das Bewusstsein einschaltet. Andererseits geht es um den Gegenstand, der fokussiert wird und damit ins Bewusstsein tritt und bewusst wird.

Der Effekt bewusster Formwahrnehmung wird im Sinne des Modells der ‚schwachen Schnittstelle' als indirekt und zeitverzögert beschrieben. Durch eine veränderte Sprachverarbeitung, herbeigeführt durch expliziten Unterricht, so die Annahme, wird die Aneignung jenes Sprachwissens, das für die spontane Sprachverwendung benötigt wird, unterstützt. Aus didaktischer Sicht ist der Fokus zu erweitern: der Lerner achtet nicht nur auf den Inhalt oder die (lautliche/graphische) Form, sondern hebt den einen oder anderen Aspekt hervor, während der jeweils andere im Hintergrund bestehen bleibt. Der Lehrkraft kommt dabei die Aufgabe zu den Explizitheitsgrad, d.h. die Aufdringlichkeit der Formfokussierung in Abhängigkeit von form- und lernerbezogenen Faktoren zu variieren und den situativen Gegebenheiten anzupassen. Dass die Formen in der unterrichtlichen

Vermittlung unterschiedliche Vorgehensweisen verlangen, fordert auf Seiten der Lehrkraft einerseits Bewusstheit bezüglich der Formeigenschaften, die in den Lernersprachen auftauchen und andererseits muss sie passende Unterrichtsstrategien entwickeln, mit denen sie die Formen in den Fokus rückt.

Kapitel 4

Formfokussierung im Unterrichtsdiskurs

Die Forschung im Bereich FfI hat verschiedene Formfokussierungstechniken ermittelt und deren Effekte auf das L2-Lernen untersucht (vgl. Ellis, R. 2001, Norris und Ortega 2000). Aus interaktionistisch-kognitiver Perspektive geht es darum, das komplexe Zusammenspiel aus Interaktion, Kognition und Affekt beim Erwerb einer L2 zu beleuchten und die im Unterricht durchgeführten Aktivitäten als Steuerungsinstrumente einzuschätzen. Dabei liegt der Fokus auf der Implementierung durch die Lehrkraft, deren Kognition und Verhalten als zentrale Faktoren für die Orientierung im Unterrichtsgespräch angesehen werden.[1]

Es besteht weitgehend Konsens darüber, dass die Lehrkraft eine zentrale Rolle bei der Umsetzung von Formfokussierung spielt (vgl. Borg 1998, 1999). Dennoch gibt es bisher wenige Untersuchungen, die den Einsatz der verschiedenen Techniken durch unterschiedliche Lehrkräfte zum Untersuchungsgegenstand gemacht haben. Das Ziel des folgenden Kapitels ist, das komplexe Zusammenspiel zwischen der Planung und der Implementierung bei der Umsetzung von FoF zu verdeutlichen und zu zeigen, welche Handlungsspielräume die Lehrkraft erkennen und nutzen kann. Prinzipiell kann sie vom Inhalt zur Form und von der Form zum Inhalt gelangen. Beide Herangehensweisen muss die Lehrkraft beherrschen.

---

1 Auf den Erklärungsansatz der soziokulturellen Theorie wird hier nicht näher eingegangen (vgl. dazu Ellis, R. 2008b).

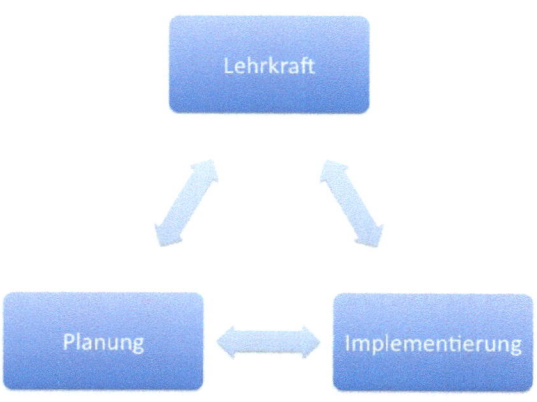

Abbildung 4.1: Zusammenspiel aus Planung, Implementierung und Lehrkraft

Um Formfokussierung zu realisieren, stehen der Lehrkraft verschiedene Techniken zur Verfügung. Schifko (2011) beschreibt in seiner Arbeit eine psycholinguistisch begründete Taxonomie und ordnet die darin diskutierten Techniken auf einer Skala der ,kognitiven Aufdringlichkeit' ein. In den folgenden Abschnitten wird diskutiert, welche Entscheidungen die Lehrkraft auf der Planungsebene zu treffen hat. Anschließend wird die Implementierungsebene beleuchtet. In diesem Sinne wird die Diskussion entlang der Unterscheidung zwischen *task as workplan* und *task in process* (vgl. Ellis, R. 2003) geführt.

4.1 Planungsebene

Bei der Planung der Aktivitäten ist zu entscheiden, wie aufdringlich bzw. unaufdringlich der Fokus auf die Form erfolgen soll (1). Außerdem ist festzulegen, was erreicht werden soll (2), wie das Sprachmaterial zu bearbeiten ist (3) und inwiefern ein integrierter oder nachfolgender Formfokus angestrebt wird (4) (vgl. Doughty/Williams 1998b). Konkret ist zu klären:

1. wie explizit die Rolle der Form bei der Bearbeitung der Aufgabe ist;

2. ob die Form konkret als *item* oder im Sinne einer Regel verstanden werden soll;

3. ob das Sprachmaterial rezeptiv oder produktiv bearbeitet werden soll;

4. inwiefern der Fokus auf Form und Inhalt gleichzeitig (integriert) oder aufeinanderfolgend (sequentiell) erfolgen soll;

5. inwiefern das Material in mündlicher oder schriftlicher Form bearbeitet werden soll.

Die vorgestellten und diskutierten Techniken und Aktivitäten werden hinsichtlich dieser übergeordneten Fragestellungen erläutert.

4.1.1 Zwischen Aufgabe und Übung

Um die im Unterricht eingesetzten Aktivitäten[2] hinsichtlich ihrer Eigenschaften einzuschätzen, eignet sich die in der Literatur zu findende Unterscheidung zwischen der Übung und der Lernaufgabe (*task*). Diese beiden Typen von Lernarrangements können als Endpunkte eines Kontinuums gesehen werden, das sich zwischen kommunikativen, bedeutungszentrierten auf der einen und (rein) formorientierten Aktivitäten auf der anderen Seite aufspannt. Auf die Unterschiede zwischen der Übung und der Aufgabe wurde in der Literatur bereits vielfach eingegangen (vgl. z.B. Aufsätze in Bausch et al. 2006, Ellis, R. 2003). Die Aufgabe ist prinzipiell inhaltsorientiert und wird als ‚Werkzeug' eines kommunikativen Sprachunterrichts verstanden. Formfokussierung kann als Bestandteil von Aufgaben realisiert werden und versucht i.d.S. kommunikative und formale Zielsetzungen zu vereinen (vgl. Ellis, R. 2003). Im nächsten Abschnitt wird daher kurz auf die allgemeinen Merkmale der Aufgabe im Unterschied zur Übung eingegangen, um anschließend Hinweise zur Aufgabenerstellung und -implementierung zu geben. Das Hauptaugenmerk gilt den sog. fokussierten Aufgaben (*focused tasks*), die eine Zielform elizitieren und so

---

2 Der Begriff *Aktivität* wird als neutraler Begriff, der sich – je nach Merkmalen und Einsatz – zwischen der (Lern)Aufgabe (*task*) und der Übung bewegt, verwendet. *Task*, Aufgabe und Lernaufgabe werden in der vorliegenden Arbeit synonym verwendet.

die Formfokussierung im Rahmen kommunikativer Handlungen ermöglichen (sollen).

Merkmale der Lernaufgabe

Die Aufgabe wird definiert als „*[...] an activity which requires learners to
use language, with emphasis on meaning, to attain an objective*" (Skehan
2003, 3). Der Fokus gilt der kommunikativen Funktion von Sprache, d.h.
die Bedeutung und das Verstehen sowie das Bewältigen der Aufgabe stehen vor der sprachlichen Korrektheit. Des Weiteren soll die Aufgabe ein
realitätsnahes Ziel verfolgen. Der Lerner soll durch die Bearbeitung von
Lernaufgaben dazu befähigt werden, ‚echte' kommunikative Aufgaben, wie
sie außerhalb des Klassenzimmers zu erwarten sind, zu bewältigen.

Aufgaben können aus unterschiedlichen Perspektiven betrachtet werden.
R. Ellis (2003) schlägt vor, zwischen folgenden Dimensionen zu unterscheiden, um sich dem Konstrukt *task* zu nähern:

1. Reichweite,

2. Perspektive,

3. Authentizität,

4. sprachliche Fertigkeit,

5. psychologische Prozesse,

6. Ergebnis der Aufgabe.

1. *Reichweite (scope)* bezieht sich auf die Frage, was als Aufgabe im
   Sinne der Lernaufgabenforschung (*Task-based Language Teaching-
   Ansatz*, TBLT) zu verstehen ist. Während alltägliche Aktivitäten
   wie Einkaufen, Zäune streichen oder sich Anziehen als Aufgaben verstanden werden können, bezieht sich der Begriff *task* hier ausschließlich auf sprachbezogene Aktivitäten, da das übergeordnete Ziel eines
   aufgabenbasierten Unterrichts immer Sprachlernen ist (vgl. Ellis, R.
   2003). Aufgaben müssen zur kommunikativen Verwendung der L2

anregen. Wo eine Übung endet und wo die Aufgabe beginnt, ist eine weitere Frage der Reichweite. Meist wird die begriffliche Unterscheidung mit dem Sprachfokus der Übung im Unterschied zum Bedeutungsfokus der Aufgabe begründet (vgl. Caspari 2006).

Widdowson (1998) betont in diesem Zusammenhang, dass es nicht der Formfokus im Unterschied zum Bedeutungsfokus ist, der die Übung von der Aufgabe unterscheidet, sondern die in der Aufgabe notwendige kontextualisierte (pragmatische) Bedeutung, die der Lerner berücksichtigen muss. Widdowson geht davon aus, dass Form und Bedeutung nicht getrennt werden können und auch in einer Übung die Bedeutung der Form eine Rolle spielt, jedoch die semantische und somit kontextuell ungebundene. Häufig wird im Begriffspaar Aufgabe - Übung auch die Rolle des Lerners im Spracherwerbsprozess als Unterscheidungsmerkmal herangezogen. Demnach ist die Person bei der Übung Sprach**lerner** und die Aktivität zielt auf das Lernen von Strukturen oder Formen und den Regeln ab. Bei der Aufgabe wird die Person als Sprach**benutzer** gesehen, der die Sprache als ‚Werkzeug' verwendet. Hinter dieser sehr verkürzten Begründung stehen zwei unterschiedliche Konzeptualisierungen von Sprachaneignung: Einerseits geht es um sprachliche Fertigkeiten, die man sich aneignen muss, um kommunizieren zu können und andererseits werden die sprachlichen Fertigkeiten durch die Kommunikation angeeignet. Neuner (1994) weist darauf hin, dass Aufgabe und Übung nicht als Gegensätze zu sehen seien, sondern einander ergänzen.[3]

Abbildung 4.2 zeigt eine Übung und eine Aufgabe.[4] In der Übung werden die zu verwendenden sprachlichen Mittel vorgegeben. Außerdem gibt es lediglich eine korrekte Lösung. Im Unterschied dazu wird bei der Aufgabe nicht vorgegeben, welche sprachlichen Mittel zu benutzen sind. Die Fragestellung ist weitgehend offen formuliert und lässt dem Sprachlerner die Freiheit aus seinem sprachlichen Repertoire zu wählen.

---

3 Auch im Task-Based Language-Teaching-Ansatz sind explizit sprachanalytische und formbezogene Übungen in der abschließenden Phase drei vorgesehen, um den als notwendig erachteten Focus on Form zu gewährleisten (vgl. Willis 1996, Swain 1985, 1998; Swain/Lapkin 1995).

4 Die Übung ist dem Lehrwerk „Klipp und Klar" für Deutsch als Fremdsprache entnommen. Die Aufgabe ist von der Autorin selbst entwickelt worden.

I. **Übung**: aus Klipp und Klar, S. 87

4) Entwicklungen

1. Der faule Schüler wurde ein reicher Rechtsanwalt.
2. _____ gewann im Lotto und wurde
3. _____ wurde renoviert und ist jetzt _____
4. _____ ist _____ geworden.

Achten Sie auf das Genus!

Schüler, faul → Rechtsanwalt, reich
Rentner, einsam
→ Millionär, glücklich
Gebäude, alt → Hotel, gut
Dorf, klein → Stadt, groß

2. **Aufgabe**: Denken Sie an jemanden von früher, den Sie schon lange nicht mehr gesehen haben. Wie war dieser Mensch? Was könnte aus ihm geworden sein? Vergleichen Sie Ihren Text mit einem Partner.

Abbildung 4.2: Übung und Aufgabe

2. Die Dimension *Perspektive* bezieht sich auf den Unterschied zwischen der Aufgabe als Arbeitsplan (*task as workplan*) und der Aufgabe als Prozess (*task as process*) (Breen 1989, zit. in Ellis, R. 2003, 5). Die Aufgabenforschung interessiert sich dafür, wie Aufgaben vom Lerner wahrgenommen, interpretiert und bearbeitet werden. Was der Aufgabenersteller im Sinn hatte, kann sich deutlich von der Bearbeitung durch den Lerner unterscheiden. Da es schwierig ist, vorherzusagen, wie ein Lerner eine Aufgabe wahrnimmt, bezieht man sich meist auf die Perspektive des Aufgabenerstellers. Im Arbeitsplan sind Instruktionen enthalten, die die Interaktion bzw. die Aufgabenbearbeitung strukturieren sollen.

3. Aufgaben sollen einen gewissen *Realitätsbezug* aufweisen. Während Long (1985, zit. in Ellis, R. 2003, 6) dafür plädiert, dass eine Aufgabe einen Realitätsbezug haben muss, also situativ authentisch ist, gehen die meisten Forscher und Lehrkräfte davon aus, dass interaktive Authentizität ausreichend ist. Eine Aufgabe, die eine realitätsnahe Interaktion auslöst und *„some sort of relationship to the real world"* hat, ist ausreichend (Skehan 1996, zit. in Ellis, R. 2003, 6). Es geht darum, dass die Aufgabe ein kommunikatives Verhalten erforderlich macht, das auch in der realen Welt relevant werden kann (z.B. Fragen stellen und beantworten, Bedeutung aushandeln).

110

4. Obwohl der Fokus bei Aufgaben auf dem Sprechen liegt, können Aufgaben jede der sprachlichen Fertigkeiten fördern, solange der Lerner Input erhält, persönlich involviert ist und zur kommunikativen Interaktion aufgefordert wird.

5. Aufgaben haben eine sprachliche und eine kognitive Dimension. Während sich die sprachliche Dimension auf die in der Aufgabenstellung verwendeten sprachlichen Mittel (Oberflächenformen), die zur Aufgabenbewältigung erforderlichen sprachlichen Mittel sowie das eingesetzte Material (Input) bezieht und somit die sprachliche Komplexität einer Aufgabe ausmacht, meint die kognitive Dimension die erforderlichen kognitiven Operationen wie z.b. auswählen, begründen, klassifizieren, Information verarbeiten. Diese Operationen legen die kognitive Komplexität der Aufgabe fest (vgl. Weskamp 2004). Kognitive Prozesse beeinflussen die Sprachverwendung, legen sie aber nicht fest (vgl. Ellis, R. 2003). Dieser Aspekt der Aufgabe trifft die Forderung nach der Selbstbestimmtheit des Lerners in seinem Lernprozess. Da die Verarbeitungstiefe für das Lernen bzw. Merken von Information entscheidend ist, sollte die kognitive Dimension von Aufgaben berücksichtigt werden. Neben sprachlicher und kognitiver Komplexität spielt außerdem der kommunikative Druck, unter dem eine Aufgabe bearbeitet wird, für die lernerseitige Wahrnehmung der Aufgabe und das Ergebnis eine entscheidende Rolle.

6. Als letzte Dimension einer Aufgabe nennt R. Ellis das Ergebnis. Die Aufgabenbearbeitung muss ein Resultat hervorbringen, das mehr als die Sprachverwendung umfasst (vgl. Ellis, R. 2003). Neben dem nicht-sprachlichen Ergebnis, das einen Bezug zu möglichst authentischen Interaktionen hat, muss eine Aufgabe *bedeutungsorientierten Sprachgebrauch* erforderlich machen. Aufgaben sollen Sprachlernprozesse anregen. Eine ‚gute‘ Aufgabe ist so konzipiert, dass die Bearbeitung sprachliche und kognitive Prozesse auslöst, die die Entwicklung der Lernersprache vorantreiben.

Aufgaben erstellen

Um eine Aufgabe zu erstellen, muss geklärt werden, was das pragmatische Ziel (das Ergebnis) der Aufgabe sein soll, welcher Aufgabentyp gestellt wird, ob die Aufgabe offen oder geschlossen sein soll und ob die Aufgabe einen spezifischen sprachlichen Fokus haben soll oder nicht (vgl.

111

Willis 1996, Ellis, R. 2003). Neuner (1994) plädiert dafür, Aufgabenorientierung nicht als etwas Kompliziertes zu sehen, sondern eine Bereitschaft zu entwickeln, kreativ umzudenken. Er schlägt als Vorgehen bei der Aufgabenerstellung vor, folgende Fragen zu stellen:

Abbildung 4.3: Leitfragen zur Erstellung einer Lernaufgabe (in Anlehnung an Neuner 1994, 12)

Für den Ablauf ist zunächst das Arbeitsvorhaben zu klären, wobei ein pragmatisches und ein pädagogisches Ziel verfolgt wird. Das Lernergebnis wird als das definiert, *„das den Endpunkt des Lernprozesses markiert"* (Neuner 1994, 12). Mithilfe von Arbeitsinput wird die Aufgabe bearbeitet. Die Art der Verarbeitung sowie die Präsentation der Ergebnisse wird weitgehend den Lernern überlassen. Selbstbestimmte Lernprozesse sind ein Kernpunkt aufgabenbasierten Lernens. Die Lehrkraft leistet Hilfestellung, wenn diese benötigt wird. Zu klären ist zudem die Sozialform, in der die Teilaufgaben bearbeitet werden sollen. Abschließend werden inhaltliche und sprachliche Ergebnisse, eingesetzte Lernstrategien, Lernprozesse und Lernaktivitäten gemeinsam mit den Lernern besprochen und reflektiert.

Aufgabentypen

Willis (1996) listet sechs Hauptaufgabentypen auf und geht auf die jeweils angeregten Lernprozesse ein. Sie unterscheidet:

1. **Auflisten:** *Brainstorming* oder Befragungen führen zu Listen. Die Lerner sprechen viel, indem sie ihre Meinung äußern, Fragen stellen und beantworten.

2. **Ordnen und Sortieren:** Ungeordnete Listen werden sortiert, ein *Ranking* angefertigt, Information in unvollständigen Übersichten oder Tabellen ergänzt, Dinge des eigenen Lebens werden klassifiziert nach selbst gewählten oder vorgegebenen Kriterien.

3. **Vergleichen:** Zusammenführen (*matching*), Gemeinsamkeiten oder Unterschiede finden.

4. **Problemlösen:** Analyse realer oder fiktiver Situationen, begründen und Entscheidungen treffen.

5. **Persönliche Erfahrungen teilen:** Durch das Erzählen, Beschreiben, Untersuchen, Erklären wird soziale Interaktion gefördert.

6. **Kreative Aufgaben:** Meist als großangelegte Projekte realisiert, überschreiten klassenzimmerinterne Aufgaben.

Willis (1996, 40) beschreibt einen dreistufigen Ablauf, der aus einer Vorarbeitsphase (*pre-task*), einer Aufgabenbearbeitungsphase (*task cycle*) und einem abschließenden Sprachfokus (*language focus*) besteht. In Phase 1 werden das Thema und das Ziel der Aufgabe eingeführt, es werden hilfreiche Wörter und Phrasen aktiviert oder vorgegeben und die Lehrkraft bereitet die Lerner auf die Aufgabe vor. In Phase 2 bearbeiten die Lerner die Aufgabe allein, in Teams oder Gruppen. Sie verwenden die sprachlichen Mittel, die ihnen durch ihre Lernersprache zur Verfügung stehen. Die Präsentation der Aufgabe steht am Ende dieser Phase. Bisher haben die Lerner Input und zahlreiche Gelegenheiten zur kommunikativen Verwendung der L2 erhalten. Phase 3 dient dazu, die für die Bearbeitung notwendig gewordenen sprachlichen Mittel genauer zu betrachten. Der Sprachfokus ist dadurch kontextualisiert und die sprachlichen Mittel

113

wurden auf der Bedeutungsebene bereits verarbeitet. Dadurch ergibt sich in Phase 3 natürlicherweise ein FoF.

Lehrkräfte oder Forscher konzipieren Aufgaben, um Sprachlernprozesse zu verbessern oder zu erforschen. Mithilfe von Lernaufgaben kreieren sie den semantischen Rahmen für kognitive Prozesse und grenzen die sprachlichen Mittel, die zur Bearbeitung der Aufgabe eingesetzt werden müssen oder können, ein. Diese Eingrenzung kann durch das Aufgabendesign oder methodische Schritte bei der Implementierung der Aufgabe variiert werden (vgl. Ellis, R. 2003).[5] Je nach Design und Fokus der Aufgabe unterscheidet man zwischen Aufgaben *ohne* spezifischen Sprachfokus (*unfocused tasks*) und Aufgaben *mit* spezifischem Sprachfokus (*focused tasks*). Die Aufgaben mit Sprachfokus (in weiterer Folge als fokussierte Aufgaben bezeichnet) werden erstellt, um bestimmte sprachliche Formen zu elizitieren und somit einen Fokus auf diese zu ermöglichen. Aufgaben ohne spezifischen Sprachfokus grenzen die Wahl der sprachlichen Mittel weniger oder nicht ein.

4.1.2 Aktivitäten mit integriertem Formfokus

Da insbesondere DaZ-Lerner die Zweitsprache auf formaler Ebene entwickeln und neben der kommunikativen eine „kognitive Sprachkompetenz" (vgl. Rösch 2008) ausbilden müssen, erscheint die geplante Integration des Formfokus in eine an sich inhaltsorientierte Aufgabe plausibel. So genannte fokussierte Aufgaben versprechen eine solche Verzahnung formaler und kommunikativer Ziele, denn sie sollen Lerner dazu veranlassen, die L2 produktiv zu verwenden, zu rezipieren, in Interaktion zu treten und dabei eine gewisse Form zu verwenden und zu verarbeiten. Eine Definition dieser Art der Aufgabe lautet:

> „Focused tasks can be devised by ,seeding' the input with the targeted feature and designing the task in such a way that the product can only be achieved if the learners are successful in processing the targeted feature." (Ellis, R. 2003, 37)

---

5 R. Ellis (2003) liefert einen sehr guten Überblick über verschiedene Variablen, die im Rahmen des Lernaufgaben-Ansatzes untersucht wurden. Aus Platzgründen kann hier nicht näher darauf eingegangen werden.

Bei fokussierten Aufgaben ist es das Ziel, *noticing* oder *noticing the gap* zu fördern. Die Lerner stoßen bei der Aufgabenbearbeitung auf ein sprachliches Problem (rezeptiv oder produktiv), was den FoF auslöst. Man unterscheidet zwischen *structure-based production tasks* und *comprehension tasks*, zu denen auch das bereits beschriebene Verfahren der Verarbeitungsanleitung (*Input-Processing*, vgl. VanPatten 2004) und die sog. Interpretationsaufgaben zählen (vgl. Ellis, R. 2003).

Bei den sog. strukturbasierten Aufgaben (*structure-based production tasks*) soll eine vom Aufgabenersteller festgelegte Form bei der Aufgabenbearbeitung verwendet und so in den Fokus der Lerner gerückt werden. Die Form kann dabei natürlicherweise, nützlicherweise oder notwendigerweise verwendet werden. Die Unterscheidung zwischen Natürlichkeit, Nützlichkeit und Notwendigkeit der Form für die Bearbeitung der Aufgabe stammt von Loschky und Bley-Vroman (1993). Kommt die Form natürlicherweise bei der Aufgabenbearbeitung vor, handelt es sich um einen offenen Aufgabentyp (vgl. Willis 1996) und die Steuerung durch die Aufgabe ist gering. Prinzipiell können Aufgaben von Lernern ganz unterschiedlich gelöst werden und der vom Aufgabenersteller konzipierte Aufgabenplan kann vom Lerner so uminterpretiert werden, dass die Aufgabenbearbeitung und die verwendete Sprache stark vom ursprünglichen Arbeitsplan abweichen (vgl. Ellis, R. 2003). Ist die sprachliche Form für die Aufgabenbearbeitung und -lösung nützlich, steuert man damit die Sprachverwendung des Lerners schon mehr. Ob die Form als nützlich empfunden wird, hängt allerdings von der Wahrnehmung und dem Lernstand des Lerners ab.

Sog. verstehensorientierte Aufgaben (*comprehension tasks*) zielen darauf ab, dass der Lerner eine bestimmte Form im schriftlichen oder mündlichen Input syntaktisch und nicht rein semantisch verarbeiten muss. Sie basieren auf der Annahme, dass Spracherwerb auf Input-Verarbeitung beruht und Aufmerksamkeit beim Verarbeiten der Form zu *noticing* führt, was wiederum den Spracherwerb fördert oder sogar bedingt (vgl. Ellis, R. 2003, VanPatten 2004). Inputverstärkung durch Häufung der Form oder Erhöhung der Auffälligkeit (Salienz) sowie Fragen zu einem Text, die nur beantwortet werden können, wenn der Input syntaktisch verarbeitet wurde, sind Beispiele für verstehensorientierte Aufgaben.

Verschiedene Studien haben gezeigt, dass Inputverstärkung zu *noticing* führt und dadurch zu vermehrter Verwendung der Form (vgl. Jourdenais et al. 1996, zit in. Ellis, R. 2003, 158). R. Ellis spricht außerdem von Interpretationsaufgaben (*interpretation tasks*), die folgendes Schema haben: Lerner werden aufgefordert, auf einen Stimulus zu reagieren, wobei dies möglichst non-verbal geschehen soll. Anschließend folgen Aktivitäten, die zunächst einen Inhaltsfokus haben, dann zu *noticing* der Form führen und schließlich ein Fehler identifiziert werden soll. Der Input, der als Stimulus gedient hat, soll abschließend auf das eigene, persönliche Leben bezogen werden.

Sprachbewusstheitsfördernde Aufgaben (sog. *consciousness-raising tasks*) unterscheiden sich von den bisher genannten Aufgabentypen, weil sie auf Bewusstheit und das Verstehen von sprachlichen Phänomenen abzielen und als Gegenstand der Kommunikation die L2 selbst haben. Sie sind dennoch als Aufgaben im oben definierten Sinn zu betrachten, da Sprache kommunikativ und bedeutungsvoll gebraucht wird und ein Ergebnis (eine Erkenntnis über ein sprachliches Phänomen) erbracht werden muss. Es wird argumentiert, dass durch die expliziten Überlegungen über bestimmte Formen und Strukturen der L2 tiefere Verarbeitungsprozesse angeregt werden, was zu mehr Lernen führen soll (vgl. Ellis, R. 2003). Es folgen selbstentwickelte Beispiele für fokussierte Aufgaben.[6]

Beispiele für Aufgaben mit integriertem Formfokus

In der folgenden Aufgabe sollen die Lerner nach geeigneten Ärzten bei unterschiedlichen Beschwerden suchen. Dazu müssen sie u.a. auf das Bestimmungswort des Kompositums (*Augen*arzt, *Zahn*arzt) achten:

Beispiel 1: Im Telefonbuch nachschlagen

Die Lerner suchen eigenständig im Telefonbuch nach Telefonnummern von Ärzten. Dabei stoßen sie auf verschiedene Komposita (Zahnarzt, Augenarzt, Kinderarzt u. a.). Das Ziel der Aufgabe besteht darin, sich Informationen zu besorgen und diese auszuwerten. Somit ist das Ziel nicht primär sprachlich, sondern inhaltsbezogen. Hinzu kommt ein Ergebnis der Arbeit, nämlich eine eigens erstellte Liste mit Telefonnummern. Die Aufgabe hat

---

6 Es sei ausdrücklich darauf hingewiesen, dass die bis Abschnitt 4.1.3 angeführten Beispiele bereits in Rotter (2012) gedruckt wurden.

ein realitätsnahes Äquivalent. Der Formfokus ergibt sich u.a. für Komposita. Zentral ist, dass die Form im Rahmen der Aufgabenbearbeitung auftritt, eine bestimmte Funktion erfüllt und nicht beliebig ausgetauscht werden kann. Die Bildung eines Kompositums zur Erfüllung der Aufgabe macht die L2 zum ‚Werkzeug' und belässt sie nicht (ausschließlich) auf der Ebene des Lerngegenstandes. Folgende Impulse zur Fokuslenkung können den Formfokus verstärken:

Impuls: Suche im Telefonbuch nach Telefonnummern von Ärzten und überlege, zu wem du gehen würdest, wenn du folgende Beschwerden hast:

Bauchschmerzen/dein Bauch schmerzt – Halsschmerzen/das Schlucken tut weh – Verbrennung – du hast dir ein Bein gebrochen – Platzwunde – Schnupfen/deine Nase läuft – Ausschlag – Husten – u. a.

Bei der Produktion von Komposita ergibt sich der Formfokus für Grund- und Bestimmungswort und Genusabhängigkeit als zuverlässige und weitreichende Regel. Formal relevant erscheinen zudem die Fugenelemente (Auge – n – arzt, Hals-Nase-n-Ohre-n-Arzt), die im Kontext der Aufgabe reaktiv oder präventiv fokussiert werden können. Die Überlegung, welche Form sich als Fokussierungsgegenstand bei der Aufgabenbearbeitung ergeben könnte, und dessen Förderung durch Impulse und Feedback, birgt eine Schwierigkeit in sich: Die Fokussierung auf ein sprachliches Phänomen (z.B. Komposita) schließt einen Fokus auf andere Formen (z.B. die Präpositionalphrase: Wohin gehst du bei ...?) nicht aus. Die Fokussierung der Imperativformen im thematischen Kontext ‚Arztbesuch' ist ebenso denkbar wie die Fokussierung von Possessivpronomen im Akkusativ (Der Arzt untersucht meine Ohren/meinen Hals u.ä.). An diesen Beispielen zeigt sich einerseits, dass ein Formfokus relativ problemlos in inhaltliche Gespräche und Aktivitäten integriert werden kann, sofern die Lehrkraft sich darüber im Klaren ist. Andererseits wird deutlich, dass eine Festlegung der im Fokus stehenden Form schwierig sein kann. Hinzu kommt eine weitere Gefahr: Wird der Formfokus festgelegt und strikt eingefordert, besteht die Möglichkeit, dass die Aktivität zu einer Übung wird. Dann stehen die Formen im Vordergrund, nicht das Thema oder ein zu vermittelnder Inhalt. Die Folge ist eine starke Lenkung der zu verwendenden sprachlichen Mittel durch die Lehrkraft und eine reduzierte inhaltliche Involvierung der Lerner. Die von Doughty (2001) geforderte gleichzeitige Verarbeitung von Form, Bedeutung und Funktion ist nur im Rahmen einer kontextuell eingebetteten Formfokussierung, wie sie bei einer Aufgabenbearbeitung im dargestellen Sinne erfolgt, möglich.

An einem weiteren Beispiel soll verdeutlicht werden, was man aus einer ausschließlich formorientierten Übung machen kann, berücksichtigt man die Überlegungen des FoF-Ansatzes bzw. die Merkmale der Aufgabe.

Beispiel 2 (aus Grammatik und Konversation 1, S. 44):

Es ist üblich/höflich/tabu,

- ... ein Kompliment machen,

- ... ein Geschenk zurückweisen,

- ... über das Wetter schimpfen.

Auf dem Arbeitsblatt sind die zu verwendenden Sprachelemente vorgegeben. Die Lerner werden aufgefordert, die Sätze entsprechend dem Muster *Es ist höflich, + zu + Infinitiv* zu bilden. Der Bedeutungsaspekt wird, wenn überhaupt, der korrekten Satzbildung nachgestellt. Abweichende Produktionen, die meist für den Lerner bedeutsame Informationen zum Thema transportieren, werden häufig ignoriert.

Ein Vorschlag, um nun einerseits den auf das Verstehen der Sätze bezogenen Aspekt zu verstärken und andererseits die Zielstruktur zu häufen, sieht folgendermaßen aus:

Beispiel 3: Was stimmt?

In der Türkei ist es ...

- ... üblich, Gäste zum Tee einzuladen.

- ... höflich, ein Geschenk zurückzuweisen.

- ... unüblich, Gäste zum Tee einzuladen.

- ... unhöflich, ein Kompliment zu machen.

- ... undenkbar, ein Geschenk zurückzuweisen.

Dabei müssen die Lerner entscheiden, welche der Aussagen (für sie) stimmt. Die Aufgabenstellung verlangt ein Verstehen des Gemeinten bei den Lernern, was wiederum ein Anlass zur Bedeutungs- und Formaushandlung sein kann. Durch die Positionierung der Adjektive bzw. das Layout werden die Adjektive i. S. d. Inputstrukturierung salienter (vgl. Wong 2005). Anschließend oder ausgelöst durch die Fragestellung wird der Fokus der Lerner auf das Negationspräfix *–un* gelenkt und mit der Bedeutung (Aussage stimmt oder stimmt nicht) in Verbindung gebracht. Durch das Heranführen über die Bedeutung der Sätze wird die Zielstruktur *Infinitiv mit zu* gehäuft. Durch weitere Impulse kann die Form in anderen Bedeutungskontexten vertieft und somit ein Erkennen (*understanding*, vgl. Abschnitt 3.2.2) der Struktur vorangetrieben werden: *Was machst du gerne? Was machst du ungern? Was findest du in einem Restaurant unpassend? Was findest du unfreundlich?* Oder es werden Satzanfänge gegeben, die unter Verwendung der Zielform vervollständigt werden müssen:

Beispiel 4:

- Es ist unhöflich, ...

- Es ist unpassend, ...

- Es ist freundlich, ...

Eine noch offenere Aufgabe könnte folgendermaßen lauten:

Beispiel 5: *Überlegen Sie in der Gruppe, was in Ihrem Herkunftsland unüblich, unpassend, unhöflich oder sogar unfreundlich ist. Schreiben Sie eine kurze ‚Gebrauchsanleitung' für Touristen und vergleichen Sie ihren Text mit dem Text einer anderen Gruppe.*

Durch die Formulierung der Aufgabe sind die Lerner auf das Ergebnis (Text) orientiert, die Form/Struktur ergibt sich durch die Aufgabenbearbeitung und kann durch die Lehrkraft explizit gemacht werden. An diesem letzten Beispiel wird deutlich, dass auch die Eigenschaften der im Fokus stehenden Form eine wichtige Rolle bei den didaktischen Entscheidungen zur Formfokussierung spielen (vgl. Schifko 2011). Das Negationspräfix

–un verneint als explizit lexikalischer Negationsträger viele Adjektive (und auch Substantive), außer jene mit eindeutigem Antonym (Helbig/Buscha 2001, 556 f.). Diese weitreichende und zuverlässige sowie formal und funktional einfache Regel eignet sich für eine explizite Fokussierung besser als eine Regel zur Bildung von Infinitiv-Sätzen mit *zu*, in denen die Form als Funktionswort dient.

Die Verwendung der Form ergibt sich hier natürlich, d.h. der Fokus wird nicht direkt auf die Form gelenkt, weshalb ich diese Aktivitäten zunächst als implizit und unaufdringlich einschätze. Erst die konkrete Implementierung und das Verhalten der Lehrkraft sind für eine aufdringlichere Qualität verantwortlich. Das Ziel dieser Aktivitäten variiert letztlich. Dass die Übergänge von klassischer Formübung zu einer fokussierten Aufgabe nicht immer eindeutig zu erkennen sind, betont auch R. Ellis (2001). Letztlich kommt es auch hier auf die Interpretation durch den Lerner an, also inwiefern er die Aktivität als formorientiert oder inhaltsorientiert wahrnimmt. Entscheidend ist, ob die Aufgabe so gestaltet ist, dass die Form zur Bearbeitung der Aufgabe nützlich und nicht belanglos ist.

4.1.3 Inputflut und Inputverstärkung

Als sehr unaufdringliche Technik der Formfokussierung gilt die Inputflut. Dabei wird der gesamte Input mit der Zielform angereichert. Dadurch soll gewährleistet werden, dass der Lerner die häufig vorkommende Form bemerkt. Im schriftlichen Text lässt sich diese Technik relativ einfach realisieren. Die Schwierigkeit liegt darin, die Authentizität des Textes beizubehalten, wenn die Form gehäuft werden soll. Indem der Lerner nicht explizit auf die Form aufmerksam gemacht wird, kann davon ausgegangen werden, dass der Hauptfokus auf dem Inhalt liegt und die Form i.S.v. *noticing* auf einem niedrigen Bewusstheitslevel wahrgenommen wird.

Eine andere Möglichkeit, die Form etwas stärker in den Wahrnehmungsfokus zu heben, besteht darin, die Form auditiv oder visuell hervorzuheben. Diese Technik wird unter dem Begriff *Inputverstärkung* diskutiert. An den folgenden beiden Beispielen aus Wong (2005, 58) werden nicht nur unterschiedliche Möglichkeiten der Inputverstärkung deutlich, sondern auch gezeigt, wie wichtig eine begründete Wahl der Zielform für den Effekt dieser Technik ist.

1. My cousin Billy and I have a lot of <u>pets</u>. I have two <u>cats</u>. Billy has only one <u>cat</u>. I have only one <u>hamster</u> but Billy has four <u>hamsters</u>. Billy has a <u>bird</u> named Polly. I have two <u>birds</u>. Their names are Tweety and Chirpy. My older sister has a <u>dog</u>. Someday I would like to have three <u>dogs</u>.

2. I **must** get more sleep. If not, I **may** not wake up for work. I **may** have to drink lots of coffee and then I **may** be nervous all day. It **must** be close to midnight right now. I **must** stop staying up so late at night.

Wong führt aus, dass es nur im ersten Beispieltext sinnvoll ist, die Form hervorzuheben, weil die Lerner bei der transparenten Pluralform des Englischen die Chance haben zu erkennen, wie Form und Bedeutung zusammenhängen (vgl. Abschnitt 3.4.1). Der Bedeutungsunterschied zwischen *may* und *must* als modale Auxiliare ist komplexer und intransparenter, was diese Formen für die Technik der Inputverstärkung ungeeignet erscheinen lässt. Die Frage muss auch hier sein: Was sollen die Lerner bemerken, wenn sie abwechselnd *may* und *must* lesen? Es geht dabei nicht um das konkrete *token*, sondern die Bedeutungsnuancen, die jeweils kodiert sind. Bei den Pluralformen dagegen stehen die Formen der jeweiligen Tiere im Singular und Plural im Fokus und der Lerner kann aus den Beispielen eventuell die Regelmäßigkeit ableiten, dass das suffigierte *-s* den Plural markiert.

Sowohl Inputflut als auch Inputverstärkung wurden hinsichtlich ihrer Effekte auf die lernersprachliche Entwicklung untersucht. Die durchaus positiv zu deutenden Ergebnisse sind dabei vor dem Hintergrund der Lernergruppen, ihrer Entwicklung und der Formen zu deuten. Inputverstärkung ist nach Wong (2005) dazu geeignet, *noticing* und eventuell auch *understanding* gewisser Formen zu unterstützen.

Sowohl Inputflut als auch Inputverstärkung können als FoF-Techniken im mündlichen Diskurs eingesetzt werden. Die Lehrkraft muss dann die jeweilige Form selbst häufig verwenden, gegebenenfalls auch betonen, dehnen oder anderweitig hervorheben und kann auch versuchen, diese durch Fragen und Sprechimpulse zu elizitieren. Diese Art der Kontrolle über das eigene Sprechen wird auch im sprachtherapeutischen Konzept der Kontextoptimierung bewusst eingesetzt, um den grammatisch gestörten Kindern die Fokussierung relevanter formaler Aspekte zu vereinfachen (vgl.

Motsch 2004). Das Prinzip der Kontextoptimierung lässt sich auf schriftliche und mündliche Aufgaben anwenden und eignet sich m.E. als Technik, um die Form geschickt zu elizitieren und Form und Bedeutung wechselnd in den Vordergrund zu heben. Im nächsten Abschnitt wird daher näher auf diesen Ansatz eingegangen.

4.1.4 Kontextoptimierung und strukturierter Input

Kontextoptimierung ist ein integrativer Ansatz, der in der Sprachtherapie und im Unterricht eingesetzt werden kann (vgl. Motsch 2004, Berg 2011). Dabei geht es darum, jene kritischen Merkmale der Zielsprache in den Fokus zu nehmen, die wegen erschwerter oder verminderter Wahrnehmungs- und Verarbeitungsfähigkeiten zu unzureichenden grammatischen Kenntnissen führen.

Als grundlegende Prinzipien dieses Ansatzes gelten die Ursachenorientierung, die Ressourcenorientierung und der Modalitätenwechsel. Der Therapeut (oder die Lehrkraft[7]) muss zunächst berücksichtigen, dass der Fokus des Kindes durch explizite Hinweise auf wenig auffallende, oft in finaler Position vorkommende morphologische Markierungen gelenkt werden muss. Durch die Sensibilisierung auf Morphemmarkierungen („*Hör genau hin!*") ist das Kind aufgefordert, den oft kritischen Merkmalen wie „den" oder „dem" Aufmerksamkeit zu widmen. Nur wenn es diese wahrnehmen und differenzieren kann, ist eine verbesserte Verarbeitung als Identifizierung, Sequentierung und Speicherung möglich. Ebenso explizit lenkt der Therapeut den Fokus auf eine kritische Zielform, indem er das Kind auffordert, darauf zu achten, wo er ‚komisch spricht. Gezielt eingesetzte Veränderungen der Prosodie erleichtern dem Kind, den Fokus auf die kritische Form auszurichten („*in deeennnn blauen oder in deeennn roten Rucksack*" Motsch 2004, 91). Eine andere Möglichkeit besteht darin, alle sprachlichen Ablenker auszuschalten und die Äußerungslänge auf ein Minimum zu reduzieren. Dadurch soll Verarbeitungskapazität gespart und dem Kind die Fokussierung der Zielform erleichtert werden. Die Aufforderung, nicht in ganzen Sätzen zu sprechen, ermöglicht einen elliptischen und realitätsnäheren kommunikativen Austausch wie z.B. bei der Frage: „*Welchen Apfel willst du – den oder den?*", antwortet das Kind: „*Den*". Sprachliche Verwirrer auszuschalten, ist ein weiteres Prinzip, das bei der Suche nach den

---

7 Zum Zwecke der Lesbarkeit wird in der Folge lediglich vom Therapeuten gesprochen, wenn auch die Vorschläge und Verhaltensweisen für die Lehrkraft gelten.

Ursachen für Verarbeitungsschwierigkeiten oder -einschränkungen zum Tragen kommt. Beim Beispiel ungeeigneter Verben zur Entdeckung der Subjekt-Verb-Kongruenz muss die Lehrkraft wissen, dass sich nur Vollverben in der finiten Form eignen, nicht aber das Hilfsverb *sein* oder das Verb *heißen*, weil die formalen Markierungen (*Wie heißt du? Du bist ein Zauberer.*) nicht eindeutig sind und damit ein Erkennen der Form-Bedeutungsverbindung und Regelhaftigkeit unmöglich wird. Diese Verwirrer müssen erkannt und vermieden werden, um das Kind unterstützen zu können (vgl. Motsch 2004).

Im Bereich der Ressourcenorientierung geht es darum, die metasprachlichen und schriftsprachlichen Ressourcen der Kinder zur Überbrückung der oft reduzierten auditiven Wahrnehmungsfähigkeiten zu nutzen. Über den visuellen und taktilen Kanal werden dem Kind weitere Hilfen angeboten und z.B. in Form von farbigen Holzklötzen zur Visualisierung von Strukturen herangezogen. Schriftliche Hervorhebungen, wie sie oben bei der Technik der Inputverstärkung diskutiert wurden, werden auch in der sprachtherapeutischen Praxis, sofern die Kinder lesen und schreiben können, eingesetzt, um den Fokus auf das kritische Merkmal der Zielform zu lenken. Motsch (2004, 98) zeigt, dass nicht nur morphologische Markierungen schriftlich verdeutlicht werden können, sondern auch Wort-Positionen oder Positionswechsel:

1. de**M** als Erinnerungshilfe in obligatorischen Dativkontexten,

2. Ich **spiele** Gitarre,

3. ... weil ich Gitarre **spiele**.

Ein weiteres Prinzip des Ansatzes ist der Modalitätenwechsel. Damit ist der Wechsel zwischen rezeptiven, reflexiven und produktiven Phasen während der Interaktion gemeint. Zentral ist dabei auf folgende Punkte zu achten:

- **Zwingende Kontexte schaffen**: Die Schaffung zwingender Kontexte bedeutet, den Kontext so zu gestalten, dass die Verwendung der Zielform unbedingt notwendig ist. Wird etwas ausgelassen, weil es nicht notwendig für das Verstehen ist, so kann der Kontext optimiert werden, indem die Elemente verdoppelt werden. Am Beispiel

123

der Subjektauslassung geht es dann darum, eine Einkaufsliste nicht nur für sich zu erstellen (Zielform: *Ich kaufe...*), sondern auch für eine andere Person. Dadurch wird die Subjektbenennung zwingend erforderlich und das Kind äußert die Zielstruktur kommunikativ sinnvoll (*Ich kaufe ..., er kauft ...*). Sollen unterschiedliche Verben und deren kongruente Form in der 1. Person Sg. in den Fokus gelangen, kann der Kontext durch die Vorgabe von alternativen Verben (zu kaufen) optimiert werden. Indem das Kind zwischen *bestellen* und *kaufen* wählen muss, zeigt es, ob es das Prinzip der Subjekt-Verb-Kongruenz verstanden hat (vgl. Abschnitt 4.1.2).

- **Kontrolle der eigenen Redebeiträge:** Dieser Punkt bezieht sich auf das Sprechen des Therapeuten, der häufig durch ungünstige Fragen oder sprachliche Eröffnungen elliptische Antworten des Kindes evoziert. Auf die Frage „Was kaufst du?" antwortet das Kind korrekterweise mit Objekten (Eis, Waffeln usw.). Eröffnet der Therapeut das Gespräch hingegen mit „Ja, bitte?" oder „Was darf es sein?" ist das Kind gezwungen, sich ausführlicher zu äußern.

- **Kommentierung zwingend machen:** Das bedeutet, die Aufgabe oder das Spiel so zu gestalten, dass das zu Verbalisierende nicht redundant ist. Ein Beispiel für den Bereich „Kommentierung zwingend" ist der Besuch der sehschwachen Oma im Zirkus. Hier ist das Kind aufgefordert zu erläutern, was es sieht und die Oma nicht. Die Kommentierung ist zwingend und in diesem Sinne auch kommunikativ sinnvoll (im Gegensatz zu Lernarrangements, deren Ziel darin besteht, etwas zu verbalisieren, was das Gegenüber ohnehin selbst sieht).

- **die Macht der Worte erkennen:** Dies gelingt, indem z.B. ein Roboter nur in Bewegung gesetzt werden kann, wenn korrekt gesprochen wird. Dies ist eine weitere Möglichkeit, den formal korrekten Sprachgebrauch zu fördern.

Es stellt sich nun die Frage, wie das Konzept der Kontextoptimierung und der FoF-Ansatz zu vereinen sind. Eine Nutzung der hier angesprochenen Prinzipien zur Fokuslenkung auf grammatische Phänomene i.S.v. FoF erschließt sich in der Zielsetzung. Sowohl beim Ansatz der Kontextoptimierung als auch bei FoF wird versucht, die kritischen formalen Merkmale der Zielsprache in den Lernerfokus zu bringen, indem der sprachliche und der situative Kontext manipuliert werden.

In beiden Ansätzen wird auch darauf geachtet, dass die Beachtung der kritischen Form kommunikativ-situativ sinnvoll ist. Interessant ist, dass beim Ansatz der Kontextoptimierung das Sprachmaterial zur Entdeckung der Regeln sehr sorgfältig ausgewählt wird und der Therapeut oder die Lehrkraft genau jenes linguistische Grundwissen benötigt, das weiter unten als notwendige Fähigkeit der Lehrkraft noch ausgeführt wird. Kritisch und schwer mit FoF vereinbar erscheint mir der oft nur sehr begrenzte Kontext, in dem die sprachlichen Elemente verwendet werden. Das Sprachmaterial und die Situationen sind deutlich künstlicher als es bei FoF intendiert ist. Interessant ist der Ansatz der Kontextoptimierung aber aus der Sicht der Lehrkraft (des Therapeuten), die sich mit der Frage auseinandersetzen muss, wann eine Form bemerkt und fokussiert werden muss und wie der Kontext und das eigene Sprachverhalten zu verändern sind, um diese Fokussierung und Einbettung im Wechsel zu ermöglichen. In dieser Hinsicht könnte die Lehrkraft die Vorschläge und Hinweise, wie sie bei Motsch (2004) oder Berg (2011) zu finden sind, durchaus für die Realisierung von FoF nutzen.

Strukturierter Input und *noticing*-Aktivitäten

Eine weitere Technik, die im Rahmen von FfI diskutiert wird, nutzt die in Kap. 3.1.2 ausgeführten Prinzipien der Sprachverarbeitung dahingehend, dass der L2-Lerner dabei angeleitet wird, wie er den Input verarbeiten soll. Diese Verarbeitungsanleitung (*Processing Instruction*, vgl. VanPatten 2004) versucht, die Verarbeitungsstrategien von Lernern dahingehend zu beeinflussen, dass korrekte(re) Form-Bedeutungsverbindungen hergestellt werden. Dabei ist das Vorgehen fixiert: Zunächst erhalten Lerner explizite Informationen über die Form-Bedeutungsverbindung, anschließend wird ihnen erklärt, wie die üblichen oft fehlleitenden Verarbeitungsstrategien aussehen, um schließlich in Aktivitäten mit strukturiertem Input die jeweilige Form-Bedeutungsverbindung zu erkennen und gezielt zu verarbeiten (vgl. Ellis, R. 2003). Interessant an diesen Aktivitäten ist die bewusste Strukturierung des Inputs, die eine Verarbeitung kritischer Formen erleichtern oder fördern soll. Das folgende Beispiel aus Wong (2005, 70) demonstriert dieses Prinzip:

You will hear sentences that describe activities that Claude did yesterday or activities that he will do tomorrow. Listen carefully to the verbs in order to determine whether the action happened yesterday or will happen tomorrow. Claude ...

1. *a. yesterday*   *b.tomorrow*
2. *a. yesterday*   *b.tomorrow*
3. *a. yesterday*   *b.tomorrow*

Instructor's Script: (Claude...)

1. *talked to his mother.*

2. *walked his dog in the park.*

3. *will call his aunt Freida.*

Follow up: Who did some of these activities last night? Raise your hand if you did this activitiy last night.

1. *Who called their mothers?*

2. *Who walked their dogs in the park?*

3. *Who called their aunts?*

Etc.

Die Lerner werden aufgefordert zu entscheiden, ob sich der jeweilige Satz auf gestern oder morgen bezieht. Da keine anderen lexikalischen Hinweise auf die Zeitform gegeben sind, ist der Lerner dazu genötigt, die Verbform zu beachten und in Folge zu verarbeiten.

Entsprechend den Prinzipien der Inputverarbeitung wird bei diesem Aktivitätentyp der Kontext und das Aufgabendesign so verändert, dass die Form beachtet werden muss, um ein Ergebnis (hier: die Information, wer was wann gemacht hat) zu erreichen. Dieser Typ der strukturierten Aktivitäten wird als *referential activity* bezeichnet und erfordert lediglich eine Entscheidung zwischen *richtig* oder *falsch*, *ja* oder *nein*, *gestern* oder *morgen*. Ein anderer Typ, die sog. *affective activities*, ist dazu gedacht, dass der Lerner seine Meinung äußern muss. Das zweite Beispiel (Wong 2005, 71) demonstriert diesen Typus anhand derselben Zielform (*Past Tense*):

*Read the following activities and check off the ones that you
did last night.*
Last night I ...

watched TV.

cleaned up my room.

invited friends over for dinner.

*Now share your responses with a classmate. Did you do the
same things last night?*

Wiederum besteht das Ziel der Aktivität darin, mit der Form eine korrekte(re) Bedeutung zu verbinden und unpassende Verarbeitungsstrategien zu überwinden. Das Explizite an dieser Technik passt sich in das Modell der ‚schwachen Schnittstelle‘ ein, indem versucht wird, über explizites Wissen den Erwerb des impliziten voranzutreiben. Anzumerken ist, dass dieser Typ von Aktivitäten im Rahmen der Verarbeitungsanleitung eingesetzt wird und deshalb als explizit einzustufen ist. Meines Erachtens eignet sich die Darbietung aber auch für den Anfang einer Unterrichtseinheit, um die Form bei der inhaltlichen Verarbeitung durch ihre Position in den Aufmerksamkeitsfokus der Lerner zu rücken (*noticing*). Die bewusste Reflexion über unpassende Verarbeitungsroutinen erscheint mir nicht zwingend.

Fazit

Die in diesem Abschnitt vorgestellten Techniken und Aktivitäten erlauben auf der Planungsebene eine Verzahnung von Form- und Inhaltsfokus und können als Ausgangspunkt für die Realisierung von FoF genutzt werden. Zentral dabei ist die Unterscheidung zwischen Übung und Aufgabe, um Aktivitäten zu planen und sie um den jeweils weniger vertretenen Aspekt zu erweitern. Der Vorteil der Übung liegt darin, dass sie durch die Vorgabe der zu verwendenden sprachlichen Mittel eine Steuerung ermöglicht. Der Vorteil der Aufgabe liegt darin, dass die Formen im kommunikativ sinnvollen Kontext verwendet werden und als ‚Werkzeug‘ der Kommunikation eingesetzt werden. Um die Formfokussierung planbarer zu machen, erscheinen die Überlegungen aus dem Ansatz der Kontextoptimierung hilfreich, da es um die gezielte Manipulation und Strukturierung sprachlichen

Inputs geht, die einen Formfokus im Rahmen kommunikativ ausgerichteter Situationen erlauben. Die Erstellung von Aktivitäten mit doppeltem Fokus erscheint zwar sehr sinnvoll, ist aber auch sehr herausfordernd für Lehrkräfte und Forscher. Skehan resümiert:

> „Contriving activities which are at once meaningful and provide scope for a focus on form and specific forms is an important challenge for the future." (Skehan 1998, 65)

4.2 Implementierungsebene

Focus on Form wird wie die soziokulturelle Theorie zu den interaktionistischen Theorien gezählt. Ihnen gemeinsam ist die Annahme, dass man eine Sprache erwirbt, indem man interagiert. Die Interaktion im Unterricht stellt eine Ressource für den Erwerb der L2 dar. Der folgende Abschnitt behandelt deshalb die Frage, wie der Fokus während interaktiver Aushandlungsprozesse auf Formen gelenkt werden kann. Ausgangspunkt der Überlegungen ist die Erkenntnis, dass FoF als interaktives und soziokognitives Phänomen durch das Verstehen von Mustern (sog. *frames*) im zwischenmenschlichen Diskurs geprägt ist.

4.2.1 Focus on Form als interaktives Phänomen

Ein zentrales Merkmal von FoF ist dessen Auftreten während der Interaktion. Die Fokussierung der Form ergibt sich in einer Situation, in der mindestens zwei Kommunikationspartner anwesend sind und in gegenseitiger Beeinflussung stehen (vgl. Ellis, R. et al. 2001a). Die beiden Interaktionspartner nutzen u.a. sprachliche Mittel, um sich zu verständigen und Information auszutauschen.[8] FoF ist dadurch ein beobachtbares interaktives Phänomen, das im laufenden Diskurs auftritt. Im folgenden Abschnitt wird erörtert, warum der Interaktion für den Zweitspracherwerb eine so wichtige Funktion zugesprochen wird und wie sich die Formfokussierung dabei im Sinne von FoF realisieren lässt. Es geht darum zu klären, welche Vorteile es hat in Interaktion zu treten und welche Prozesse als erwerbsförderlich angenommen werden.

---

8 Zwar werden die Begriffe *Interaktion* und *Kommunikation* häufig synonym verwendet, sie sind jedoch nicht gleichbedeutend. *Interaktion* bildet den Oberbegriff und steht mit der *Kommunikation* in einem Verhältnis, da meist mithilfe von Sprache interagiert wird (vgl. Stein 2010).

Der Begriff *Interaktion*

Unter dem Begriff *Interaktion* wird Unterschiedliches verstanden. Philp/Tognini (2009) definieren Interaktion als Sprachgebrauch, der auf ein kommunikatives Ziel hin eingesetzt wird und durch einen *Focus on Meaning* gekennzeichnet ist. Eine breitere Definition liefern Allwright/Bailey (1991). Sie gehen davon aus, dass sich Interaktion durch das aufeinander Reagieren von Menschen – hier Lehrkräften und Lernern – ergibt. Dieses aufeinander Reagieren unterstützt im optimalen Fall den Lernprozess, hängt jedoch von der Kooperation der an der Interaktion Beteiligten ab. Seedhouse (1997b) argumentiert, dass Unterrichtsinteraktion eine eigene Struktur aufweist, die bei pädagogischen Überlegungen berücksichtigt werden muss. Ellis, R (1999a) unterscheidet interpersonale und intrapersonale Interaktion. Interpersonale Interaktion wird von Angesicht zu Angesicht (face-to-face) realisiert, intrapersonale Interaktion meint den internen mentalen Prozess im einzelnen Individuum, der durch interpersonale Interaktion gefördert werden kann. Eckerth (2003, 19f.) zufolge kann man Interaktion als Wechselwirkung zwischen sprachlichem Handeln und sprachbezogenen Wahrnehmungs- und Verarbeitungsprozessen verstehen. Demnach löst Interaktion kognitive Prozesse aus, die u.a. spracherwerbsförderlich sein können. Henrici (1995) definiert Interaktionen als zweiseitige Kommunikationen, in denen ein Austausch von Informationen stattfindet, Bedeutung ausgehandelt und gegenseitiges Verstehen als Ziele definiert sind.

Im Hinblick auf die Fragestellung der Arbeit geht es um die Verhaltensweisen, die die Lehrkraft während der Interaktion zeigt, um die Form in den Lernerfokus zu rücken. Wenn man bedenkt, dass zwischenmenschliche Interaktion strukturiert und nicht beliebig gestaltet ist, ist zu klären, wie sich interagierend Situationen für einen FoF ergeben und wie im Unterricht durch interaktionale Aushandlungen der Wahrnehmungsfokus der Interaktionspartner auf Form und Inhalt des Geäußerten gelenkt werden kann.

Bevor auf die Fragestellungen bezüglich der Interaktionen im Unterricht mit L2-Lernern eingegangen wird, sollen einige wichtige Merkmale der Interaktion zwischen Kind und Bezugsperson im L1-Erwerb erläutert werden.

Exkurs: Interaktion im Erstspracherwerb

Die Rolle der Interaktion wird sowohl für den Erstspracherwerb als auch für den Zweitspracherwerb erforscht. Interaktionistische Theorien gehen davon aus, dass Sprache *während* der Interaktion mit anderen, meist kompetenteren Sprechern erworben wird. Voraussetzung ist, dass es zu ‚echter' Kommunikation kommt und bestimmte Formen und Strukturen vorkommen (vgl. Tarone/Swierzbin 2009). Das Kind erwirbt die Sprache, weil es diese für die Kommunikation und Befriedigung seiner Bedürfnisse benötigt. Die Triebfeder des L1-Erwerbs ist der fundamentale Zwang, sich seiner Umwelt mitzuteilen und diese bzw. die Personen der Umwelt zu verstehen. Zentral ist der von Tomasello (2003) geprägte Begriff der „geteilten Aufmerksamkeit" (*joint attention*) zwischen Kind und Bezugsperson.

In der Interaktion erwirbt das Kind nicht nur den Wortschatz, der Interaktionspartner bringt dem Kind interaktiv auch sprachliche Muster nahe und hilft ihm Strukturen zu produzieren, die es alleine noch nicht im Stande gewesen wäre zu bilden. Die Hilfestellungen werden auch als *Scaffolds* bezeichnet (vgl. Gibbons 2002).

Ein zentraler Untersuchungsgegenstand im Erstspracherwerb ist die an Kinder gerichtete Sprache der Bezugspersonen[9], die als korrekter als ‚normale' alltägliche Sprache, redundanter und einfacher beschrieben wird. Sprecher verändern Sprechgeschwindigkeit, Tonhöhe, Syntax und Lexik, wenn sie mit Kindern sprechen (Ellis, R. 2008b). Neben inputbezogenen Veränderungen kommt es auch in der Interaktion zwischen Kind und Bezugsperson zu Modifikationen wie Nachfragen, Verständnissicherung oder Wiederholungen, um sicher zu gehen, dass das Kind verstanden hat. Bezugspersonen greifen kindliche Äußerungen auf, expandieren diese und fordern das Kind auf, sich zu äußern, z.B. indem ihnen die Wahl des Topiks überlassen wird. Man konnte auch zeigen, dass Erwachsene den sprachlichen Input an die Kompetenz des Kindes anpassen bzw. je nach Entwicklungsstand des Kindes verändern.

Auch im Erstspracherwerb ist die primäre Funktion der Interaktion die Kommunikation. In der Eltern-Kind-Interaktion geht es darum, sich zu verständigen und verstanden zu werden. Dennoch kommt es auch zu Kor-

---

9 Für die von Bezugspersonen verwendete sprachliche Varietät gibt es unterschiedliche Bezeichnungen wie z.B. Mutterisch, *motherese* oder *caretaker speech* (vgl. Ellis, R. 2008b).

rekturen. Kinder erhalten Feedback bezüglich ihrer Äußerungen und werden explizit oder implizit korrigiert, wenn sie beispielsweise ein falsches Lexem wählen. Interaktion hat demnach nicht nur die Funktion die Kommunikation zu ermöglichen, sondern auch die Sprache zu lernen (vgl. Ellis, R. 2008b).

4.2.2 Interaktionale Modifikationen und Formaushandlung

Ellis, R. (1999a) weist darauf hin, dass Interaktion, Sprachgebrauch (Output) und der Erwerb einer Zweitsprache eng zusammenhängen. Interagiert der Lerner mit jemandem (interpersonelle Interaktion), löst das lernerinterne (intrapersonelle Interaktion) mentale Prozesse aus, die beim Erwerb einer Sprache involviert sind. Für die folgenden Ausführungen ist zunächst zu betonen, dass Interaktion die wechselseitige Beeinflussung mindestens zweier Menschen meint und somit immer zwei Perspektiven zu betrachten sind: die des Sprechers und die des Hörers.

Interagiert der Lerner mit einem kompetenteren Sprecher (z.B. der Lehrkraft), ergeben sich mehrere Vorteile für ihn. Zunächst erfährt er den sprachlichen Input in einer Situation der geteilten Aufmerksamkeit und (weitgehend) kontextuell eingebettet. Der Fokus liegt auf dem Verstehen und verstehensrelevanten Formen. Kommt es zu Verstehensschwierigkeiten, kann der Lerner diese anzeigen und dadurch interaktionale Modifikationen evozieren. Damit sind Veränderungen der Äußerungsform gemeint, die unter Berücksichtigung des Gegenübers ein Verstehen und einen Fortgang der Konversation sicher stellen sollen. Der kompetentere Sprecher kann seine Äußerung verändern, er kann das Gemeinte paraphrasieren oder wiederholen und dem Lerner dadurch Möglichkeiten liefern, dem Geäußerten eine Bedeutung zuzusprechen, also zu verstehen. Die Input- oder Outputmodifikationen in Form von Wiederholungen, Segmentierungen und Neuformulierungen verschaffen dem Lerner einerseits Zeit, um die Bedeutung zu entschlüsseln. Andererseits lenken sie die Aufmerksamkeit des Lerners auf problematische Form-Bedeutungspaare (vgl. Mackey 2006).

Übertragen auf die schulische Interaktion zwischen Lehrkraft und Lerner sind es die Modifikationen, die (zunächst) die Lehrkraft vornimmt, um verständlich zu machen, was gemeint ist. Sie paraphrasiert, umschreibt, erklärt und ermöglicht es dem Lerner dadurch mehr des Inputs zu verstehen. Die interaktionalen Modifikationen können aber auch vom Lerner vorgenommen werden. Aus Sicht des Lerners nimmt er Anpassungen und Veränderungen vor, er modifiziert als Reaktion auf seinen Interaktionspartner (meist die Lehrkraft) seinen Output und erhält Feedback hinsichtlich der Korrektheit oder des Erfolgs seiner Äußerung. Dieser Druck sich zu äußern und zwar so, dass der Interaktionspartner versteht, wird als weiterer Vorteil der Interaktion gesehen (vgl. Swain 1985, Mackey 2005).

Der Gegenstand von Aushandlungsprozessen kann die Bedeutung oder die Form des Geäußerten sein.[10] Je nachdem spricht man von Bedeutungs- oder Formaushandlung (*negotiation for meaning vs. negotiation of form*, vgl. Ellis, R. 2008b). Theoretisch liegt der Unterschied darin, dass Formaushandlung sprachdidaktisch motiviert ist. Der Lernerfokus wird auf eine Form gelenkt, obwohl bereits verstanden wurde, d.h. es liegt kein echtes Kommunikationsproblem vor, während Bedeutungsaushandlung dann auftritt, wenn gegenseitiges Verstehen nicht gegeben ist. Die Grenze zwischen Bedeutungs- und Formaushandlung erscheint dennoch oftmals schwer zu erkennen. Wann ist die Bedeutung verstanden, ohne die Form zu fokussieren? Entscheidender ist die Intention (aus Sicht der Lehrkraft), die hinter der Aushandlungssequenz steht. Blex (2006) betont in diesem Zusammenhang den Unterschied zwischen konversationsorientierter Bedeutungsaushandlung, didaktisch motivierter Formaushandlung und korrektivem Feedback. Formaushandlungen schließen Blex zufolge zwar immer korrektives Feedback ein, gleichzeitig aber involvieren sie den Lerner und fordern eine aktive Teilhabe an der Aushandlung des sprachlichen Produkts. Im Unterschied zu rein korrektivem Feedback handelt es sich bei FoF um eine **Reparaturstrategie**, die sowohl das gegenseitige Verstehen als auch den korrekten und angemessenen Sprachgebrauch zum Ziel hat.

Den Ausgangspunkt für Aushandlungssequenzen stellen konkrete Äußerungen eines Lerners dar. Die Lehrkraft reagiert darauf und initiiert eine Sequenz, deren Merkmale hinsichtlich ihres sprachförderlichen Potenzials untersucht werden. Die Frage ist dann, wie die Lehrkraft das Problem anzeigt, und wie sie den Lerner zur Überarbeitung der Äußerung bewegen kann. Es geht also um das Feedback, das einen Hinweis liefert, inwiefern

---

10 Ellis, R. (2003, 71f.) weist darauf hin, dass in den Aushandlungssequenzen meist sprachliche (form- oder inhaltsbezogene) Probleme fokussiert werden. Es entstehen jedoch ähnliche oder gleiche Sequenzen, wenn tatsächliche Wissenslücken ausgehandelt werden müssen. In Anlehnung an Rulon und McCreary (1986) spricht er von *negotiation of content*.

die Äußerung ‚erfolgreich' war und evtl. auch eine Aushandlung anregt. Aus Sicht des Lerners ist zu fragen, wie dieser den Hinweis interpretieren kann. Woher weiß er, wie die Reaktion der Lehrkraft gemeint ist, worauf genau sie sich bezieht und welchen Teil seiner Äußerung er be- oder überarbeiten soll? Es geht um den lernerseitigen Output und die ihm möglichen Veränderungen in Folge des Feedbacks bzw. der Reaktion der Lehrkraft. Um diese Aushandlungssequenzen zu beschreiben, haben Varonis/Gass (1985) folgendes Modell entwickelt.[11]

T - I - R - RR

T steht für die Äußerung, die als Auslöser (*Trigger*) für die Aushandlung fungiert. Gewisse Elemente dieser Äußerung sind problematisch hinsichtlich der Form oder der Bedeutung. Die Reaktion darauf ist als Indikator (**I**, *Indication*) zu deuten. Dieser sollte dann in Abhängigkeit von der Form bzw. dem Sprachbereich, der fokussiert wird, dem Lerner und seinen Möglichkeiten und der Situation, gewählt werden. Die Indikation des Problems hat eine Reaktion des Lerners zum Ziel (**R**, *Response*), die unterschiedlich aussehen kann. Aus theoretischer und praktischer Perspektive ist interessant, welche Lernerreaktionen als Hinweis auf Erwerb oder Entwicklung gedeutet werden, da aufgrund von Beobachtungen auf interne kognitive Prozesse geschlossen werden muss. Der Lerner kann verschiedene Reaktionen zeigen (vgl. Ellis, R. 2012).[12] Diese werden unter dem Begriff *uptake* diskutiert. *Uptake* kann als vollständige oder teilweise Reparatur der fehlerhaften Äußerung verstanden werden, es ist aber auch möglich, dass der Lerner keine Reaktion zeigt und somit der Schritt R fehlt. *Uptake* deutet zwar darauf hin, dass das Feedback bemerkt wurde, er ist aber kein Beleg dafür, dass Erwerbsprozesse stattgefunden haben. Der Überarbeitung des geäußerten Outputs[13] wird im Rahmen der Interaktionsstudien zwar eine wichtige Rolle beigemessen, aber selbst wenn der Lerner seine Äußerung (teilweise) repariert, ist fraglich, inwiefern dieser modifizierte

---

11 Dieses Modell diente als Ausgangspunkt für die Auswertung der Daten im empirischen Teil, wobei Erweiterungen vorgenommen werden mussten, um die *Einbettung der Formfokussierung* in der Analyse berücksichtigen zu können (vgl. Kap. 5).

12 Siehe Kap. 6.

13 Swain (1985, 1998) hat in diesem Zusammenhang den Begriff des verständlichen Outputs (*comprehensible output*) in Anlehnung an den Begriff des verständlichen Inputs in die Diskussion eingebracht.

Output langfristige Veränderungen im lernersprachlichen System verursacht. Wiederholt der Lerner die korrigierte Form oder greift die Korrektur anderweitig auf, kann dies rein mechanisch geschehen. Außerdem ist auch der umgekehrte Weg denkbar: der Lerner zeigt keine Reaktion, obwohl er aufmerksam wurde (vgl. Nassaji 2009). Der Schritt **RR** (*Reaction to Response*) in einer Aushandlungssequenz steht für die Reaktion der Lehrkraft, die auf die Lernerreaktion folgt. Diese ist nicht zwingend, d.h. eine Aushandlung kann auch ohne abschließende Reaktion der Lehrkraft enden.

Das Potenzial von interaktionalen Aushandlungsprozessen liegt darin, dass mehr des Inputs für den Lerner verständlich wird und der Fokus auf die verstehensrelevanten Formen gelenkt werden kann. Dadurch – so die Annahme – erhöht sich der lernerseitige Intake und der Erwerb der L2 wird erleichtert. Die neuere Version der Interaktionshypothese (Long 1996) besagt:

„[...] negotiation for meaning, and especially negotiation work that triggers interactional adjustments by the NS[14] or more competent interlocutor, facilitates acquisition because it connects input, internal learner capacities, particularly selective attention, and output in productive ways." (Long 1996, 451-2)

Im Unterschied zur ersten Version der Interaktionshypothese (Long 1983) erklärt die neuere Version, wie durch einen FoF, der während der inhaltsbezogenen Interaktion als Nebensequenz auftritt, der L2-Erwerb vereinfacht wird.[15] Durch die interaktionalen Strategien werden Formen in den Fokus genommen, die für das Verstehen der mitgeteilten Information zentral sind. Der Lerner ist involviert, indem er selbst Äußerungen produziert, die verstanden werden sollen und er erhält eine Rückmeldung, inwiefern das von ihm Geäußerte erfolgreich war. Long favorisiert als Interaktionsstrategie zur Realisierung des FoF *recasts*, es gibt aber noch andere Möglichkeiten, während der Bedeutungsaushandlung den Fokus auf eine relevante Form zu lenken (siehe dazu Abschnitt. 4.2.3). Wichtig ist,

---

14 NS steht für *Native Speaker* und meint den kompetenteren Sprecher, z.B. die Lehrkraft.

15 Für einen Überblick über die erste Version der Interaktionshypothese und die Kritik an ihr, siehe Ellis, R. (2008b).

dass der FoF in diesem Sinne ein Teil der interaktionalen Aushandlung ist und nicht alleinstehend, d.h. ohne Berücksichtigung von inhaltsbezogener Kommunikation und Bedeutungsaushandlung gesehen werden kann. Für die Lehrkraft, die FoF implementieren will, ist es demnach zentral, die Rolle der Interaktion bzw. der Interaktionsmuster und Interaktionsstrategien zu kennen und bewusst zu nutzen (siehe dazu Kap. 4).

Obwohl die neuere Version der Interaktionshypothese den Zusammenhang zwischen der Interaktion und dem Erwerb einer L2 besser erklärt als die erste Version, gibt es gewisse Einschränkungen. Zunächst ist davon auszugehen, dass es andere Interaktionsmuster als die Bedeutungsaushandlung gibt, die u.a. auch den L2-Erwerb unterstützen können. Abgesehen davon wird darauf hingewiesen, dass Bedeutungsaushandlung kein einheitliches Phänomen ist und sich je nach Gegenstand und situativen Gegebenheiten unterschiedlich gestaltet. Deshalb ist nicht davon auszugehen, dass bei der Aushandlung von Bedeutung immer dieselben Interaktionsmuster und Möglichkeiten für einen FoF entstehen. Und schließlich ist der Lernstand wichtig, ob und wie Bedeutung ausgehandelt werden kann (vgl. Ellis, R. 2008b).

Wie Interaktion zum Lernen einer fremden oder zweiten Sprache beiträgt, ist bisweilen nicht eindeutig geklärt und Gegenstand zahlreicher Untersuchungen. Generell ist offen, welche interaktionalen Modifikationen den Input verständlicher machen und wie während der Interaktion Lerngelegenheiten für L2-Lerner geschaffen werden. Außerdem wird untersucht, wie Feedback wirkt und Lerner dieses interpretieren und schließlich geht es um den Nutzen von interaktionalen Modifikationen in Abhängigkeit von den Bereichen der Zielsprache (vgl. Mackey 2005). Betont sei, dass im Rahmen von Interaktionsstudien keine ursächlichen Zusammenhänge zwischen Interaktion und Spracherwerb angenommen werden, aber Vorteile in der Verknüpfung des Inputs, der lernerinterne Kapazitäten, insbesondere der selektiven Aufmerksamkeit des Lerners und des Outputs gesehen werden. Zusammenfassend sind es folgende drei Mechanismen, die während interaktionaler Aushandlungen als positiv angenommen werden (vgl. Ellis, R. 2008b):

- Erstens erfährt der Lerner in der Interaktion den zweitsprachlichen Input kontextuell eingebettet.

- Zweitens steht der Lerner (mehr oder weniger) unter Druck, die L2 als Kommunikationsmedium zu verwenden, d.h. Output zu produzieren, was wiederum Feedback zur Folge haben kann. Dieses Feedback fördert *noticing* und *noticing the gap*.

- Drittens erhält der Lerner während der Interaktion die Möglichkeit, sein bestehendes lernersprachliches Wissen anzuwenden und so zu automatisieren.

Kontexteinbettung und Bedeutsamkeit

Für das Verständnis von FoF sind die Begriffe *Kontext* und *Bedeutsamkeit* grundlegend. Der Begriff *Kontext* bezieht sich einerseits auf die Situation, in der eine Äußerung vorkommt und umfasst damit alle Merkmale der Kommunikationssituation wie Alter, Geschlecht oder Vorwissen der Interaktionspartner, aber auch äußere Umstände wie Ort und Zeit oder die Beziehung zwischen den Interagierenden. Andererseits bezieht sich der Begriff auf den sprachlichen Kontext (auch Kotext) von Äußerungen, der der Textlinguistik entnommen ist. Zu den Bereichen von Kontext zählen u.a. deiktische Mittel, textkonstituierende Elemente wie Anaphorik, Kataphorik oder auch Kontextualisierung und nonverbale Mittel wie Gestik oder Mimik (vgl. Glück 2000).[16]

Sprachliche Elemente sind dekontextualisiert – d.h. ohne Kontext – schwierig zu verstehen und beziehen sich ausschließlich auf die referentielle Bedeutung, jenen Bedeutungskern, der kontextunabhängig ist (vgl. dazu Kap. 3). Begriffe bilden sich durch die häufige Konfrontation in verschiedenen Kontexten heraus und ein Lerner benötigt den Kontext inklusive der Situation, der Teilnehmer und der Zielsetzung, um zu verstehen und sprachliche Äußerungen zu interpretieren. Für die Verarbeitung von Form, Bedeutung und Gebrauch ist es erforderlich, dass der Lerner die Form in einer konkreten, sinnhaften Sprachverwendungssituation erfährt. Dadurch wird der Korrelationsprozess zwischen Form und Bedeutung unterstützt (vgl. Kap 3.1). Portmann begründet diese Forderung folgendermaßen:

---

16 Der Begriff *Kontext* wird außerdem zur Spezifizierung der Spracherwerbs- und Sprachlernsituation genutzt. Man unterscheidet Fremdspracherwerbskontext von Zweitspracherwerbskontext und Immersionskontext, sowie das Klassenzimmer und das Labor als unterschiedliche Kontexte. Diese Kontextvariablen werden u.a. zur Erklärung unterschiedlicher Ergebnisse in Bezug auf die Formfokussierung herangezogen (vgl. Philp/Tognini 2009).

„Der beobachtbare Gang der Sprachentwicklung vom Lexikalischen zum Grammatischen (allgemeiner: von Sprachmitteln, die unmittelbar die Mitteilungsinhalte betreffen,
zu Sprachmitteln, die die syntaktisch durchgeführte Organisation der Mitteilung ermöglichen) zeigt, dass die Form-
Bedeutungsrelationen nicht auf einmal erkannt werden können. Vielmehr *re-konstruieren* die Lernenden aufgrund des Inputs Zug um Zug das zugrundeliegende System der Zielsprache." (Portmann 2003, 33)

Knapp et al. (2008) unterscheiden zwischen formaler und kontextualisier-
ter Sprachfokussierung. Kontextuelle Einbettung ist dabei über außer-
sprachliche oder sprachliche Handlungsformen gegeben wie z.B. Lieder
singen, um die phonologische Bewusstheit zu fördern oder sich gegenseitig zu massieren und dabei die Körperteile zu benennen oder zu erfragen. In solchen Situationen werden die sprachlichen Mittel angewendet
und sollen die Chancen auf Lernerfolg erhöhen, da – so die theoretische
Annahme – *„Kinder Sprache mit Unterstützung einer kontextuellen Einbettung leichter und besser erwerben können."* (Knapp et al. 2008, 286).
Bei dekontextualisierter Formfokussierung werden sprachliche Elemente
isoliert und ohne Verwendungskontext geübt.

Die Einbettung der Form in einen für den Lerner bedeutsamen Kontext ist
entscheidend, damit der Lerner mit der Form eine Bedeutung verbinden
kann. Der Begriff der Bedeutsamkeit ist lernpsychologisch zu verstehen
und meint die emotionale Involvierung des Lerners in der Auseinanderst-
zung mit den Inhalten oder Themen (vgl. Timm 2009). Bedeutsamkeit der
im Unterricht thematisierten Inhalte ist für die Verankerung im Gedächtnis entscheidend. Diese ist jedoch individuell und nur bedingt steuerbar.
Seedhouse (1997a) weist darauf hin, dass häufig stark vereinfacht wird,
was unter einer bedeutsamen Unterrichtsaktivität zu verstehen ist. Die
Bedeutsamkeit wird vom Individuum individuell konstruiert und kann
daher nicht im Vorhinein als gegeben angesehen werden. Als Hinweis auf
Involvierung nennt Van Lier (1998) die aktive Teilnahme am Unterricht
und die selbstinitiierte Sprachverwendung. Auch worauf der Lerner seine
Aufmerksamkeit ausrichtet, liefert Hinweise auf die Bedeutsamkeit, die er
den jeweiligen Lerngegenständen beimisst.

Wie bereits ausgeführt wurde, ist die Bedingung für FoF ein auf Inhalt
und Verstehen ausgerichteter Diskurs. Dieser bildet den sprachlichen und

situativen Kontext für die Formen. Wenn die kommunizierten Inhalte für die Lerner auch bedeutsam sind, ergibt sich dadurch nicht nur ein angeregteres Gespräch, sondern es erhöht sich, so wird angenommen, auch die Wahrscheinlichkeit, dass die fokussierten Formen aufgrund ihrer – individuell beigemessenen – Bedeutsamkeit besser behalten werden. Außerdem ist in diesem Fall die Bereitschaft der Form Aufmerksamkeit zu widmen evtl. höher.[17]

4.2.3 Feedback und Formfokussierung

Feedbacktechniken dienen dazu dem Lerner eine Rückmeldung bezüglich des Erfolgs seiner Äußerung zu geben. Außerdem kann mithilfe von Feedback der Lernerfokus auf bestimmte Aspekte der Äußerung gelenkt werden. Damit ist Feedback eine wichtige Technik, um FoF umzusetzen. Je nach eingesetzter Technik wird die Formfokussierung unterschiedlich explizit oder implizit realisiert. Es folgt eine Darstellung der gängigen Feedbacktechniken. Anschließend wird erneut auf die Rolle des Diskurses, in diesem Fall bei der Interpretation von Feedback, eingegangen.

Feedbacktechniken

Es existieren verschiedene theoretische Ansätze und empirische Untersuchungen zum Auftreten und den Effekten verschiedener Feedbacktechniken. Meist werden folgende Feedbacktechniken unterschieden:

1. Reformulierungen bzw. sog. *recasts*

2. Nachfragen

3. Wiederholen

4. Elizitieren

5. Metasprachliches Feedback

6. Explizite Korrektur

---

17 Auch der umgekehrte Einfluss ist denkbar, d.h. eine hohe Bedeutsamkeit kann den Fokuswechsel auf die Formseite erschweren. Auf diesen Punkt wird im empirischen Teil näher eingegangen.

Aus theoretischer und praktischer Sicht ist interessant, wovon Lerner mehr profitieren: von klar formbezogenem Feedback, das formale Fehler deutlich anzeigt oder von unaufdringlichen, ins Gespräch integrierten Varianten? Außerdem ist zu fragen, welche Faktoren (individuelle und kognitive Faktoren bis hin zu situativen Gegebenheiten) bei der Interpretation des Feedbacks durch den Lerner eine Rolle spielen. Welche Technik eignet sich wann und sollte wie implementiert werden? Die folgenden Abschnitte beschäftigen sich mit diesen Fragen.[18]

Reformulierung (*recast*)

Als *recast* bezeichnet man jene Feedbackstrategie, bei der die Lehrkraft die fehlerhafte oder problematische Äußerung des Lerners korrigierend aufgreift. Es handelt sich um „*a well-formed reformulation of a learner's nontarget utterance with the original meaning intact [...]*" (Lyster 2004, 403). *Recasts* werden meist als implizite Feedbacktechnik beschrieben „*because such feedback implies, rather than explicitly indicates, that the learner's utterance is inappropriate*" (Nassaji 2009, 422). Long (2012) liefert folgendes konstruiertes Beispiel eines korrigierenden *recasts*:

Long (2012):

Learner: I see a man he steal a lady bag.

Interlocutor: Really? **He stole her bag?** *Did you help her?*

Learner: Yes! The man run!

Interlocutor: **He ran away?**

Learner: Yes.

Interlocutor: Did you catch him?

Learner: No he was so fast.

Long (2012) erklärt *recasts* als Reformulierungen eines Teils oder der gesamten vorausgehenden Lerneräußerung, wobei fehlerhafte lexikalische

---

18 Die hier vorgestellten Techniken werden auch zur Auswertung der Daten im empirischen Teil herangezogen. Dabei ist von Interesse, inwiefern die Techniken wie beschrieben vorkommen und welche Abweichungen es davon gibt. Im Vordergrund steht dabei die Frage nach der Angemessenheit und dem Nutzen der jeweiligen Vorgehensweise im Kontext.

oder grammatische Elemente durch zielsprachenkonforme ersetzt werden. Außerdem bleibt der Fokus beider Interaktionspartner auf dem Inhalt, nicht auf der Form. Die Lehrkraft hat mittels *recasts* die Möglichkeit den Fokus der Lerner unaufdringlich auf formale Fehler zu lenken ohne das inhaltliche Gespräch unterbrechen zu müssen.

Dass auch *recasts* als explizit-formbezogene Feedbacktechnik eingesetzt werden können, betonen u.a. Lyster (2004) und Farrokhi (2011). Farrokhi unterscheidet in seiner Untersuchung sog. *marked recasts* von *unmarked recasts*. Bei *marked recasts* hebt die Lehrkraft die fehlerhafte Äußerung durch Isolierung und steigende Intonation hervor, betont die Reformulierung oder wiederholt die falsche Form bevor sie korrigiert wiedergegeben wird. Er definiert markierte *recasts* als *„a teacher's implicit corrective reformulation of a student's non-target like production while preserving the meaning of the student's utterance and highlighting or marking the reformulation in a number of ways."* (Farrokhi 2011, 109) Die Hervorhebung erfolgt durch a) Isolierung der Reformulierung und/oder b) Betonung der Reformulierung und/oder c) Wiederholung der Reformulierung durch die Lehrkraft selbst. Dadurch, so Farrokhi, erhöht sich die kognitive Prominenz der korrekten Form und erleichtert dem Lerner den Unterschied zwischen fehlerhafter und korrekter Äußerung – im Sinne von *noticing the gap* – wahrzunehmen. Der primäre Fokus bleibt auf der inhaltlichen Ebene, dennoch, so argumentiert Farrokhi, erhöht sich die kognitive Salienz durch die Juxtaposition von falscher und korrekter Form, wodurch der Lerner einen kognitiven Vergleich einfacher anstellen kann. Im Unterschied zu expliziten Korrekturen oder Aushandlungen ist der Lerner zu keinem Zeitpunkt aufgefordert, seine Äußerung selbst aktiv zu korrigieren oder explizite Information über die Form zu verarbeiten. Bei unmarkierten *recasts* hebt die Lehrkraft die Reformulierungen nicht hervor, sondern reformuliert ohne zusätzliche aufmerksamkeitserregende Hinweise hinzuzufügen.

Lyster (2004) vergleicht die Effekte von *recasts* und *prompts*[19] als Feedbacktechniken und kommt zu dem Ergebnis, dass die Lerner, die *prompts* erhalten, bessere Leistungen erzielen, als jene, die *recasts* oder kein Feedback erhalten. Auch bei Mackey (2006) schneiden *recasts* schlecht ab. Die

---

19 Unter *prompts* fasst man alle Feedbacktechniken zusammen, die den Lerner dazu anregen seine fehlerhafte Äußerung selbst zu korrigieren.

Lerner berichten seltener *noticing*, wenn *recasts* als Feedbacktechnik eingesetzt wurden.

Nachfragen

Lyster (1998, 2004) weist darauf hin, dass die im Unterricht eingesetzten Feedbacktechniken häufig uneindeutig bzw. zweideutig sind. Insbesondere bei Nachfragen (*Requests for clarification*) ist es schwierig zu entscheiden, ob sich diese auf den Inhalt des Gesagten oder die Form beziehen. Nachfragen werden sowohl als Kommunikationsstrategie als auch als Feedbacktechnik eingesetzt. Sie sind als outputfordernde Strategie zu bezeichnen, da sie den Lerner auffordern, seine Mitteilung erneut zu äußern. Als Nachfrage bezeichnet man „[...] *any expression that elicits clarification of the preceding utterance.*" (Ellis, R. 2003, 71) Die Frage, ob der Lerner die Nachfrage auf die Form oder auf den Inhalt seiner Äußerung bezieht, ist ein kritischer Aspekt dieser Feedbacktechnik. Meist wird dieser Interaktionsschritt durch Äußerungen wie „*Wie bitte?*" oder „*Kannst du das noch einmal sagen?*" realisiert. Das folgende Beispiel illustriert Nachfragen als formbezogene Feedbacktechnik:

Ellis, R. (2003, 71)

A: I was really chuffed.

B: Uh?

A: Really pleased.

Nachfragen werden zur Gruppe der sog. *prompts* gezählt und fordern den Lerner zur Selbstkorrektur auf. Auch Wiederholungen, metasprachliche Hinweise und Elizitierungen gehören zu dieser Gruppe und sind im Vergleich zu *recasts* kognitiv aufdringlicher.

Wiederholen

Bei der Wiederholung repliziert die Lehrkraft die fehlerhafte Äußerung mit steigender Intonation oder betont den Fehler. Die Lerneräußerung zu wiederholen ist eine outputfordernde Feedbacktechnik, die sehr aufdringlich oder sehr unaufdringlich realisiert werden kann (vgl. Ellis, R. 2008b). Problematisch ist, dass der Lerner falschen Input erhält. Außerdem ist fraglich, wie zielführend ein solches Vorgehen ist, wenn man bedenkt, dass der Lerner evtl. über die zur Überarbeitung benötigten sprachlichen Mittel noch nicht verfügt. Beispiel:

Lyster/Ranta (1997, 48)

S: Le ... le giraffe?

T: LE giraffe?

Elizitieren

Beim Elizitieren wiederholt die Lehrkraft die problematische Äußerung und pausiert an der Stelle, an der das Problem auftrat, sodass der Lerner ergänzen kann. Dadurch wird sein Fokus auf jene Elemente gelenkt, die fehlerhaft waren oder als problematisch angenommen werden. Eine andere Möglichkeit zu elizitieren besteht darin, direkt zu fragen, wie man etwas in der Zielsprache ausdrückt. Beispiel:

Lyster/Ranta (1997, 48)

S: Le chien peut court.

T: Le chien peut court? Le chien peut...

An diesem Beispiel aus Lyster und Ranta (1997) sieht man, dass die einzelnen Techniken auch in Kombination auftreten, was deren Explizitheit beeinflusst. Da sie der fehlerhaften Äußerung folgt und zur Überarbeitung durch den Lerner auffordert, wird sie von Ellis, R. (2008b) als explizit eingeschätzt. Nassaji (2009) bezeichnet klärendes Nachfragen („*Was?*" „*Wie bitte?*") ebenso als Eliztieren wie metasprachliche Hinweise („*Wie heißt die Form des Verbs?*") oder andere Hinweise darauf, dass eine Form fehlerhaft ist.

Metasprachliche Hinweise

Die Lehrkraft kann den Fokus des Lerners auf die Form lenken, indem sie die Lerneräußerung hinsichtlich ihrer Korrektheit kommentiert, Information bezüglich der Form liefert oder erfragt. Beispiel:

Lyster/Ranta (1997, 47)

S: Euhm euhm le, le elephant gronde.

T: Est-ce qu'on dit le elephant?

Diese Technik setzt voraus, dass der Lerner über die notwendigen metasprachlichen Begriffe bzw. die Fähigkeit der metasprachlichen Abstraktion verfügt. Insbesondere bei jüngeren L2-Lernern ist dies nicht zwingend gegeben, weshalb umso mehr eine kompetente Lehrkraft gefordert ist, die den Einsatz dieser Technik sinnvoll anbahnt und entfaltet.

Explizite Korrektur

Bei der expliziten Korrektur wird die fehlerhafte Form von der Lehrkraft durch die korrekte ersetzt und direkt darauf hingewiesen, dass ein Fehler vorliegt. Beispiel:

Lyster/Ranta (1997, 46)

S: La note pour le shot.

T: Oh, pour la, oh pour ça. Tu veux dire pour la piqure. Piqure. Oui?

Die Diskussion über den Nutzen von (expliziter) Fehlerkorrektur im Fremd-/Zweitspracherwerb und damit auch die Rolle negativer Evidenz wird z.B. in der Meta-Analyse von Li (2010) dargestellt. Grundlegend gilt, dass L2-Lerner von Feedback profitieren, dessen Einsatz und Effekt aber von zahlreichen Faktoren beeinflusst wird.

Übersicht und Kommentar

In der nachstehenden Tabelle werden die gängigen Feedbacktechniken hinsichtlich ihres Explizitheitsgrades und ihrer Funktion als inputliefernd oder outputfordernd dargestellt (vgl. Ellis, R. 2008, 227f.). Von theoretischer Relevanz ist, ob explizite Feedbacktechniken zur Entwicklung von implizitem Sprachwissen beitragen können, was wiederum die Schnittstelle zwischen explizitem und implizitem Sprachwissen unterstützen würde (vgl. Abschnitt 3.3.2). Wenn ja, ist zu klären, ob es Unterschiede in den Effekten zwischen expliziten und impliziten Techniken gibt.

Tabelle 4.1: Feedbacktechniken und ihre Funktion

Feedback	Beschreibung	Typ
recast	Reformulierung einer Äußerung oder Teile einer Äußerung unter Beibehaltung des intendierten Inhalts.	implizit, inputliefernd
Nachfragen	Bezogen auf eine vorangehende Äußerung wird zur Klärung aufgefordert.	implizit, outputfordernd
Wiederholen	Eine Äußerung wird wiederholt, wobei der fehlerhafte Aspekt betont oder hervorgehoben wird (werden kann).	implizit, outputfordernd
Elizitieren	Fragen, die darauf abzielen, dass der Sprecher die fehlerhafte Form erneut produziert.	explizit, outputfordernd
Metasprachliche Hinweise	Eine Äußerung wird kommentiert oder Fragen bezüglich der Form werden gestellt.	explizit, outputfordernd und/oder inputliefernd
Explizite Korrektur	Die fehlerhafte Form wird korrigiert und angezeigt, dass ein Fehler passiert ist.	explizit, outputfordernd und/oder inputliefernd

Die dargestellte Klassifikation der Feedbacktechniken muss insofern erweitert werden, als dass jede einzelne in ihrer Explizitheit variieren kann, je nachdem wie sie eingesetzt (Lehrerperspektive) und interpretiert (Lernerperspektive) wird (vgl. Nassaji 2009). Außerdem ist ihre Funktion nicht so eindeutig, wie bei Ellis, R. (2008b) dargestellt. Explizite Korrekturen z.B. sind häufig ein Mittel, um den Fehler anzuzeigen und dann den Diskurs rasch weiterlaufen zu lassen. Gerade diese sehr explizite Technik ist nicht unbedingt dazu gedacht, Aushandlungsprozesse anzuregen. Und auch *recasts* können durch häufiges Auftreten, Intonation oder Länge durchaus explizit interpretiert werden und evtl. Output einfordern (vgl. Doughty/Varela 1998, Farrokhi 2011). Dasselbe gilt für die Technik des Elizitierens.

Allgemein werden explizitere Feedbacktechniken als effektiver beschrieben als implizite. So zeigen Mackey/Oliver (2002) in ihrer Untersuchung, dass Elizitieren und Nachfragen zu mehr Lernzuwachs führen als *recasts*. Lyster and Ranta (1997) weisen nach, dass der Explizitheitsgrad verschiedener

Techniken unterschiedliche Effekte hat und auch Nassaji (2009) widmet sich den unterschiedlichen Effekten von *recasts* und Elizitierung.

Zur Interpretation von Feedback

Formfokussierung geschieht im Rahmen des Unterrichtsdiskurses. Darin vorkommende wiederkehrende Muster (sog. *frames*, vgl. Tannen 1997, zit. in Batstone 2007, 92) zu erkennen, macht eine Interpretation des jeweils Gesagten erst möglich. Im Zusammenhang mit FoF geht es um wiederkehrende Diskursmuster in der Unterrichtskommunikation, die eine Interpretation von Feedbacktechniken und der dahinter liegenden Intention erst ermöglichen.

Batstone (2007) betont, dass diskursive Mittel wie z.B. Nachfragen oder Wiederholen nicht zwingend als Aufforderung zur Überarbeitung des eigenen Outputs interpretiert werden müssen. Erst durch ein Erkennen des *frames*, der die Interpretation ‚Form' oder ‚Formkorrektheit' inferieren lässt, führt dazu, dass der Lerner den Fokus auch der sprachlichen Form widmet und die Feedbacktechnik nicht als ‚normales' diskursives Mittel versteht. Die interpretativen Dispositionen und das Erkennen eben jener *frames* sind, so Batstone, für das Gelingen einer formaushandelnden Sequenz verantwortlich. Erst durch die Antizipation von Diskursverläufen – *„a learner's sense of where the discourse is heading"* (Batstone 2007, 98) – ist eine Fokussierung der jeweils intendierten Aspekte bzw. ein Verstehen der Intention möglich.

Aus didaktischer Sicht erscheint es deshalb sinnvoll Lerner auf die Formfokussierung ‚vorzubereiten', d.h. ihnen die Interpretation der *frames* zu erleichtern und sie auf Form oder Inhalt hin zu orientieren. Wichtig ist, dass nicht nur der Lerner erkennen muss, wie der Diskurs zu interpretieren ist, sondern insbesondere auch die Lehrkraft diesen antizipiert und lenkend eingreifen kann. Wenn man Formfokussierung im Unterrichtskontext betrachtet, müssen die der Formaushandlung *vorausgegangenen* Äußerungsschritte betrachtet werden (vgl. Batstone 2007).[20]

Die Lehrkraft muss demnach nicht nur die unterschiedlichen Feedbacktechniken kennen und gezielt einsetzen können. Sie muss v.a. beachten, dass die Interpretation der Lerner über den tatsächlichen Fokus und Ex-

---

20 Dieser Aspekt ist für die Auswertung der empirischen Daten von zentraler Bedeutung, vgl. Abschnitt 5.2.

plizitheitsgrad des Feedbacks entscheiden. Ein *recast* z.b. kann durchaus als explizites Feedback verstanden werden, obwohl es klassischerweise als unaufdringliche Feedbacktechniken gesehen wird (vgl. Long 2012). Erwähnenswert erscheint außerdem, dass outputfordernde Strategien voraussetzen, dass der Lerner weiß, was an seiner Äußerung nicht korrekt ist. Feedbacktechniken werden außerdem nicht beliebig, sondern u.a. in Abhängigkeit vom Fehlertyp und vom Unterrichtskontext eingesetzt (vgl. Lyster 2004, Seedhouse 1994).

Fazit

Festgehalten werden kann demnach:

1. Formen in verschiedenen Kontexten zu erfahren, führt dazu, dass der Lerner die Bedeutungsnuancen auch komplexer oder grammatischer Formen kennenlernt.

2. Durch häufige Begegnung der Form wird diese stabiler (i.S.v. dauerhaft gespeichert).

3. Feedback hat die Funktion, falsche oder unzureichende Verbindungen zwischen Form und Bedeutung zu verändern bzw. die selektive Aufmerksamkeit des Lerners auf bestimmte Aspekte der zielsprachigen Form-Bedeutungsverbindung zu lenken.

4. Die Unterschiede in der Interpretation von Feedback hängen von der Interpretation des Unterrichtsdiskurses durch den Lerner ab. Der Unterrichtsdiskurs orientiert den Lerner bereits auf die Form oder den Inhalt und muss bei der Einschätzung von Feedbacktechniken betrachtet werden, um Gelingen oder Misslingen von Formfokussierung zu erklären.

Abschließend gilt, dass FoF während der inhaltsorientierten Kommunikation auftritt und die geplanten Aktivitäten so implementiert werden, dass sich Gelegenheiten für einen interaktiven Austausch und eine Fokussierung relevanter Formen sinnvollerweise ergeben. Es geht also um die Interaktion zwischen Lehrkraft und Lerner (bzw. Lerner und Lerner), die eine Fokussierung formaler Aspekte der L2 erlaubt und gleichzeitig die Plattform für inhaltsorientierte Kommunikation darstellt.

Um die Qualität der Unterrichtskommunikation einzuschätzen wurden verschiedene Kategorien entwickelt. Diese werden in weiterer Folge diskutiert und zwar in Hinblick darauf, wie die Lehrkraft die maßgebliche Inhaltsorientierung im Unterricht zur Realisierung von FoF erreichen kann.

4.2.4 Form- und Inhaltsorientierung im Unterrichtsdiskurs

Die grobe Einteiltung zwischen der primären Orientierung auf Form oder Inhalt, wie sie von R. Ellis (2001) zur Unterscheidung zwischen Focus on Form (geplant und spontan) und Focus on FormS vorgelegt wurde, lässt sich anhand verschiedener Kategorien konkretisieren. Dabei gilt als Prämisse, dass die Orientierung nicht statisch ist, sondern sich im Laufe des Unterrichts verändern kann. Diese Herangehensweise zeichnet kontextbasierte Ansätze aus, die m.E. der unterrichtlichen Wirklichkeit näher kommen, als einseitige Festlegungen einer Orientierung, wie dies oftmals bei der Charakterisierung von FoF und der Abgrenzung zu FoFS erfolgt. Die angeführten Kategorien sind damit als Hinweise zu verstehen, ob es sich um eine (eher) formorientierte oder eine (eher) inhaltsorientierte Unterrichtsphase handelt. Folgende Kategorien werden in weiterer Folge diskutiert:

- die Themen

- die ausgetauschte Information

- die Aktivitäten

- die Fragen, Antworten und Evaluierungen durch die Lehrkraft

- das Feedbackverhalten der Lehrkraft

- die Lerneräußerungen bzw. Antworten auf Fragen der Lehrkraft

- die Rollen von Lehrkraft und Lernern

- die Ziele (der Lehrkraft)

Einen ersten Hinweis auf die Orientierung der Unterrichtsphase liefern die Themen, die behandelt werden. Diese stehen im inhaltsorientierten Unterricht deutlich im Vordergrund. Im formorientierten Unterricht spielen die Themen eine untergeordnete Rolle und das *Wie* gesprochen wird, steht

147

im Vordergrund. R. Ellis (1999b) spricht in diesem Zusammenhang von
„*activity-orientation*" bzw. „*topic-orientation*".

Die Betonung der Themen auf der einen Seite und der Korrektheit auf
der anderen Seite hat Auswirkungen auf den Informationsgehalt der ausgetauschten Information. Liegt der Hauptfokus auf den Themen, wird
(meist) neue, unvorhersagbare Information ausgetauscht, was mit einer
speziellen Motivation die L2 zu gebrauchen, einhergeht. Im formorientierten Unterricht wird dagegen häufig Information ausgetauscht, die für die
Lerner und/oder die Lehrkraft nicht neu ist. Es gibt oftmals kein ‚echtes'
Bedürfnis zu kommunizieren. Häufig wird Information ausgetauscht, die
leicht inferierbar oder bereits bekannt ist. In diesem Fall steht die Übung
der Formen im Vordergrund und das, *Was* mitgeteilt wird, rückt deutlich
in den Hintergrund.

In direktem Zusammenhang damit stehen die durchgeführten Aktivitäten.
Im inhaltsorientierten Unterricht werden hauptsächlich Lernaufgaben eingesetzt. Im Vordergrund steht ein nicht-sprachformbezogens Ziel, das es zu
erreichen gilt. Im formorientierten Unterricht werden Übungen bevorzugt.

Die gestellten Fragen liefern ebenfalls Hinweise auf die primäre Orientierung der Unterrichtsphase. Allgemein gelten Fragen als Grundwerkzeug
und werden eingesetzt, um Information zu elizitieren, Verstehen zu überprüfen oder Verhalten zu kontrollieren (vgl. Hasan 2006). Sie können als
echte Fragen neue Information elizitieren oder als *pseudo* Fragen bekannte Information zu Übungszwecken einfordern. In diesem Fall handelt es
sich um sog. *display questions*, die von der Lehrkraft häufig eingesetzt werden, um bestimmte Strukturen zu erfragen. Der Informationsgehalt dieser
Fragen und deren Antworten ist dabei sehr gering. Zudem werden häufig Antworten gegeben, die den Vorstellungen der Lehrkraft entsprechen,
da diese die Antworten gezielt zu elizitieren versucht. Die im Unterricht
gestellten Fragen sind vielfach untersucht worden. Sie erfüllen dort eine
Vielzahl von Funktionen, weshalb sie auch schwierig zu kodieren sind (vgl.
Ellis, R. 2012). Differenzieren lassen sich Fragen hinsichtlich ihrer Form
(Entscheidungsfrage vs. Ergänzungsfrage, W-Frage), ihres kommunikativen Werts (neue vs. bekannte Information[21], ihres kognitiven Anspruchs
(reproduzierend vs. herausfordernd) und ihrer Orientierung (auf Form
oder Inhalt)(vgl. Hakansson und Lingberg 1988, zit. in Ellis, R. 2012, 121).

---

21 Eine andere Unterscheidung bezieht sich auf die Anzahl möglicher Antworten. Offene Fragen erlauben mehrere, geschlossene nur eine Antwort.

Fragen zu stellen, die inhaltlich anspruchsvoll sind und den Lerner zur Produktion längerer Redebeiträge anregen, ist eine wichtige und trainierbare Fähigkeit, die sich Lehrkräfte aneignen können. Um FoF-gerechten Unterricht durchzuführen, so die Schlussfolgerung, müssen Fragen kommunikativ relevant sein, d.h. neue Information elizitieren und kognitiv anspruchsvoll sein. Bei geplantem FoF sind die gestellten Fragen außerdem dahingehend zu optimieren, dass eine Beantwortung die Produktion der Zielform zur Folge hat.

Die Lernerantworten lassen Rückschlüsse auf die Rollenverteilung zu. Sprechen die Lerner frei und ungelenkt, handelt es sich um (eher) inhaltsorientierten Unterricht. Die Kontrolle, die die Lehrkraft über die Sprachproduktion des Lerners ausübt, gilt als weiteres entscheidendes Kriterium bei der Beurteilung der Unterrichtskommunikation. Diese Kontrolle bezieht sich darauf, wer wann spricht, worüber gesprochen wird und wie das Gesagte evaluiert wird. Lehrkräfte sprechen im formorientierten Unterricht (meist) nicht nur deutlich mehr, sondern initiieren auch deutlich häufiger das Gespräch. Sie legen die Themen fest und evaluieren die Lernerbeiträge inhaltlich und formal. Im inhaltsorientierten Unterricht haben auch die Lerner einen Einfluss darauf, worüber gesprochen wird, sie können z.T. selbst das Rederecht ergreifen und es kommen authentische(re) Turn-Taking-Regeln zum Einsatz (vgl. Hasan 2006, Ellis, R. 2012).

Die Häufigkeit und Explizitheit, mit der die Formaspekte thematisiert werden, sind ebenfalls ein Hinweis auf die primäre Orientierung. Seedhouse (1997a) nennt als Kennzeichen des inhaltsorientierten Unterrichts, dass der Fokus auf der flüssigen Verwendung der L2 liegt. Formalen Fehlern wird keine Aufmerksamkeit geschenkt, d.h. das Gespräch wird nicht (explizit) unterbrochen, um Fehler zu korrigieren. Explizite Hinweise auf formale Verstöße und die Verwendung von Metasprache kennzeichnen formorientierten Unterricht.

Kontextabhängige Orientierung

Dass der Begriff der *Inhaltsorientierung* problematisch ist, wurde bereits in Kap. 2 gezeigt. In Bezug auf die Orientierung des Unterrichtsdiskurses ist relevant, dass verschiedene Arten von Sprachgebrauchsformen (*language use*) im Unterricht identifiziert werden können (vgl. McTear 1975,

149

zit. in Ellis, R. 2012, 95). Nach McTear lassen sich Unterrichtsdiskurse folgendermaßen unterscheiden:

1. mechanische Bedeutung, wobei kein echter Informationsaustausch beteiligt ist;

2. bedeutungsvoll, womit eine Kontextualisierung gemeint ist, aber noch keine Information ausgetauscht wird;

3. pseudo-kommunikative Bedeutung, die zwar neue Information betrifft, die Art und Weise der Kommunikation aber unnatürlich im Vergleich zu außerschulischer Kommunikation ist;

4. echte Kommunikation, in der es zu spontaner Sprachverwendung kommt (z.B. wenn Witze erzählt werden oder Klassenmanagement geklärt wird).

Dass im Laufe des Unterrichts die primäre Orientierung wechseln kann bzw. sich verändert, wird bei sog. kontextbasierten Ansätzen berücksichtigt. Als entscheidender Faktor wird der Kontext, in dem es zur Fokussierung der Form kommt, genannt. Während dieser von R. Ellis u.a. zunächst lediglich als „kommunikativ" beschrieben, aber nicht weiter definiert wurde, zeigten nachfolgende Studien, dass sich im Unterricht verschiedene Kontexte unterscheiden lassen und es sich um kein einheitliches Konstrukt handelt. Vielmehr entstehen im Unterricht natürlicherweise unterschiedliche Kontexte, die Unterschiedliches fokussieren und ermöglichen (man spricht auch von Aufgaben- oder Interaktionstypen). Farrokhi (2011) bezieht sich in seiner Studie auf den kontextbasierten Ansatz, wie er schon früh von Seedhouse vorgeschlagen wurde.

Die grundlegende Aussage dabei ist, dass die Wahl des Feedbacks bzw. der Realisierung der Formfokussierung allgemein vom aktuellen Kontext, d.h. der konkreten Unterrichtsphase, abhängt. Je nach Zielsetzung dieser Unterrichtsphase ergeben sich Unterschiede, worauf und wie reagiert wird. Demnach sind unterrichtliche Aktivitäten und das dabei auftretende Feedback nicht einheitlich zu analysieren, sondern als abhängig von ihrem Auftreten in unterschiedlichen Kontexten zu sehen. Anders formuliert: eine Aktivität kann zu unterschiedlichen Zeitpunkten im Unterricht, sprich in unterschiedlichen Kontexten, unterschiedliche Zielsetzungen haben und sich demnach unterschiedlich auf das Interaktionsverhalten der

Interaktionsteilnehmer auswirken. Nach Seedhouse (1994) können folgende Kontexte differenziert werden:

1. ein auf Form und Korrektheit ausgerichteter Kontext (*form and accuracy context*);

2. ein Kontext, der das Klassenzimmer als Sprechergemeinschaft wahrnimmt (*classroom as speech community context*);

3. ein aufgabenorientierter Kontext (*task oriented context*);

4. ein authentischer Sprachverwendungskontext (*real-world target speech community*).

Seedhouse (1994) argumentiert, dass zwischen den Zielen und Intentionen der Lehrkraft, welche auf psychischer Ebene angesiedelt sind und den beobachtbaren sprachlichen Interaktionen zu unterscheiden ist. Ihm zufolge zeichnen sich die genannten Kontexte durch gewisse Interaktionsmuster und damit einhergehende sprachliche Gebrauchsformen aus.

Einen interessanten Hinweis in Bezug auf die Fortsetzung des Diskurses (*continuation of the discourse*), seine Merkmale und seinen Nutzen für den L2-Erwerb liefern Rost und Ross (1991, zit. in Ellis, R. 2003, 72f.). Sie betonen, dass die jeweilige Strategie bei den Nachfragen in der Interaktion bestimmt, was an Aushandlung möglich ist. Sie unterscheiden in ihrer Typologie globale Fragestrategien, lokale Fragestrategien und inferierende Strategien. R. Ellis kritisiert diese Typologie stark aufgrund mangelnder theoretischer Untermauerung und zu geringer Datengrundlage, um verallgemeinerbar zu sein. Mir erscheint es dennoch sinnvoll die Aushandlungssequenzen hinsichtlich der eingesetzten Strategien zur Gesprächsfortführung zu untersuchen, weil insbesondere die globale Variante zu wenig aussagekräftigen Interaktionsschritten zu führen scheint.

Flexibler Fokus bei der Implementierung

Der Input, den Lerner im Unterricht erhalten, unterscheidet sich nach R. Ellis (1990) je nach Unterrichtstyp hinsichtlich der kommunikativen Eigenschaften und den beobachtbaren Verhaltensweisen von Lernern und Lehrkräften. Im kommunikations- oder inhaltsorientierten Unterricht wird es den Lernern ermöglicht die L2 in möglichst unterschiedlichen Situationen und Funktionen zu erfahren und semantisch zu verarbeiten. Formorientierter Unterricht fördert dagegen eine Reflexion über die formalen Eigenschaften der L2 und begrenzt den Input viel stärker. Diese Einschätzung aufgrund der primären Orientierung erscheint plausibel, bedarf jedoch der Einschränkung, dass letztlich der Lerner immer selbst entscheidet, worauf er seinen Fokus legt und wie er den unterrichtlichen Input interpretiert. R. Ellis formuliert dies folgendermaßen:

> „An activity intended by the teacher to focus the learner's attention on form may be treated by her as an opportunity for meaningsful communication, or vice versa." (Ellis, R. 1990, 188)

Außerdem ist zu betonen, dass sich die Qualität des Inputs im Unterricht verändern und Form- und Inhaltsfokus schnell wechseln können. Der Wechsel ist demnach auf der Ebene des aktuellen Unterrichtsgeschehens, bezogen auf Unterrichtsstunden oder ganze Unterrichtskonzeptionen anwendbar (vgl. Spada 1987, zit. in Ellis 1990, 188). Worauf der Fokus liegt, ist aus der Lehrer- und Lernerperspektive einzuschätzen und anhand der Input- und Interaktionsqualität festzumachen. Der Lernstil des Lerners entscheidet schließlich darüber, wie er den angebotenen Input verarbeiten und nutzen kann.

Abschließend soll an dieser Stelle betont werden, dass beinahe jede Aktivität um einen Fokus auf Form oder Inhalt erweitert werden kann. Und um Inhalts- und Formorientierung zusammenzuführen eignet sich u.a. die Strategie, Topikalisierung durch die Lerner zuzulassen:

> „Topicalization may lead to topic sequences inserted into activity-oriented sequences." (Van Lier 1988, 154)

Festzuhalten ist, dass eine Verzahnung von Form- und Inhaltsfokussierung prinzipiell sowohl auf der Planungs-, aber auch auf der Implementierungsebene möglich ist. Der ‚erweiterte Fokus' (vgl. Abschnitt 3.3.3), so die Annahme, ermöglicht es, Strategien, wie die zuletzt erwähnte, immer besser zu erkennen und effektiv im Unterricht einzusetzen.

4.3   Zusammenfassung

In diesem Kapitel wurde versucht zu zeigen, wie sich die Planungs- und Implementierungsebene gegenseitig beeinflussen. Die Lehrkraft kann im Vorfeld versuchen den Fokus auf Form und Inhalt zu lenken. Dabei wurde der grundlegende Unterschied zwischen der Übung und der Lernaufgabe (*task*) erläutert. Daneben wurden andere Techniken vorgestellt, die sich theoretisch eignen, um Form und Inhalt im Unterricht zu fokussieren. Bereits auf der Planungsebene sind (Vor-)Wissen, Erfahrung und Überzeugung der Lehrkraft als lenkende Faktoren zu erkennen und zu hinterfragen. Diese zeigen sich auf der Implementierungsebene, indem sie beeinflussen, ob und wie die Lehrkraft Formen aufgreift, fokussiert und einbettet. Die Interaktion als Plattform für eine geschickte Verzahnung von Form und Inhalt zu nutzen, bedarf der Kenntnis grundlegender Mechanismen des menschlichen Miteinanders und verschiedener Feedbacktechniken sowie der Fähigkeit spontan und antizipierend auf Lernerbeiträge reagieren zu können. Die Flexibilität in der Interaktion mit Lernern eröffnet zahlreiche Gelegenheiten den Fokus auf die Form oder den Inhalt zu lenken. Inhaltliche Involvierung der Lerner, das Beimessen von Bedeutsamkeit, so die lerntheoretische Annahme, fördert dabei das Lernen und Behalten der Form-Bedeutungsverbindungen.

Teil II

Die empirische Untersuchung

Kapitel 5

Anlage der Untersuchung

5.1 Fragestellung

Die vorliegende Untersuchung beschäftigt sich mit der Frage, wie Lehrkräfte formale Sprachkompetenzen junger DaZ-Lerner fördern können und bewegt sich damit im Bereich der Zweitsprachdidaktik und -methodik. Im Fokus der Arbeit steht der vielversprechende Focus on Form-Ansatz aus dem angloamerikanischen Sprachraum. Die erhobenen Videodaten wurden zur Überprüfung der Umsetzbarkeit dieses Ansatzes im DaZ-Kontext und hinsichtlich der von Lehrkräften benötigten Fähigkeiten untersucht. Dabei stehen die Lehrkräfte als entscheidende Instanzen im Vordergrund. Ihr Verhalten wird bei der Realisierung der Formfokussierung als zentral angenommen und daher in den Blick genommen. Ihre Aufgabe ist es, den Fokus der Lerner auf die sprachlichen Formen zu lenken und gleichzeitig inhaltlich anregende Gespräche zu führen und inhaltsbezogene Aktivitäten zu implementieren. Die große Herausforderung besteht darin, den Wechsel zwischen diesen beiden Ebenen – Form und Inhalt – sinnvoll zu gestalten und zu Sprachförderzwecken zu nutzen. Die Fragestellung der Arbeit lautet:

> *Wie wird der Focus on Form-Ansatz von Lehramtsstudierenden nach einem Jahr der Erprobung umgesetzt und inwiefern gelingt eine Einbettung der Formfokussierung in ein inhaltlich orientiertes Unterrichtsgespräch?*

Daraus ergeben sich folgende Teilfragen:

1. Kommt es zur Formfokussierung im Sinne des FoF-Ansatzes? Welche Abweichungen davon gibt es? (deskriptiv)

2. Welche Schwierigkeiten zeigen sich bei dem Versuch Form- und Inhaltsfokussierung zu vereinen und worauf kann die Lehrkraft bei der
   Umsetzung von Formfokussierung achten? (interpretativ)

Das Ziel der qualitativ-interpretativen Untersuchung ist es, a) die tatsächliche Realisierung der Formfokussierung im Förderunterricht zu beschreiben, sie b) vor dem Hintergrund der theoretischen Vorgaben des Focus on
Form-Ansatzes hinsichtlich ihrer Qualität einzuschätzen, c) Schwierigkeiten bei der Zusammenführung von Formfokussierung und Inhaltsfokussierung im Sprachförderunterricht abzuleiten und d) didaktische Hinweise
für Lehrkräfte, die den Ansatz implementieren wollen, zu formulieren.

5.1.1 TeilnehmerInnen der Untersuchung

Für die Untersuchung wird die Umsetzung einer 90-minütigen Fördereinheit von sieben Studierenden in Kleingruppen von bis zu acht Kindern
analysiert. Bei den Studierenden handelt es sich um LehramtsanwärterInnen am Ende ihrer Bachelorphase, wobei zwei der sieben Studierenden
kein Grundschullehramt, sondern eine Ausbildung für die Sekundarstufe
absolvierten. Die Studierenden hatten als LehramtsanwärterInnen noch
wenig Unterrichtserfahrung und z.T. nur ein Schulpraktikum vor der För-
derarbeit im Rahmen des BeFo-Projekts absolviert. Aufgrund der unterschiedlichen Ausbildung und Erfahrung sind bei den Studierenden Unterschiede hinsichtlich des pädagogischen und didaktisch-methodischen sowie
linguistischen Vorwissens zu erwarten. Diese stehen jedoch nicht im Fokus
der Untersuchung.

5.1.2 Datenerhebung und Datengrundlage

Die Daten wurden im Sinne einer nicht-teilnehmenden Beobachtung mittels Videographie erhoben. Die aufgezeichneten Fördereinheiten sind im
Mai/Juni 2011 durchgeführt worden. Die Fördereinheiten wurden dabei
von den Studierenden jeweils eigenständig und ohne Hilfestellung erarbei-
tet. Ihre zentrale Aufgabe war es in dem Unterrichtsentwurf zu zeigen, wie
geplanter Focus on Form (vgl. Kap. 2) zum Zwecke der DaZ-Förderung
realisiert werden kann. Die Studierenden entwickelten Unterrichtsaktivitäten, planten den Unterrichtsablauf und darin stattfindende Interaktionen mit dem Anspruch, den theoretischen Vorgaben des Ansatzes, wie er
während des Förderjahres immer weiter konkretisiert wurde, gerecht zu

werden. Dabei sollte eine festgelegte Form im Kontext bedeutsamer Kommunikation fokussiert werden. Die entwickelten Aktivitäten und Spiele sollten zur Produktion der Zielform anregen und Gelegenheit für eine Fokussierung von festgelegten Formen bieten. Reflexionen vor und nach der Durchführung sollten zeigen, welche Aspekte die Studierenden als relevant erachteten, was sie als erfolgreich oder misslungen empfanden und wo sie Veränderungs- und Verbesserungspotenzial sehen. Diese introspektiven Daten werden ansatzweise für die Auswertung der Beobachtungsdaten herangezogen, um ein vollständigeres Bild der Lehrerrolle bei der Umsetzung von FoF zu zeichnen.

Insgesamt liegen Videodaten im Umfang von rund 325 Minuten vor. Die Unterrichtsaufnahmen wurden von störenden Klassenmanagementsequenzen bereinigt, sodass als Datenmaterial folgende Videodauer pro Studierendem[1] ausgewertet wurde:

Tabelle 5.1: Videomaterial in Minuten pro Studierendem/r

Studierende/r	Dauer Unterrichtsaufnahme (Minuten)
Studierender Tim (T)	40'
Studierende Sandra (S)	38'
Studierende Nicole (N)	56'
Studierende Anna (A)	69'
Studierende Gisela (G)	51'
Studierende Lisa (L)	28'
Studierende Claudia (C)	43'

5.1.3 Begründung der eingesetzten Methode

Für die vorliegende Untersuchung wurde ein qualitativ-interpretatives Vorgehen gewählt, weil davon ausgegangen wird, dass die eingehende und sorgfältige Analyse von Lehrer-Lerner-Interaktionen für die Sprachförderung im schulischen Kontext von zentraler Bedeutung ist und im Sinne der Entdeckung von Zusammenhängen, Bedingungskonstellationen und Erklärungen für das Gelingen oder Misslingen von Sprachförderung eine Analyse einer vertraut geglaubten Welt vonnöten ist (vgl. Oswald 2010). Bei der Untersuchung handelt es sich demnach um eine qualitative Evaluationsstudie, die sich für die Implementierung eines Sprachförderansatzes

---

1 Die Namen der beteiligten Studierenden wurden anonymisiert.

und dabei auftretende Schwierigkeiten interessiert, um schließlich Aussagen zur verbesserten Implementierung treffen zu können. Die Daten wurden einmalig erhoben und zeigen demnach einen Zustand der Implementierungsmöglichkeiten von Formfokussierung.

Es geht um die Herausforderungen, die sich bei einer Verbindung aus Form- und Inhaltsfokussierung im Unterricht mit DaZ-Lernern ergeben. In diesem Sinne ist die qualitative Exploration dazu gedacht, den Focus-on-Form-Ansatz zu konkretisieren, Konzepte zu verdeutlichen und Operationalisierungen zu begründen. Ausgangspunkt für die Auswertung sind die aus der Literatur abgeleiteten Vorgaben von FoF. Diese Vorgaben sind z.t. konkret, z.t. auch sehr abstrakt und bedürfen einer eingehenden Analyse, um Aussagen in Bezug auf den Nutzen im DaZ-Kontext treffen zu können. Viele der angloamerikanischen Studien postulieren, dass Formfokussierung sinnvoll und effektiv ist (vgl. Kap. 2). Sie gehen allerdings von einem Konzept kommunikativen Unterrichts aus, das weder hinterfragt noch in die Analysen einbezogen wird.[2] Welche Rolle die Unterrichtskommunikation bei der Umsetzung von Formfokussierung spielt, ist demnach eine Forschungslücke, obwohl sie einen wesentlichen Bestandteil einer sprachförderlichen Lernumgebung darstellt. Wie die Lehrkraft diese etablieren kann und welche Merkmale zentral sind, wird jedoch selten thematisiert. Darauf bezieht sich auch der folgende Kommentar einer Studierenden, die nach Beendigung des BeFo-Projekts die Herausforderungen bei der Umsetzung von FoF folgendermaßen zusammenfasste:

> „Die Lehrkraft muss zwischen implizit und explizit unterscheiden können, um dann entsprechend und angemessen agieren zu können. Diese Unterscheidung sollte viel stärker in die DaZ-Kurse der Lehramtsausbildung eingebaut werden, da es sich um entscheidende diagnostische Fähigkeiten und fachliche Kompetenzen handelt."

5.2 Methodisches Vorgehen

Warum sich die Interaktionspartner auf eine bestimmte Art und Weise äußern oder verhalten, kann aufgrund von Beobachtungen nicht eindeutig

---

2 Einzelne Ausnahmen bilden, wie bereits dargestellt, kontextbasierte Ansätze wie der von Batstone (2007) oder die Untersuchung von Farrokhi (2011).

geklärt werden. Es können nur begründete Annahmen, die sich aus dem beobachtbaren Verhalten schließen lassen, abgeleitet werden. Um Aussagen über die Qualität der Formfokussierung machen zu können, so wurde bereits in der Einleitung betont, ist entscheidend, warum es überhaupt dazu kommt und auf welche Art und Weise sie im laufenden Unterrichtsgespräch realisiert wird.

Um diese Einbettung erfassen zu können, wurde ermittelt, inwiefern der Kontext *Inhaltsorientierung* aufweist oder nicht. Als Anhaltspunkte dafür wurden die Aktivitäten und ihr primärer Fokus sowie das Gesprächsverhalten von Lehrkraft und Lerner(n) näher betrachtet (vgl. Kap. 4). Es zeigten sich nämlich bereits bei stichprobenartigen Auswertungen große Unterschiede in den geplanten Aktivitäten, der Qualität der Fragen und Sprechimpulse der Studierenden, dem Anteil und der Qualität der Lernerbeiträge und den Evaluierungen der Lerneräußerungen. Die forschungsleitende Hypothese lautete, dass

1. die kommunikative, inhaltsbezogene Grundorientierung im Unterrichtsgespräch nicht bei allen Studierenden gleichermaßen gegeben war;

2. die Studierenden den Inhaltsaspekt von FoF unterschiedlich gewichteten und umsetzten;

3. die Qualität der Unterrichtskommunikation einen Einfluss auf die Umsetzung der Formfokussierung hat.

Die Unterrichtssequenzen wurden mithilfe der sog. *interactional analysis* hinsichtlich ihres Sprachförderpotentials untersucht. Dabei handelt es sich um eine besondere Form der Diskursanalyse, wobei induktiv und deduktiv ein Kategoriensystem entwickelt wird, um jene Aspekte der Interaktion zu beschreiben, die als spracherwerbsförderlich angesehen werden (vgl. Ellis/Barkhuizen 2005). Sie ist keine vollständige Methode, es existieren jedoch folgende allgemeine Richtlinien für die Durchführung:

1. Definition des Untersuchungsgegenstandes, also jenes Aspekts der Interaktion, der von Interesse ist. Im konkreten Fall sind das:

   (a) die Gestaltung des Gesprächskontextes;

(b) die Umsetzung der eigentlichen Formfokussierung und ihre Einbettung ins Gespräch;

2. Ermittlung der für die Fragestellung relevanten Sequenzen;

3. Überprüfung der ermittelten Sequenzen mithilfe von *frameworks*: Ellis/Barkhuizen (2005) empfehlen auf bestehende *frameworks* zurückzugreifen und diese zu adaptieren. Die Interaktionskategorien müssen komplett operationalisiert sein und alle relevanten Sequenzen abdecken. Außerdem müssen die Kategorien disjunkt sein. Keine Äußerung soll mehr als einer Kategorie zugeordnet werden können. Abschließend ist auf den Umfang der Kategorien zu achten. Die Frage ist, wie tiefgehend die Analyse ist;

4. Darstellung der Daten: häufig werden diese quantifiziert, wobei unterschiedliche Ebenen möglich sind (*sequence, exchange, move*). Eine andere Möglichkeit stellt die Beschreibung von Schlüsselmerkmalen und deren Exemplifizierung dar. Für die vorliegende Arbeit steht die Beschreibung der Qualität von Formfokussierung in den Sequenzen im Vordergrund, wenngleich auch die Quantität einzelner Schritte dargestellt wird.

5.2.1 Das Modell zur Beschreibung der Aushandlungssequenzen

Zur Beschreibung der einzelnen Interaktionsschritte[3] wird das Modell von Varonis/Gass (1985) herangezogen. Es unterscheidet zwischen einem Auslöser-Schritt (T)[4], auf den ein Hinweis (I)[5] folgt. Darauf folgt eine Lernerreaktion (R)[6], die ggf. eine weitere Reaktion (RR)[7] der Lehrkraft (oder anderer Lerner) zur Folge hat. Schematisch sieht das Modell folgendermaßen aus:

$$T\text{-}I\text{-}R\text{-}(RR)$$

---

3 Der Begriff *Schritt* (*turn*) bezieht sich auf einzelne Äußerungen/Gesprächsbeiträge der Interaktionspartner.

4 T steht für **Trigger**, was hier als *Auslöser* übersetzt wird.

5 I steht für **Indication**, was als *Problemindikation* übersetzt wird und die Reaktion der Lehrkraft auf die fehlerhafte Lerneräußerung meint.

6 R steht für **R**esponse.

7 RR steht für **R**eaction to **R**esponse.

Typischerweise wird mit diesem Modell untersucht, welche formalen Fehler[8] (T) zu interaktiven Aushandlungen führen (lexikalische, grammatische oder aussprachebedingt), welche Feedbacktechniken zur Problemindikation (I) eingesetzt werden (explizite oder implizite, inputliefernde oder outputfordernde) und, ob die Lerner die Hinweise nutzen und beispielsweise in ihre Äußerungen aufnehmen, ob also sog. *uptake* stattfindet (R).

Mit diesem Modell lässt sich spontane Formfokussierung (*incidental FoF*, vgl. Ellis, R. 2001) beschreiben, der Aspekt der kontextuellen Einbettung bleibt jedoch unberücksichtigt. Dafür muss näher betrachtet werden, in welchem größeren Gesprächskontext die Formfokussierung auftritt (vgl. Abschnitt 4.2.4). Um die Formfokussierung als solche einschätzen zu können, wurden deshalb der Äußerungsschritt **vor** dem Auslöser T und der Schritt **nach** der Aushandlung (RR) untersucht. An diesen beiden Schritten zeigten sich qualitative Unterschiede bei den Studierenden, weshalb diese systematisch in die Auswertung einbezogen wurden.

Das Modell wird daher um den sequenzauslösenden Äußerungsschritt (**SA**[9]) erweitert, um den Grund (die Motivation) für die Formaushandlungssequenz zu analysieren. Außerdem wird der Schritt RR untersucht, da sich daran der Fokuswechsel zurück zur Inhaltsebene erfassen lässt. Das erweiterte Modell sieht folgendermaßen aus:

SA-T-I-R-**RR**

5.2.2 Auswertungskategorien

Es folgt eine Beschreibung der Auswertungskategorien für den Gesprächskontext und die einzelnen Äußerungsschritte der Formaushandlungen.[10]

Fragestellung: Wie häufig wird Form fokussiert?

Zunächst wurden in den Videoaufnahmen jene Sequenzen ermittelt, in denen es zu Formfokussierung kam. Aufgrund des Erkenntnisinteresses wurden Sequenzen ausgeschlossen, in denen Bedeutung ausgehandelt wurde,

---

8 Der Begriff *Fehler* wird hier als Abweichung von der zielsprachigen Norm verwendet.
9 **SA** steht für Sequenz-Auslöser.
10 Einzelne Kategorien werden weiter unten anhand der Beispiele im Ergebnisteil weiter konkretisiert und erläutert.

also ‚echtes Nicht-Verstehen' die Ursache für die Aushandlung war, sowie Sequenzen, die als explizit-formbezogene Kognitivierungsphasen erkennbar waren oder als solche von den Studierenden ausgewiesen wurden, also kein Anspruch auf kommunikative Einbettung erhoben wurde. Die Auswertung zeigt, wie häufig es überhaupt und pro Studierendem zu solchen formfokussierenden Sequenzen kam.

Fragestellung: Welcher Typ von Formfokussierung kommt vor?

Anschließend wurde die aus der Literatur bekannte Differenzierung zwischen spontaner und geplanter Formfokussierung zur Auswertung des Typs herangezogen. Es sollte erfasst werden, ob und wie häufig es zu spontaner und geplanter Formfokussierung kam. Da davon auszugehen ist, dass sich die angestrebte FoF-Sprachförderkompetenz darin zeigt, eine Form gezielt und geplant in den Fokus nehmen zu können und nicht lediglich auf sich spontan ergebende Gelegenheiten zu warten, steht die Realisierung geplanter Formfokussierung im Zentrum der Analyse. Diese Sequenzen sind von besonderem Interesse, da die Herausforderung darin besteht, eine zuvor festgelegte Form[11] im Kontext bedeutsamer Kommunikation zum Gegenstand der Aufmerksamkeit zu machen. Die weitere Analyse zeigt, inwiefern dies gelang und worin die Herausforderungen dabei lagen.

Tabelle 5.2: Kategorie Typ

spontan	Eine sich zufällig ergebende Form wird spontan zum Gegenstand der Aufmerksamkeit gemacht
geplant	Eine zuvor festgelegte Form (ZF) wird zum Gegenstand der Aufmerksamkeit gemacht

---

11 Bei der festgelegten Form (sog. Zielform, kurz ZF) handelt es sich in 6 Fällen um Präpositionalgruppen; nur eine Studierende hat Verbformen im Präsens als ZF festgelegt. Die ZF wird in der Auswertung als Einheit behandelt, d.h. es wurde nicht näher untersucht, welcher Aspekt der Präpositionalgruppe bzw. der Verbformen fehlerhaft war. Dieser Aspekt ist in einer weiteren Studie, die Hürden der Umsetzung von FoF evtl. schon im Vorhinein aufgreift, zu untersuchen.

Fragestellung: Wie ist der Kontext der Formfokussierung gestaltet?

Um die in den Daten gefundenen Formfokussierungssequenzen hinsichtlich ihrer Einbettung in den Gesprächskontext zu untersuchen, so zeigt die Auseinandersetzung mit den theoretischen Grundlagen des FoF-Ansatzes in den vorausgegangenen Kapiteln, bedarf es der Einschätzung des Kontextes, in dem die Form fokussiert wird. Um die primäre Orientierung der jeweiligen Unterrichtsphase zu erfassen, wurden die Aktivitäten sowie das sprachliche Verhalten der Lehrkräfte und Lerner analysiert. Die Kategorien beziehen sich auf die geplanten Aktivitäten und deren primären Fokus[12], das Frage-, Antwort- und Evaluationsverhalten der Lehrkraft und die Redebeiträge der Lerner (vgl. Kap. 4). Dadurch wurde es möglich, Aussagen über den Kontext der jeweiligen Sequenz und deren Einbettung in das Gespräch zu machen.

Tabelle 5.3: Kategorie Kontext

kommunikativ	Es steht ausschließlich der Austausch von Information im Vordergrund; die Aktivitäten sind so konzipiert, dass der Inhaltsfokus deutlich erkennbar ist; Lehrkraft und Lerner sprechen frei und zeigen Interesse am Geäußerten.
inhaltsorientiert	Fragen und Sprechimpulse sind stärker formorientiert, Gesprächsbeiträge der Lerner sind knapper und stärker gelenkt, insgesamt stärkere Orientierung an der Form(korrektheit).
formorientiert	Geplant sind Aktivitäten, deren Ziel die Übung der Zielform ist; der Inhalt und das Verstehen sind als klar nebensächlich erkennbar; die Lerner sprechen kaum selbstinitiiert, die Evaluierungen sind stark formorientiert.

---

12 Diese Information wurde den Unterrichtsentwürfen und Reflexionen der Studierenden entnommen.

Fragestellung: Wie ist die Formfokussierungssequenz eingebettet?

<u>SA</u>-T-I-R-<u>RR</u>

Um die Qualität der Formfokussierung zu erfassen, ist es notwendig höherinferente, d.h. nicht (ausschließlich) direkt beobachtbare Kategorien zu bilden. Die entscheidende Frage zur Einschätzung der Formfokussierung ist einerseits der Grund (bzw. Auslöser), warum es überhaupt zur Formfokussierung kommt (SA). Bei spontaner Formfokussierung (*incidental FoF*) ist dieser Grund im Gespräch zu suchen, aber wie gestaltet sich der auslösende Schritt der Formfokussierung bei geplanter Formfokussierung? Die Kunst besteht nämlich darin, die ZF geschickt zu elizitieren und an gegebener Stelle salient erscheinen zu lassen und mit den Lernern auszuhandeln, ohne die Bindung an das Thema (die Inhaltsorientierung) zu verlieren. Diese Forderung der primär inhaltlichen Orientierung, ist ein entscheidender Punkt in der Auseinandersetzung mit Formfokussierung als FoF und – trotz der theoretisch guten Nachvollziehbarkeit (vgl. Kap. 2 und 3) – schwer zu erfassen. Erst durch die eingehende Analyse der Sequenzen des ‚geplanten Typs', konnten schließlich qualitativ relevante Unterschiede in den Fragen und Sprechimpulsen gefunden werden, die in vielen Fällen zur Produktion der anvisierten ZF führten und damit eine Formfokussierung auslösten. Für diesen Gesprächsschritt wurden folgende Kategorien gewählt:

Tabelle 5.4: Kategorie Sequenzauslösender Äußerungsschritt

gut begründet	Die formelizitierende Frage führt zur natürlichen/authentischen Verwendung der ZF durch den Lerner.
begründet	Die formelizitierende Frage erscheint weniger natürlich/authentisch, führt aber zur Produktion der ZF.
unbegründet	Die formelizitierende Frage ist deutlich formorientiert; eine natürliche und authentische ins Gespräch integrierte Formverwendung ist nicht zu erkennen.

Außerdem liefert der Schritt (RR), wie in Abschnitt 5.2 erläutert, wichtige Hinweise auf die Orientierung des Unterrichtsgesprächs und die Einbettung der Sequenz. Wechselt der Fokus zurück auf die Inhaltsebene, kann von einer kontextuellen Einbettung gesprochen werden. Verbleibt der Fokus dagegen auf der Formseite, gelingt der notwendige Fokuswechsel zurück zur Inhaltsebene nicht. Folgende Kategorien werden zur Beschreibung der Gesprächsfortführung unterschieden:

Tabelle 5.5: Kategorie Gesprächsfortführung

inhaltsorientiert	Die Lehrkraft setzt das Gespräch nach der Formfokussierung auf inhaltlicher Ebene fort.
inhalts- und formorientiert	Die Lehrkraft reagiert sowohl auf die Form als auch auf den Inhalt der Lerneräußerung und setzt das Gespräch nach der Formfokussierung inhaltsbezogen fort.
formorientiert	Das Gespräch wird deutlich formorientiert fortgesetzt; der Inhalt des Geäußerten steht deutlich im Hintergrund.
keine Reaktion	Die Lehrkraft zeigt keine Reaktion in Bezug auf die letzte Lerneräußerung.

Wie in Kap. 4 dargestellt, geht es v.a. um die Implementierung der Aktivitäten durch die Lehrkraft und ihr Geschick die Materialien und Fragen so einzusetzen, dass sie zur Elizitierung der ZF führen. Entscheidend ist dabei, ob die Elizitierung dieser ZF natürlich erscheint oder eine starke Lenkung und Vorgabe durch den Studierenden erfolgt. Die Auswertung des Kontextes und der Ursache für die Formfokussierung führte zur Unterscheidung von drei Subtypen:

Tabelle 5.6: Beschreibung der ermittelten Subtypen

Typ 1	Die Form wird im kommunikativen Kontext fokussiert (weil sie sich spontan ergibt oder geschickt elizitiert wird).
Typ 2	Die Form wird im eher inhaltsorientierten Kontext fokussiert, erscheint weniger natürlich, ist stärker ans Material gebunden.
Typ 3	Die Form wird im formalen Kontext ohne erkennbaren Inhaltsbezug fokussiert.

Die bisherigen Kategorien wurden zur Untersuchung der Formfokussierung im laufenden Unterrichtsgespräch herangezogen. Die weiteren Auswertungskategorien beziehen sich auf die eigentliche Fokussierung der Form.

Fragestellung: Wie wird Formales fokussiert?

SA-T-I̱-R-RR

Nachdem erfasst ist, inwiefern in den Sequenzen die Form kontextuell eingebettet oder eher dekontextualisiert fokussiert wird, ist von Interesse, wie das formale Problem fokussiert wird, d.h. wie der Studierende darauf eingeht und den Fokus der Lerner darauf lenkt. Dazu wird der Schritt (I) analysiert. Es wird untersucht, inwiefern die in der Literatur beschriebenen Techniken eingesetzt werden und v.a. in welcher Funktion, d.h. ob sie explizit oder implizit auf die Form aufmerksam machen sollen. Zur Einschätzung der Aufdringlichkeit der Technik ist es notwendig das Lernerverhalten einzubeziehen. Die Frage lautet dann, worauf der Lerner seinen Fokus ausrichtet und inwiefern Lehrkraft und Lerner die Fokusausrichtung teilen. Folgende Kategorien wurden als Ausgangspunkt für die Analyse herangezogen:

Tabelle 5.7: Kategorie Feedbacktechniken und Aufdringlichkeit

Technik	*recast*
	Wiederholung
	Nachfrage
	Elizitieren
	metasprachlicher Hinweis
	Korrektur
Aufdringlich-keit	
	explizit formbezogen
	implizit formbezogen

Fragestellung: Welche Reaktionen zeigen die Lerner?

SA-T-I-R̲-RR

Bei den möglichen Lernerreaktionen wurden zunächst die Kategorien aus der Literatur übernommen. Es wurde der Schritt (R) betrachtet und überprüft, ob es zu *uptake* kam oder nicht und inwiefern die Lerner ihre Äußerungen aufgrund der Formaushandlung selbst korrigierten. Dabei war entscheidend, ob der Fokus von Lehrkraft und Lerner auf gleicher Ebene zu sein schien oder sich dieser unterschied. Damit hing zusammen, wie der Schritt (I) gestaltet war und ob er die Aufmerksamkeit des Lerners deutlich auf die Form lenkte oder nicht. Als Ausgangspunkt für die Analyse dienten folgende Kategorien:

Tabelle 5.8: Kategorie Lernerreaktionen

Bemerken	Der Lerner zeigt an, dass er den Fokus auf die Formseite des sprachlichen Zeichens ausrichtet und den Hinweis durch die Lehrkraft als Formfokussierung bemerkt hat.
unklare Fokusausrichtung	Der Lerner zeigt in Bezug auf die intendierte Fokusausrichtung Verwirrung an.
keine Reaktion	Der Lerner zeigte keinerlei Reaktion.
Raten	Der Lerner rät verschiedene mögliche Formen.

Fragestellung: Welche Schwierigkeiten zeigen sich bei der Implementierung von Focus on Form?

Neben der Beschreibung der Formfokussierung wurde untersucht, ob das jeweilige Vorgehen sinnvoll und erfolgreich erscheint. Wann aber ist Sprachförderung erfolgreich oder sinnvoll? Im Laufe der Untersuchung wurde deutlich, dass hierfür verschiedene Erfolgskriterien angelegt werden müssen. Einerseits kann die Erfüllung der theoretischen Vorgaben einer kontextuell eingebetteten und begründeten Formfokussierung auf Lehrendenseite als Erfolg interpretiert werden. Andererseits ist die Lernerreaktion, die auf Bemerken der Form (*noticing* oder *uptake*) hinweist, zu berücksichtigen. Aufgrund der Daten ist auch zu hinterfragen, ob die von Long (1991, 2012) empfohlene implizite Formfokussierung in jedem Fall – insbesondere im DaZ-Kontext – sinnvoll ist. Um die Schwierigkeiten bei

169

der Realisierung des FoF-Ansatzes zu erfassen, werden insbesondere jene Sequenzen analysiert, die nicht den Vorgaben der Literatur entsprechen.

Fragestellung: Welche didaktischen Hinweise können abgeleitet werden?

Aus den Beobachtungen wurden relevante Aspekte in Bezug auf das Kommunikationsverhalten und die Formfokussierung abgeleitet, um Hinweise für die LehrerInnenbildung zu geben.

Den Ausgangspunkt für die Auswertung der ermittelten Sequenzen stellten die aus der Literatur bekannten zentralen Merkmale von FoF dar (vgl. Kap. 2 und 4). Diese sind in der nachstehenden Tabelle noch einmal zusammenfassend dargestellt.

Tabelle 5.9: Qualitätsmerkmale FoF nach Long (2012)

eingebettet	Die Form wird im kommunikativen Kontext fokussiert.
begründet/ motiviert	Der Fokus wird auf die Form ausgerichtet, weil sich in der Kommunikationssituation ein Bedürfnis einstellt.
vorüber- gehend	Der Fokus wechselt zurück auf die inhaltliche Ebene.
unaufdringlich und reaktiv	Die Form wird in Folge eines Problems und ohne (langfristige) Unterbrechung des inhaltlichen Gesprächs fokussiert.

Kapitel 6

Ergebnisdarstellung und Ergebnisdiskussion

In den Daten finden sich Beispiele für spontane und geplante Formfokussierung. Zunächst wird beispielhaft erläutert, wie spontane Formfokussierung aussieht. Anschließend erfolgt eine detaillierte Beschreibung jener Sequenzen, die den Typ „geplante Formfokussierung" zeigen.

6.1 Realisierung spontaner Formfokussierung

Die von Long (1991, 1998, 2012) empfohlene Vorgehensweisen als spontaner FoF ist durch folgende Merkmale gekennzeichnet:

1. es wird eine sich zufällig ergebende, nicht vorher festgelegte Form fokussiert;

2. die Formfokussierung ist kurz und vorübergehend;

3. die Formfokussierung erfolgt eingebettet in ein inhaltsorientiertes Gespräch.

Das folgende Beispiel demonstriert spontan realisierte Formfokussierung:

C, T1, 349

K: Ein Mädchen springt über ein/den Baum mit ein Fahrrad. (T)

C: Mit einem Fahrrad, ok (I). Hmm geht denn das eigentlich? (RR)

Beschreibung: Während der Besprechung eines Bildes am Anfang der Fördereinheit[1], bei der sich die Lerner frei zu Auffälligkeiten äußern sollen, kommt es zur fehlerhaften Äußerung „*mit ein Fahrrad*", die die Formfokussierungssequenz auslöst. Die Förderstudierende greift die Äußerung korrigierend auf und führt das Gespräch auf der inhaltlichen Ebene fort.

Der Kontext dieser Formfokussierungssequenz ist als kommunikativ zu bezeichnen, da die Lerner frei und ungelenkt sprechen. Das Gespräch wird durch die Reformulierung der Förderstudierenden nicht unterbrochen und der Lerner nicht aufgefordert, seine Äußerung formal zu überarbeiten. Diese inputliefernde Strategie ermöglicht jene unaufdringliche, kurze und vorübergehende Formfokussierung, wie Long sie vorschlägt.

Tabelle 6.1: Auswertung Typ spontan

Kontext	kommunikativ
Formfokussierung	reaktiv, spontan
SA	gut begründet
RR	inhaltsorientiert

Im gesamten Datenmaterial tritt dieser Typ 44 mal auf. Im Fokus stehen sowohl lexikalisch-semantische als auch formale Aspekte. Es ergibt sich folgende Verteilung auf diese beiden Bereiche:

Tabelle 6.2: Anzahl spontaner Formfokussierung nach Formaspekt

Form	Anzahl
lexikalisch-semantisch	27
formal	17

Interessant ist, dass sich die Förderstudierenden deutlich darin unterscheiden, wie häufig sie spontan auf Form fokussierten:[2]

---

1 In weiterer Folge als FE abgekürzt.

2 Die Anfangsbuchstaben stehen für die anonymisierten Vornamen der teilnehmenden Studierenden, vgl. Abschnitt 5.1.2.

Tabelle 6.3: Anzahl Typ spontan nach Formaspekt und Studierendem/r

Studierende/r	A	C	T	L	G	N	S
lexikalisch-semantisch	6	2	7	1	2	4	5
formal	8	4	1	2	0	0	2
gesamt	14	6	8	3	2	4	7

6.2 Realisierung geplanter Formfokussierung

Die Frage, ob sich geplante Formfokussierung (*planned FoF*) umsetzen lässt, steht im Zentrum der vorliegenden Arbeit. Deshalb wurde anschließend überprüft, ob die im Theorieteil der Arbeit beschriebenen Qualitätsmerkmale bei jenen Sequenzen vorhanden waren, in denen die anvisierte und als Zielform festgelegte Form im Fokus stand.[3] Das grundlegende Kriterium bei FoF ist dessen Auftreten in einem Unterrichtsdiskurs, der *Inhaltsorientierung* aufweist. Die Frage war, ob die Form kontextuell eingebettet und begründet fokussiert wurde. Deshalb wurde zur Einschätzung der Formfokussierung: a) der Kontext, in dem diese auftrat und b) die Gestaltung des Fokuswechsels analysiert. Der Erfolg der Sequenz ist einerseits hinsichtlich der Erfüllung der theoretischen Vorgaben und andererseits anhand des Lernerverhaltens eingeschätzt worden.

Auf der Implementierungsebene lässt sich anhand des Gesprächsverhaltens der Interaktionspartner, hier des/der Förderstudierenden und der Lerner(gruppe) die primäre Orientierung der Unterrichtsphase festmachen. Entscheidend sind die gestellten Fragen und Antworten, die Vergabe des Rederechts u.a. (vgl. Abschnitt 4.2.4). Die während einer Aktivität auftretenden Formfokussierungssequenzen sind vor dem Hintergrund dieser Diskursmerkmale eingeschätzt worden. Dabei zeigte sich, dass die Zielform sowohl im inhaltsorientierten als auch im klar formorientierten Unterrichtsdiskurs fokussiert wurde. Daneben gab es noch Kontexte, die weder eindeutig inhalts- noch eindeutig formorientiert waren. Es handelt sich dabei vielmehr um einen Mischtyp. Die Auswertung der Daten zeigt, dass die Zielform am häufigsten in einem Kontext elizitiert und fokussiert wurde, der zwar eine ‚Art der Inhaltsorientierung' aufweist, aber eine deutlichere Orientierung auf die Form aufweist. Entscheidend für die Zuordnung zu einem der drei Typen waren v.a. die Lenkung in der

---

3 Die anvisierten, festgelegten Formen waren in sechs Fällen Präpositionalgruppen und in einem Fall Verbformen im Präsent.

Sprachverwendung, die Authentizität der Sprachverwendung zum Zwecke des Informationsaustauschs sowie die Rollenverteilung (vgl. Abschnitt 5.2.2). Bei der folgenden Beschreibung der Realisierungstypen geplanter Formfokussierung werden diese als relevant erachteten Aspekte detailliert beschrieben.

6.2.1 Typ 1

Beschreibung

Bei Typ 1 tritt die Formfokussierung in einem Kontext auf, der als kommunikativ bezeichnet werden kann. Die Zielform ergibt sich natürlich oder wird so elizitiert, dass sie ungelenkt und authentisch verwendet wird (Schritt SA). Die Lerner sind involviert, interessiert und sprechen weitgehend frei. Die ausgetauschte Information ist echt (i.S.v. unbekannt und nicht inferierbar), die Äußerungen werden (auch) inhaltlich evaluiert und die Gespräche durch echte Fragen fortgeführt (Schritt RR). Die Lerner haben die Möglichkeit selbst das Rederecht zu ergreifen und eigenständig Themen vorzugeben. Die Lehrkraft tritt als Kommunikationspartner mit Interesse am Geäußerten auf.

Beispiele

Folgende Beispiele demonstrieren Typ 1:

1. Beispiel

> *T, T1 22*
>
> *T: Was machen die? Wo, wo, wo, wo leben die denn, der Hase und das Meerschweinchen? (SA)*
>
> *S1: Die leben in, in einem, in ein Käfig. (T)*
>
> *T: In einem Käfig. Beide zusammen oder?*
>
> *S1: (versteht die Frage nicht) In ein...? Ich?*
>
> *T: Ne, die, der Hase und das Meerschweinchen sind die zusammen in einem Käfig?*
>
> *S1: (schüttelt den Kopf)*
>
> *T: Und was machen die so den ganzen Tag? (RR)*

Beschreibung: Während des Gesprächs über Haustiere elizitiert der Förderstudierende T die Zielform mittels einer Ergänzungsfrage. Diese bezieht sich auf das Thema, erfragt neue, unbekannte Information und hat damit kommunikativen Wert. Gleichzeitig ist sie bewusst auf Form und Inhalt orientiert, was aus der Planung des Förderstudierenden hervorgeht: *„Eine erste Formfokussierung durch Fragen, die schon die Zielstruktur im Output erfordern (Wo? Wohin?), sowie durch Wiederholung und Recast der entsprechenden Antworten bleibt vollkommen implizit"*.

Der Kontext wird als kommunikativ gewertet, da sowohl echte Information ausgetauscht wird als auch der Lerner S1 redebereit ist und frei spricht. Auffällig sind zudem die individuelle Involvierung, die der Förderstudierende nutzt. Er betont zwar, *„dass mit dem inhaltlichen Thema kein besonderes Lernziel verfolgt wird"*, sondern es lediglich *„als kommunikativer Rahmen für die Formfokussierung"* dient. Den Inhalt stellen eigene Erfahrungen und Meinungen dar, wobei die Lerner interessiert und gesprächsbereit erscheinen. Ein weiterer Hinweis auf Inhaltsorientierung ist die weiterführende Frage *„Und was machen die so den ganzen Tag?"* Die Formfokussierung kann somit als eingebettet und vorübergehend bezeichnet werden.

Auch im nächsten Beispiel nutzt die Förderstudierende N das Gespräch bzw. den Beitrag des Lerners M, um die Zielform zu elizitieren und zu fokussieren:

2. Beispiel

> *N, T1, 234*
> *M: Ich hatte zwei Vögel draußen, die sind gestorben, dann hab ich von meiner Mutters Freundin noch einen Vogel bekommen, zwei und der eine hat den anderen getötet und der andere ist dann weg geflogen, ganz weg.*
> *N: Der ist weg geflogen, meinst du. Aber was meinste, wo der jetzt lebt? Überleg doch mal, wo könnte der denn jetzt leben? (SA)*
> *A: Der Papagei lebt alleine. (R inhaltlich)*
> *N: Habt/hat jemand von euch schon mal/Habt ihr gerade gehört, was M. erzählt hat? Ihm ist der Papagei weggeflogen.*
> *M: Und der hat einen getötet.*

175

> *N: Ja, aber aber jetzt ist er weg, jetzt lebt er hier irgendwo in der*
> *Stadt. Was meinste, wo könnte der sich jetzt aufhalten? (SA)*
> *M: Äh äh hinter den Schrank? (T)*
> *N: Hinter dem Schrank? Das mach ma, ok guck mal. und ist er*
> *hinter dem Schrank? (I)*
> *M: Nein (R inhaltlich)*
> *N: Nein. ok (RR inhaltlich)*

Beschreibung: Die formelizitierende Frage bezieht sich auf das vom Lerner Geäußerte, hat demnach kommunikativen Wert und weist eine Orientierung auf Form und Inhalt gleichermaßen auf. Zwar elizitiert die Förderstudierende N die Zielform geschickt und während des Gesprächs, der Fokus des Lerners (bzw. der Lernergruppe) verbleibt aber ausschließlich auf der Inhaltsebene. Ein Fokuswechsel wird von der Förderstudierenden auch nicht erzwungen. Auch sie formuliert im Unterrichtsplan, dass bewusst eine implizite Vorgehensweise am Anfang der FE gewählt werden sollte. Die beiden Sequenzen werden folgendermaßen eingeschätzt:

Tabelle 6.4: Auswertung Typ 1

Kontext	kommunikativ
Formfokussierung	reaktiv, elizitiert
SA	gut begründet
RR	inhaltsorientiert

Zusammenfassend weist dieser Typ 1 folgende Merkmale auf:

1. Es gibt einen kommunikativen Gesprächskontext, erkennbar u.a. an der ausgetauschten Information, den gestellten Fragen und der Lernerbeteiligung;

2. Es kommt zur natürlichen (authentischen) bzw. unaufdringlich elizitierten Verwendung der Zielform, wobei keine Lenkung oder Vorgabe durch den Förderstudierenden oder die Materialien nötig ist;[4]

---

4 Im Unterschied zu spontaner Formfokussierung (*incidental FoF*) wird bei Sequenzen des Typs 1 die Zielform häufiger produziert und fokussiert.

3. Das Gespräch wird inhaltsorientiert fortgesetzt (z.B. durch Mitteilen der persönlichen Meinung oder Erfahrung, weiterführenden Frage zum Thema, u.Ä.), es besteht echtes Interesse am Geäußerten, was sich u.a. an inhaltlichen Evaluierungen zeigt.

Typ 1 ist in diesem Sinne die von Long ursprünglich definierte Variante von FoF. Die erste Forschungsfrage, ob die Förderstudierenden die Formfokussierung den theoretischen Vorgaben entsprechend, realisieren konnten, ist somit für einen Teil der Daten mit „Ja" zu beantworten.

Auftretenshäufigkeit Typ 1

Folgende Übersicht zeigt, wie häufig Typ 1 von den Förderstudierenden realisiert wurde:

Tabelle 6.5: Übersicht Typ 1 pro Studierendem/r

Studierende/r	Häufigkeit Typ 1
A	1
C	2
T	9
L	1
G	3
N	7
S	1
gesamt	24

Entscheidend ist, wie bei Typ 1 das formale Problem angezeigt wird und ob der jeweilige Lerner infolge dessen ein Bemerken der Form erkennen lässt.

Es folgt eine Beschreibung der beobachteten Vorgehensweisen und Strategien bei Schritt (I) sowie darauf folgende Lernerreaktionen (R).

Problemindikation und Lernerreaktion bei Typ 1

1. **Fehlende Problemindikation**: In wenigen Fällen elizitieren die Förderstudierenden die Zielform, nutzen die geschaffene Situation aber nicht, um den Lernerfokus auf die fehlerhafte Form zu lenken.

N, T1, 220

A: Frau N., weswegen müssen, wenn einer Hamster kaufen will,
dann müssen sie auch ein Paar kaufen.
N: Genau.
A: Es sei denn/ es ist sonst nicht artgerecht.
N: Ja und wo wo aber lebt denn der Hamster eigentlich? (SA)
A: In ein Käf/ein/einen kleinen Käfi da sind n paar Spiele also
(...) für ihn und Essen und so irgendwie kleine so. (T)
N: Mhm. (I fehlt)

Diese Vorgehensweise tritt im gesamten Datenmaterial zwar selten auf, weist aber m.e.E. auf eine bedeutende Herausforderung bei der Umsetzung des Ansatzes hin und zeigt, wie schwer es sein kann einen doppelten Fokus auf Form und Inhalt tatsächlich aufrecht zu erhalten. Gelegenheiten bleiben so ungenutzt und der Lerner erhält keine Rückmeldung bezüglich der Form seiner Äußerung.

2. **implizit, ohne Lernerreaktion:** Sehr häufig wird die Problemindikation (I) bei Typ 1 als (implizites) *recast* realisiert. Dabei wird die fehlerhafte Form korrigierend wiedergegeben und ins Gespräch eingebettet (vgl. Kap. 4.2.3). Diese unaufdringliche Vorgehensweise erlaubt eine inhaltliche Gesprächsfortführung. An folgendem Beispiel erkennt man dies recht gut:

N, T1, 234

N: Ja, aber aber jetzt ist er weg, jetzt lebt er hier irgendwo in der
Stadt. Was meinste, wo könnte der sich jetzt aufhalten? (SA)
M: Äh äh hinter den Schrank? (T)
*N: **Hinter dem Schrank? Das mach ma, ok guck mal.***
***und ist er hinter dem Schrank?** (I)*
M: Nein (R inhaltlich)
N: Nein. ok (RR inhaltlich)

Auf den elizitierten Formfehler reagiert die Förderstudierende N mit einem *recast*. Sie reformuliert die fehlerhafte Phrase und liefert dem Lerner damit ein Modell. Dabei geht sie so unaufdringlich vor, dass das Gespräch nicht unterbrochen wird. Zudem stellt sie sofort eine weitere, inhaltliche Frage. An diesem Beispiel zeigt sich, dass eine festgelegte Form im Rahmen eines kommunikativen Gesprächs elizitiert und in Folge unaufdringlich fokussiert werden kann. Problematisch ist die Tatsache, dass die Formfokussierung so unaufdringlich realisiert, dass keine Lernerreaktion folgt. Stattdessen reagiert der Schüler M ausschließlich inhaltlich und auch die Förderstudierende führt das Gespräch auf inhaltlicher Ebene fort ohne eine deutlichere Fokuslenkung auf die Form einzufordern.

Insgesamt ist diese implizit realisierte Problemindikation als problematisch anzusehen, da es in den analysierten Daten in keinem Fall zu einer beobachtbaren Lernerreaktion kommt. Stattdessen verbleibt der Fokus auf der Inhaltsebene und es ist zweifelhaft, ob der jeweilige Lerner bemerkt, dass er auf die Form achten sollte. Anzumerken ist aber, dass diese Vorgehensweise v.a. zu Beginn der Fördereinheiten realisiert und z.t. auch bewusst keine aufdringlichere Vorgehensweise wurde.

3. **implizit, explizit, Lernerreaktion**: Expliziter realisiert ist Schritt (I) in folgender Sequenz, die auch zur Überarbeitung der Form durch den Lerner selbst führt. Dabei nutzt der Förderstudierende zwei unterschiedliche Feedbacktechniken, wobei die erste implizite Technik von einer expliziteren ergänzt wird, um den Formfokus deutlich zu machen:

T, T1, 299
T: Aber wo setzen die sich denn hin? (SA)
S4: An Blumen. (T)
*T: **Wohin?** (1. I)*
S4: Blumen. (R inhaltlich)
*T: **Auuuf?** (2. I)*
S4: Auf die Blumen. (R)
T: Auf die Blumen Ok.(RR)

Hier wird das formale Problem zunächst durch eine Nachfrage angezeigt, was zur inhaltlichen Wiederholung durch den Schüler S4 führt („*Blumen*"). Daraufhin elizitiert der Förderstudierende T die Form, um den Fokus klarer auf die Form zu lenken. Dadurch wechselt der Lerner den Fokus auf die formale Ebene und ergänzt seine Äußerung um die Präposition und den erforderlichen Artikel. Diese Vorgehensweise ist zunehmend explizit und konkret. Zur Beschreibung dieses

Typs muss das Modell verändert werden: Schritt I wird in Teilschritte zerlegt, wobei der Explizitheitsgrad zunimmt. Schematisch sieht dies folgendermaßen aus:

T - 1. I - 1. R - 2. I - 2. R ...

4. **explizit, konkret, Lernerreaktion**: In den Daten finden sich auch Sequenzen, in denen der Fokus kurz und aufdringlich, d.h. klar explizit und outputfordernd auf die Form gelenkt wird. Die Techniken unterscheiden sich zwar, man bleibt jedoch immer auf konkreter Ebene und es wird keine Metasprache eingesetzt. Folgendes Beispiel demonstriert diese Vorgehensweise:

> *T, T3, 29*
>
> *T: Stell dir vor du bist ein Fotograf und gehst durch den Regenwald und ah: da sitzt ein Tiger. Wo zum Beispiel? Wo sitzt der Tiger? (SA)*
>
> *M: Auf dem Wiese. (T)*
>
> *T: **Auf dem??** (I)*
>
> *M: Auf der Wiese. (R)*
>
> *T: Auf, auf der Wiese, okay. Da sitzt ein Tiger auf der Wiese. Dann schreibst du das auf. Und dann willst du ihn fotografieren und dann?? Springt er weg. Und wohin springt er? Zum Beispiel. Wohin kann er springen?*
>
> *B: zum Baum.*

Die fehlerhafte Form wird durch Wiederholen deutlich gemacht. Durch eine steigende Intonation wird das formale Problem beim Artikel angezeigt, woraufhin der Lerner die Phrase korrigiert. Er richtet demnach den Fokus auf die Form aus, d.h. diese Vorgehensweise ist insofern erfolgreich, als dass an der Lernerreaktion ein Bemerken der Form und ein Fokuswechsel erkennbar ist. Der Förderstudierende wiederholt die Äußerung und evaluiert diese, bevor er auf der inhaltlichen Ebene fortfährt.

5. **explizit, ohne Lernerreaktion:** Bei einer Variante dieser Vorgehensweise, die sich sehr häufig im Datenmaterial findet, wird die

fehlerhafte Form zwar explizit korrigiert, es wird jedoch keine Überarbeitung der Äußerung durch den Lerner eingefordert. Stattdessen wird die Form durch den Förderstudierenden korrigiert, evaluiert und in das Gespräch eingebettet:

N, T1, 50

N: Und wo könnte das sein?

C: Am Zaun

N: **An einem Zaun, ok und was ist da im Hintergrund zu sehen? Mh?**

Auch diese Vorgehensweise ist kurz und auf konkreter Ebene realisiert. Der Fokus wird durch eine Korrektur auf die fehlerhaften Form gelenkt, allerdings wird der Lerner C nicht aufgefordert seine Äußerung selbst zu korrigieren. Nach der Reformulierung werden durch das geäußerte *ok* Verstehen und Formkorrektheit signalisiert. Die sofortige weiterführende Frage soll den Inhaltsfokus erhalten und wird hier auch als Hinweis auf Inhaltsorientierung gedeutet. Problematisch an dieser Vorgehensweise ist allerdings, dass den Lernern keine Zeit gegeben wird, der korrigierten Form Aufmerksamkeit zu schenken, da der Fokus sehr schnell wieder auf die Inhaltsebene wechselt und die Lehrkraft deshalb keinen Hinweis auf Erfolg oder Misserfolg ihres Vorgehens hat. Ob der Lerner die Korrektur[5] bemerkt hat oder nicht, bleibt aufgrund der Beobachtungsdaten unklar.

Folgende Übersicht zeigt, welche Techniken bei der Problemindikation (Schritt I) eingesetzt wurden und in welcher Weise sie realisiert wurden (d.h. explizit formbezogen oder implizit formbezogen). Außerdem wird deutlich, dass es in sehr wenigen Fällen (!) zu einer beobachtbaren Lernerreaktion in Folge der Problemindikation bei Typ 1 kommt:

---

5 Sequenzen dieses Typs verdeutlichen, wie wichtig es ist, die Formfaushandlung im Sinne eines FoF von korrektivem Feedback zu unterscheiden (vgl. Blex 2006).

Tabelle 6.6: Übersicht Problemindikation nach Technik und Lernerreaktion, Typ 1

Aufdringlichkeit	Technik	Anzahl	Lernerreaktion
explizit	Korrektur	6	-
	Nachfrage	1	1
	Elizitierung	1	1
	Wiederholung	1	1
	Recast	1	-
	metasprachlich	1	1
implizit	Recast	10	-
	Nachfrage	2	-

Beobachtbare Lernerreaktionen zeigen sich bei Typ 1 nur in vier Fällen und zwar in Folge der explizit realisierten Problemindikationen.

Interpretation

Typ 1 zeigt, dass eine festgelegte Form im Rahmen eines kommunikativen Gesprächs elizitiert und in Folge fokussiert werden kann. Wie man anhand der Daten aber sieht, tritt der Typ 1 relativ selten auf, d.h. den Förderstudierenden gelang es eher selten die Zielform im kommunikativen Kontext zu elizitieren und anschließend zu fokussieren. Eine Schwierigkeit liegt darin, kommunikative Aktivitäten zu planen. Noch schwieriger erscheint es dann, gut geplante Aktivitäten so zu implementieren, dass tatsächlich Form und Inhalt relevant erscheinen und ein Wechsel zwischen den beiden Ebenen erfolgt. Besonders problematisch erscheint die unaufdringliche Fokussierung der fehlerhaften Form bei Typ 1. Nur in vier Fällen wird der Formfehler explizit angezeigt, und nur dann lässt sich eine Lernerreaktion beobachten. Meist läuft das Gespräch bei Typ 1 auf inhaltlicher Ebene weiter, ohne dass die Lehrkraft eine Rückmeldung hat, ob der Lerner die fokussierte Form bemerkt hat oder nicht.

Die Frage ist, warum die Studierenden so unaufdringlich vorgegangen sind. Eine Erklärung kann im Zeitpunkt und den Aktivitäten gefunden werden. Typ 1 wird hauptsächlich am Anfang der Fördereinheiten und während bewusst kommunikativer oder inhaltsorientierter Aktivitäten realisiert. Einige der Studierenden geben in der Reflexion vor der Durchführung an, dass sie in dieser Phase keine explizite Formfokussierung anstreben und erachten es als erfolgreich, wenn der Fokus der Lerner ausschließlich auf der Inhaltsebene verbleibt. Die fehlende Lernerreaktion wird nicht als Misserfolg gedeutet. Stattdessen scheint es im Vordergrund zu stehen, die Lerner inhaltlich zu involvieren und deren Aufmerksamkeit auf das Thema zu fokussieren.

In Bezug auf die Realisierung der expliziten Problemindikation bei Typ 1 erscheint relevant, dass dabei zwar klar formbezogen vorgegangen wird, der Formfokus aber kurz und konkret gehalten wird. Es erfolgt keine metasprachliche und abstrakte Thematisierung der Form und der Fokus wechselt sofort zurück auf Inhaltsebene.

6.2.2 Typ 2

Beschreibung

Bei Typ 2 wird die Zielform in einem Kontext elizitiert und fokussiert, der weniger kommunikativ, aber immer noch inhaltsorientiert erscheint. Dies zeigt sich am Gesprächsverhalten der Förderstudierenden und der Lerner: die Fragen, die gestellt werden, sind allgemeiner gehalten, weniger konkret, die Lerneräußerungen sind knapper und werden weniger deutlich inhaltlich und dafür stärker formal evaluiert. Der korrekten Form wird insgesamt mehr Beachtung geschenkt und der Inhalt erscheint weniger im Vordergrund, ist aber erkennbar und **nicht** austauschbar. Dieser Typ tritt im gesamten Datenmaterial am häufigsten auf. Dabei zeigen sich Varianten, die in weiterer Folge demonstriert und anschließend hinsichtlich ihrer Qualität eingeschätzt werden.

Beispiele

1. Beispiel: Das folgende Beispiel demonstriert Typ 2 am Beginn der FE. Interessant ist, dass die formelizitierende Frage der Frage des Beispiels von Typ 1 gleicht. Betrachtet man den Kontext der Formfokussierung näher, zeigen sich jedoch qualitative und für die Auswertung relevante Unterschiede.

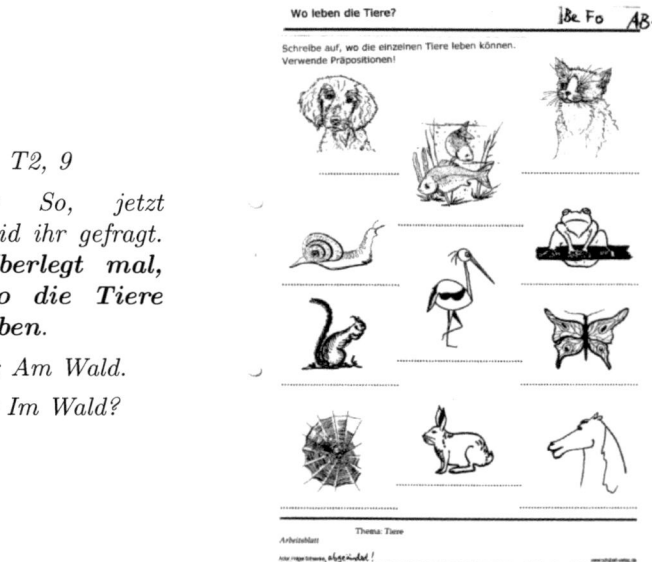

S, T2, 9

S: So,   jetzt
seid ihr gefragt.
*Überlegt mal,
wo die Tiere
leben.*
C: Am Wald.
S: Im Wald?

Abbildung 6.1: Arbeitsblatt Typ 2

Beschreibung: Die Sequenz entstand nachdem das Arbeitsblatt von den Schülern bearbeitet wurde. Die formelizitierende Frage (SA) ist auf dem Arbeitsblatt notiert. Die Lerner werden aufgefordert unter den Bildern verschiedene mögliche Lebensräume der Tiere aufzuschreiben. Anschließend sammelt die Lehrkraft die Phrasen an der Tafel und fokussiert dabei die Zielform „Präpositionalgruppen". Die Frage ist als Ergänzungsfrage offen und kognitiv (relativ) anspruchsvoll. Die Antworten sind nicht vorgegeben. Insofern sprechen die Lerner (weitgehend) frei. Es werden nur kurze Äußerungen formuliert, die inhaltlich und formal evaluiert werden, allerdings wird das Gespräch nicht inhaltlich weitergeführt. Die Förderstudierende S verteilt das Rederecht und fordert einzelne Lerner auf, den notierten Lebensraum zu nennen. Auch in diesem Beispiel wird die

Zielform elizitiert und anschließend fokussiert, d.h. es handelt sich um geplante reaktive Formfokussierung. Die auslösende Frage ist jedoch geplant bzw. durch das Arbeitsblatt vorgegeben und nicht spontan realisiert. Damit ergbit sich ein entscheidender Unterschied zum Schritt SA bei Typ 1. Die fehlende Fortsetzung (RR) und die Lernerreaktion sind als Hinweise auf eine geringere Einbettung der Formfokussierung und eine stärkere Orientierung auf die Form zu deuten. Hinsichtlich der Implementierung des Ansatzes wird diese Sequenz als weniger erfolgreich im Sinne der kontextuellen Einbettung gesehen und damit vom Typ 1 als qualitativ unterscheidbar eingeschätzt, obwohl auch hier eine kontextuelle Einbettung erkennbar ist.

Tabelle 6.7: Auswertung Typ 2, Beispiel 1

Kontext	inhaltsorientiert
Formfokussierung	reaktiv, elizitiert
SA	begründet (durch das Material)
RR	fehlt

2. Beispiel: Auch das zweite Beispiel zeigt eine Variante des Typs 2, die sich während derselben Aktivität ergibt:

> *S, T3, 65*
>
> *B: Der Storch äh auf einem Nest.*
>
> *S: Stopp, ok, Auf einem Nest?*
>
> *B: Eine/auf einem Nest.*
>
> *S: Na gut, er kann auf einem Nest sitzen, schreib ich mal auf, aber eigentlich im Nest, ja!*

Beschreibung: Die elizitierende Frage (Wo leben die Tiere?) führt zur fehlerhaften Äußerung von B, woraufhin die Förderstudierende S klar unterbricht und durch Wiederholung den formalen Fehler anzeigt. Der Lerner zögert und wiederholt das Geäußerte. Die Förderstudierende reagiert darauf inhaltlich, indem sie die Äußerung paraphrasiert und durch die Verwendung des Verbs „sitzen" korrigiert. Anschließend fokussiert sie die eigentlich intendierte Form „im Nest". Trotz der Orientierung am Thema, ist der Fokus deutlich stärker auf die Formkorrektheit ausgerichtet und als ein Ziel der Interaktion erkennbar.

Tabelle 6.8: Auswertung Typ 2, Beispiel 2

Kontext	inhaltsorientiert
Formfokussierung	reaktiv, elizitiert
SA	begründet (durch das Material)
RR	inhaltsorientiert und formorientiert

Typ 2 weist zusammenfassend folgende Merkmale auf:

1. Es gibt einen Gesprächskontext zur Einbettung der Formfokussierung, aber der Informationsgehalt ist deutlich geringer als bei Typ 1;

2. Es kommt zu einer weniger natürlichen Verwendung der Zielform und einer stärkeren Lenkung oder Vorgabe durch den Förderstudierenden oder das eingesetzte Material;

3. Es kommt deutlicher seltener zu einer inhaltsorientierten Fortsetzung des Gesprächs, häufig wird das Gespräch nach der formalen Evaluierung nicht fortgesetzt.

Auftretenshäufigkeit Typ 2

Folgende Übersicht zeigt, wie häufig die Studierenden Formfokussierung im inhaltsorientierten Kontext fokussierten.

Tabelle 6.9: Übersicht Typ 2 pro Studierendem/r

Student	Häufigkeit Typ 2
C	2
N	7
G	1
T	5
L	5
S	9
A	1
gesamt	30

Problemindikation und Lernerreaktionen bei Typ 2

Es folgt eine Beschreibung der Problemindikation und der folgenden Lernerreaktionen, wie sie bei Typ 2 beobachtet werden konnten:

1. **Optionen zur Auswahl**: Eine Strategie, die in der Literatur meines Wissens nach nicht beschrieben wird und von den Studierenden häufiger eingesetzt wird, liefert den Lernern eine Reihe an Optionen, aus denen ausgewählt werden soll. Dabei ist die korrekte Form nicht unbedingt unter den Optionen, weshalb davon ausgegangen wird, dass diese Strategie lediglich den Fokus auf die Form lenken und der Lerner selbst die korrekte Form finden soll. Folgendes Beispiel demonstriert diese Vorgehensweise bei der Realisierung von I:

> *T, T2, 263*
>
> *T: Wo, welches Tier kam zuerst? Ja, Büschra?*
>
> *S1: Ein Reh.*
>
> *T: Ein Reh, genau. Und wo, wo, wo war das Reh.*
>
> *S1: Bach.*
>
> *T: Nee. Wo, wo ist das Reh? Ja, Tyra?*
>
> *S2: Er war hinter dem Strauch und dann ist er ...*
>
> *T: Okay, das, das Reh war? Hinter?*[6]
>
> *S2: Hinter dem (Schatz)/dem Strauch.*
>
> *S1: Hinter dem?*
>
> *S2: Dem!*
>
> *T: Hinter?*
>
> *S1: Dem Strauch.*
>
> *T: Dem Strauch, genau.*
>
> *S2: Nicht den Strauch.*
>
> *T: Und wo ist es hin, wo ist es hin gesprungen?*
>
> *S3: Bach.*
>
> *T: Wie in den Bach? Oer auf den Bach? Wohin ist es denn gesprungen?*

---

6 Hier wird der Genusfehler unaufdringlich mittels *recast* korrigiert.

S1: Über den Bach. Über, über den Bach.

T: Ja, sehr gut, Sheila. Über den Bach.

Offen ist, warum die Förderstudierenden diese Vorgehensweise einsetzen, da sie kaum sinnvoll erscheint und auf Sprachgefühl aufbaut, welches bei DaZ-Lernern nicht vorausgesetzt werden kann (vgl. Belke 2012). Als möglicher Grund dafür kann lediglich angeführt werden, dass die Studierenden Deutsch als Erstsprache sprechen und deshalb über eben jenes Sprachgefühl in Bezug auf deutsche Formen verfügen, welches sie von den DaZ-Lernern hier einfordern.

2. **unklares Feedback, Fokusverschiebung**: An folgendem Beispiel wird die Schwierigkeit der Problemindikation bei Typ 2 und einem doppelten Fokus auf Form und Inhalt deutlich. So ist eine Unsicherheit in der Fokusausrichtung der Förderstudierenden zu erkennen, die eine primäre Orientierung auf die Form trotz der thematischen Einbettung nahelegt:

N, T3, 326

N: Ok und was ist dein Ort?

C: Mein Ort: Reifen.

N: Reifen ok. Überleg doch mal, also der Ort ist ...

C: Ein Grizzlybär lebt in einen Reifen. (T)

N: In ein...ne lebt er da?

C: Einen! Er ist unter einem Reifen.

N: Was macht man denn mit so einem Reifen?

C: Er ist auf einem Reifen!

N: Auf einem Reifen?

C: Neben einem Reifen!

M: Er spielt mit der Reifen.

N: Das könnte sein, aber was könnte man denn noch...

C: Er ist neben dem Reifen.

N: Der ist ja so rund der Reifen.

M: Ja

C: Er schläft in einem Reifen.

M: Sein Kissen ist dis Reifen.

*N: Aber wenn ich dir den Reifen so hinhalte, was macht denn
dann der Grizzlybär?*
M: Ah er haltet so rein ((unv.2,2s)).
N: Der springt dann?
M: Ja da durch.
N: Da da durch, also er springt durch? Durch?
C: den Reifen.
M: den Reifen.
N: Genau, sehr gut. Ok.

Beschreibung: Die Sprachproduktion ist gelenkt durch die Vorgabe des Ortes (Reifen) und des Tieres (Grizzly). Die Äußerung des Lerners C ist sowohl inhaltlich als auch formal nicht korrekt. Die Förderstudierende N setzt an, die Form zu fokussieren, bricht jedoch ab und fragt zunächst inhaltlich nach („lebt er da?"). Der Lerner C überarbeitet seine Äußerung aber ausschließlich formorientiert, er probiert verschiedene Optionen aus, geht aber nicht auf das inhaltsorientierte Feedback der Förderstudierenden ein. Diese erscheint hin und hergerissen zwischen formalem und inhaltlichem Feedback zu sein. So reagiert sie einmal mit einer Wiederholung („Auf einem Reifen?"), einmal inhaltlich („Das könnte sein..."). Durch weitere Hinweise und Elizitierungsschritte wird schließlich die intendierte Präposition gefunden. Die Förderstudierende elizitiert den korrekten Artikel und evaluiert anschließend formal. Der Inhalt scheint am Ende der Aushandlungssequenz schon sehr im Hintegrund zu stehen, weshalb bei den Realisierungstypen auch von Übergängen auszugehen ist. Hier endet eine als Typ 2 begonnene Realisierung von Formfokussierung eher als Typ 3, der noch ausgeführt wird, aber von Longs FoF sehr deutlich zu unterscheiden ist. Das Problem liegt darin, dass die Frage, wo ein Grizzly leben kann, letztlich nicht mehr inhaltlich behandelt wird. Es hätte sich aber durch eine andere Verhaltensweise der Förderstudierenden auch eine verstehensorientierte Kommunikation ergeben können, die die Sequenz eher in Richtung Typ 1 hätte bewegen können.

Die folgenden zwei Übersichten zeigen, welche Techniken bei Schritt I eingesetzt und in welcher Weise sie realisiert wurden (d.h. explizit formbezogen oder implizit formbezogen). Außerdem wird deutlich, in wie vielen

Fällen es bei Typ 2 zu einer beobachtbaren Lernerreaktion in Folge der Problemindikation kam:

Tabelle 6.10: Übersicht explizite Problemindikation und Lernerreaktion, Typ 2

Problem-indikation	Technik	Anzahl	Lernerreaktion
explizit	Korrektur	2	2
	Nachfrage	8	8
	Wiederholung	2	1
	Elizitierung	4	4
	Auswahl	7	7
	metasprachlich	3	3
gesamt		26	25

Die Zahlen sind so zu interpretieren, dass in 25 von 26 Fällen eine Lernerreaktion in Folge des explizit realisierten Feedbacks beobachtet werden konnte. Lediglich bei einer Wiederholung zeigte der jeweilige Lerner keine Reaktion.

Interessant ist, dass Schritt I bei Typ 2 deutlich häufiger explizit realisiert wird als bei Typ 1 und es auch deutlich häufiger zu einer beobachtbaren Lernerreaktion kommt. Es kommen auch deutlich andere Strategien zur Realisierung von I zum Einsatz als bei Typ 1.

Interpretation

Bei Typ 2 ist der Schritt I deutlich expliziter formbezogen realisiert worden, was die Beschreibung des Kontextes als *inhaltsorientiert mit stärkerem Fokus auf Form(korrektheit)* unterstützt. Damit scheint auch die Bereitschaft expliziter vorzugehen zusammenzuhängen. Die hohe Anzahl an erfolgreichen Lernerreaktionen i.S.v. beobachtbaren Selbstkorrekturen bzw. *uptake* der fokussierten Form spricht für die aufdringlichere Vorgehensweise und die klarere Formfokussierung bei Typ 2. Gelingt die Einbettung der Formfokussierung in ein inhaltlich anregendes Gespräch z.B. durch fortführende inhaltliche Fragen, erscheint dieser Typ als gute und ‚realisierbarere Variante von FoF, v.a. weil sich die Formfokussierung leichter planen lässt als bei Typ 1. Problematisch ist es m.E., wenn der Fokus der Lehrkraft während der Aushandlung zwischen Inhalt und Form wechselt. Man erkennt an solchen Beispielen die Unsicherheit und das fehlende

Verständnis dafür, dass die Äußerungen zunächst unbedingt auf der inhaltlichen Ebene fokussiert werden muss. Erst dann ist es im Sinne des FoF-Ansatzes sinnvoll eine Form zu fokussieren.

6.2.3 Typ 3

Beschreibung

In den Daten zeigt sich, dass Formfokussierung auch in Kontexten auftritt, in denen es klar um die Korrektheit bzw. Übung der zu verwendenden sprachlichen Mittel geht. Der Inhalt ist als *pseudo-Inhalt* austauschbar, der Informationsgehalt ist gering, die Sprache der Lerner ist stark gelenkt und evaluiert wird v.a. die Korrektheit der Lerneräußerungen. Die folgenden Beispiele demonstrieren diesen Typ 3.

Beispiele

1. Beispiel: Im folgenden Beispiel wird die Zielform im Rahmen eines Lückentextes fokussiert.

Abbildung 6.2: Bild und Lückentext, Typ 3

191

Die Aufgabe der Lerner besteht darin, die Lücken mit den passenden Präpositionen und Artikeln zu füllen. Das Bild[7] dient als Anhaltspunkt. Im Rahmen dieser Aktivität kommt es zu folgender Formaushandlungssequenz, die als Prototyp des hier dargestellten Typs 3 verstanden wird:

G, T4, 13

Ar: Die sch/ die Sonne scheint im Himmel.

G: Schreibs mal bitte auf, ich habe es nämlich gerade nicht richtig verstanden. Schreibs mal bitte auf, dann seh ich ob du das Richtige gemeint hast.

A: Auf dem? Die Sonne scheint ... Himmel.

G: Hm, da fehlt jetzt was.

A: Im Himmel.

G: Sagt man im Himmel?

H: In.

Ar: Man sagt im.

G: Die Sonne scheint im Himmel? Also wenn ich da hochgucke, sage ich eigentlich was anderes. Ich nehme eine andere Präposition.

H: Auf. Vor.

G: Auf dem Himmel? Vor den Himmel?

H: An. An.

G: An und wie muss es dann aber lauten? Die Sonne scheint?!

Ar: Am.

G: Genau am Himmel. Das wäre das erste, was ihr eintragen sollt.

Beschreibung: Durch die Aktivität ist der Kontext bereits eindeutig formorientiert. Der Fokus liegt sofort auf den Formen, d.h. es gibt keinen kommunikativen Grund für die Formfokussierung. Die Formen, d.h. die zu verwendenden Präpositionen sind am Arbeitsblatt vorgegeben und werden nicht vom Lerner selbst eingebracht. Er ist nur aufgefordert die formalen

---

7 Da die Studierende keine Quellenangabe machte, ist es auch hier nicht möglich, die Quelle anzugeben.

Anpassungen vorzunehmen, sprich Sprachwissen anzuwenden und zu automatisieren. Die langwierige Aushandlung der einzig richtigen Lösungen für die jeweiligen Lücken, führt zu Raten beim Lerner und bei der Förderstudierenden G dazu, dass sie einerseits Sprachgefühl („Sagt man im Himmel?" und „Ich sage was anderes") einfordert und andererseits auf Metasprache zurückgreift. Dadurch wird die gesamte Sequenz sehr abstrakt und der ausschließliche Fokus gilt der korrekten Verwendung der Formen in den vorgegebenen Lücken. Die Förderstudierende setzt zudem verschiedene Feedbacktechniken ein, die explizit formbezogen und outputfordernd sind. Der Lerner zeigt kein Interesse am Inhalt des Textes. Kennzeichnend für diesen Typ 3 ist die starke Lenkung in der Sprachverwendung. Die Form ergibt sich nicht natürlicherweise und wird in Folge dessen fokussiert, sondern ist Ausgangspunkt und Ziel der Interaktion (vgl. Kap. 2). Die Sequenz wird folgendermaßen eingeschätzt:

Tabelle 6.11: Auswertung Typ 3, Beispiel 1

Kontext	formorientiert
Formfokussierung	reaktiv, elizitiert
SA	unbegründet und formorientiert
RR	formorientiert

2. Beispiel: Auch das folgende Beispiel wird als Typ 3 klassifiziert, weil der Kontext ausschließlich formorientiert ist und die Bedeutung der Äußerungen klar nebensächlich sind.

G, T5, 141

H: Zwischen den afrikanischen Elefant ((3,1s)) ist ein Stein.

G: Kann man das sagen? Nicht lachen (an A gerichtet): Was brauchen wir wieder bei ,zwischen', Hamza? Was brauchen wir bei ,zwischen'? Das war dieselbe schwierige Präposition, wo wir zwei verschiedene Sachen brauchen, wo etwas ((1,1s)) dazwischen liegt. Oder steht. Versuchs nochmal!

H: Zwischen...Zwischen zwei Löwen steht ein Löwe.

G: Prima, Okay. Riat du bist dran.

Beschreibung: An diesem Beispiel wird deutlich, dass die Bedeutung der Präposition *zwischen* nicht verstanden wird. Die Förderstudierende G reagiert mit metasprachlichen Hinweisen und fordert den Lerner H auf, die Präposition erneut zu verwenden. Dabei steht einzig die formal korrekte Verwendung im Vordergrund. Die Lerneräußerung erscheint dekontextualisiert und inhaltsleer.

Tabelle 6.12: Auswertung Typ 3, Beispiel 2

Kontext	formorientiert
Formfokussierung	reaktiv, elizitiert
SA	unbegründet, formorientiert
RR	formorientiert

Dieser Typ 3 weist zusammenfassend folgende Merkmale auf:

1. Der Kontext ist sehr begrenzt und meist auf die Satzebene beschränkt;

2. Die Verwendung der Zielform erscheint künstlich und wird stark gelenkt durch eine Vorgabe durch den Förderstudierenden oder das Material;

3. Es ist kein Mitteilungsbedürfnis der Lerner erkennbar, eingefordert werden die korrekten Formen, es gibt kein nicht-sprachliches Ziel;

4. Es kommt zur formorientierten Fortsetzung des Gesprächs, zu rein formaler Evaluierung oder zu keiner Reaktion der Lehrkraft in Folge der Lerneräußerung.

Auftretenshäufigkeit Typ 3

Die folgende Tabelle zeigt, wie häufig Typ 3 von den Studierenden realisiert wurde:

Tabelle 6.13: Übersicht Typ 3 pro Studierendem/r

Studierende/r	Häufigkeit Typ 3
C	0
N	0
G	12
T	0
L	0
S	5
A	0
gesamt	17

Dieser Typ tritt im gesamten Datenmaterial 17 Mal auf und ist somit am seltensten vertreten. Dennoch zeigen die Vorgehensweisen, wie sich eine klare Formorientierung auf die Interaktion zwischen Lehrkraft und Lerner auswirken kann. Typ 3 entspricht i.d.S. nicht den Vorgaben von FoF.[8]

Problemindikation und Lernerverhalten

Typ 3 wird ausschließlich explizit realisiert, wobei es auch hier Unterschiede in der Realisierung von Schritt (I) und der darauf folgenden Lernerreaktion (R) gibt. Bei Typ 3 wird die Form häufig mit dem Ziel des Verstehens (*understanding*, vgl. Abschnitt 3.2.2) fokussiert. Der Fokus wird deutlich auf die Form gelenkt und dabei kommt es zu einer langwierigen, über mehrere Gesprächsschritte andauernden Aushandlung, die abstrakt wirkt und zu Ratespielen oder Verwirrung der Lerner führt. Anhand ausgewählter Beispiele werden Strategien und Verhaltensweisen, wie sie in diesen Kontexten vorkamen, verdeutlicht.

1. **gelenkt, metasprachlich, Fokuswechsel**: Der Fokus wird durch eine Vorgabe der zu verwendenden sprachlichen Mittel und unter Verwendung metasprachlicher Ausdrücke auf die Form gelenkt und zwar auch dann, wenn die ursprüngliche Lerneräußerung eigentlich semantisch und formal korrekt wäre, sie aber nicht den Erwartungen

---

8 Interessant ist, dass dieser Typ von Formfokussierung von zwei der Studierenden realisiert wird, weshalb ev. auch von Lehrer-Typen ausgegangen werden kann. Dieser Fragestellung muss allerdings in einer eigenen Untersuchung nachgegangen werden.

des Förderstudierenden und/oder den Vorgaben durch das Material entsprechen.

G, T3, 140

G: Wo kriecht sie denn lang? Aya, wo kriecht die Schnecke hier lang? (SA)

A: Auf den Zw/auf dem Ast. (R grundsätzlich korrekt)

Ar: Auf den Zweigen. (R)

A: Auf den Ast. (T)

G: Mir fehlt ne andere Präposition, da könnte man noch ne andere Präposition besser nehmen als au/ nicht auf. (I metasprachlich)

A: Im/ äh am. (R Suchen des Lexems)

G: Und wie müsste es dann heißen? Die Schnecke kriecht? (RR, I, Evaluierung der gefundenen Form, Elizitierung)

A: An dem Ast. (R)

die Förderstudierende notiert die Äußerung an der Tafel. (RR rein formorientiert, Fokuslenkung durch Tafelanschrieb)

Beschreibung: Die Förderstudierende G elizitiert eine Äußerung, die sich auf ein Bild mit einer an einem Ast entlang kriechenden Schnecke bezieht. Die erste Äußerung der Lernerin Ar wird dabei als inkorrekt in Bezug auf die verwendete Präposition erachtet. Dies wird auch metasprachlich formuliert. Die Lernerin Ar wird von der Lernerin A abgelöst. Diese sucht nach der intendierten Präposition, d.h. sie wechselt den Fokus auf die Formebene, und wird dabei von der Förderstudierenden metasprachlich angeleitet, die erwartete Äußerung zu produzieren. Die Formfokussierung ist zweifach realisiert: zunächst wird das Lexem auf semantischer Ebene gesucht und erst im zweiten Schritt die Artikelform. Erst als dieser produziert wird, ist die Förderstudierende zufrieden und zeigt dies durch Notation der Form an der Tafel an.

2. **gelenkt durch Material, metasprachlich, Raten der Form:** Das erste Beispiel in Abschnitt 6.2.3 verdeutlicht eine Vorgehensweise, die dazu führt, dass der Lerner die Form rät, es aber zu keiner überzeugend sinnvollen Formfokussierung bzw. -aushandlung kommt.

G, T4, 13

Ar: Die sch/ die Sonne scheint im Himmel. [...] (siehe Beispiel 1, Typ 3)

Beschreibung: Die starke Lenkung durch die Förderstudierende führt dazu, dass der Lerner G verschiedene Präpositionen ausprobiert und schließlich, dem Beispiel davor entgegengesetzt, von der Form „an dem" zu „am" gelangt.

3. **unklare Problemindikation, metasprachlich, Raten der Form:**

S„ T3, 335

F: In die Luft. (T)

S: Nee, was gefällt mir daran nich? (1. I)

F: An die Luft, an der Luft ((unv. 2,1s)).

S: Ähh, was ist Luft, Lebensraum Luft? Schmetterlinge leben? (2.I inhaltlich, Intention formal)

T: In der Luft.

A: In der Luft.

C: In die Luft. (R wird ignoriert)

S: Denkt dran, Dativ, ja! Aus die wird der, in der Luft. (notiert die Äußerung an der Tafel)

Beschreibung: Diese Sequenz ist interessant, weil sie gut demonstriert, wie dekontextualisierte Formfokussierung aussieht. Die Äußerung von F, die die Aushandlung auslöst, wird metasprachlich kommentiert, woraufhin die Lernerin den Fokus auf die Präposition lenkt und wiederum rät. Der zweite Hinweise (2.I) der Förderstudierenden erscheint zunächst inhaltlich orientiert, so als ob die Form durch die Erklärung, was Luft ist, abgeleitet werden könnte. Dann folgt eine Elizitierung der Präpositionalgruppe, die von zwei anderen Schülern augegriffen wird. Die falsche Äußerung von C wird ignoriert und die Förderstudierende schließt die Sequenz mit einem auf Verstehen abzielenden metasprachlichen Hinweis zur Form ab.

4. **gelenkt, unmotivierter Formfokus, Fokuswechsel:** Interessant ist auch folgende Sequenz, in der zunächst die passende Präposition ausgehandelt wird und anschließend die Form des Artikels, um die Präpositionalgruppe zu vervollständigen:

G, T4, 128

G: Über ist die Präposition und welcher Artikel muss da noch mit hin?

A: Über den, der ...

G: Was kommt n dahinter? Er flattert über und dann steht da Katze. (A durch das Übungsformat vorgegeben)

A: Die, die (T)

G: Über die Katze? (I)

A: Über der. (R Selbstkorrektur)

G: Genau, über der Katze. (RR)

Beschreibung: Auch an diesem Beispiel erkennt man das Problem dekontextualisierter und unbegründeter Formfokussierung. Die Lerneräußerung „Die Katze" ist korrekt, der Lerner liefert der Förderstudierenden G die knappe, formbezogene Antwort, die sie wahrscheinlich gewöhnt ist, zu geben. Warum sich „die Katze" zu „der Katze" verändert, erscheint komplett unmotiviert. Die kurzen, isolierten Äußerungen der Teilphrasen sind ebenfalls charakteristisch für diesen Typ der Formfokussierung.

Interpretation

Die als Typ 3 klassifizierten Sequenzen zeichnen sich dadurch aus, dass die Orientierung auf die korrekte Form deutlich im Vordergrund steht. Es zeigen sich Unterschiede in den Lernerreaktionen, die nur in wenigen Fällen als *uptake* oder Selbstkorrektur zu bezeichnen sind. In den meisten Fällen werden die Formen auf lexikalisch-semantischer und formaler Ebene so ausgehandelt, dass die Lernerreaktion meist ein Raten der Form darstellt oder sie ihr Rederecht verwirrt an die anderen Lerner oder den Förderstudierenden abgeben.

Bei Typ 3 werden die Formen abstrakt und dekontextualisiert ausgehandelt. Die korrekte Realisierung von Formen wird geübt und es wird versucht die Regeln anzuwenden. Anhand der Beispiele konnte gezeigt werden, dass diese Vorgehensweise zu einer starken Lenkung der Lerner und ihrer Sprachverwendung führt, d.h. die FoF-spezifischen Kontextmerkmale nicht vorhanden sind. Die Abstraktion und Formorientierung führt zu unzusammenhängenden, dekontextualisierten Phrasen und Formen, deren kommunikative Funktion unklar bleibt. Die für FoF erforderliche Gestaltung des Kontextes zur Bedeutungszuschreibung und Motivation erscheint misslungen. Die explizite, unbegründete Formfokussierung führt zu Verwirrung und Raten der Formen auf Seiten der Lerner und metasprachlichen, abstrakten Hinweisen durch die Studierenden.

Insgesamt wechseln die Lerner zwar den Fokus auf die Formebene bzw. handeln Form aus, aber es entsteht der Eindruck, dass diese Formfokussierung wenig zielführend und ineffektiv ist.

6.2.4 Überblick über die Ergebnisse

Die nachstehende Tabelle zeigt die Verteilung der Realisierungstypen von geplanter Formfokussierung im gesamten Datenmaterial:

Tabelle 6.14: Typen gesamt

Typ	Zielform
Typ 1	24
Typ 2	30
Typ 3	17

In 24 Fällen wird die Zielform im kommunikativen Kontext fokussiert. Nur diese 24 Sequenzen erfüllen demnach die (strengen) Kriterien hinsichtlich der Kontextmerkmale, um von FoF zu sprechen. In 30 Fällen wird die Zielform im inhaltsorientierten Kontext fokussiert, d.h. die Form wird zwar kontextualisiert, es besteht aber kein primärer Inhaltsfokus und in 17 Fällen wird die Zielform im formorientierten Kontext und dekontextualisiert fokussiert. Die Abweichungen von Longs ursprünglicher FoF-Definition sind in diesem Sinne bei der Gestaltung des Kontextes, in dem der Form Aufmerksamkeit gewidmet wird und im Hinblick auf die Aufdringlichkeit der Problemindikation zu finden.

Auf die verschiedenen Lehrkräfte verteilt, ergibt sich für die jeweilige anvisierte Zielform folgendes Bild:

Tabelle 6.15: Anzahl der Typen pro Studierendem/r

Studierende(r)	Typ 1	Typ 2	Typ 3
C	2	2	0
A	1	1	0
L	1	5	0
T	9	5	0
G	3	1	12
N	7	7	0
S	1	9	5

Die beschriebenen Realisierungstypen der Formfokussierung zeigen qualitativ relevante Unterschiede in der Gestaltung des Kontextes, bei den Strategien zur Formelizitierung und zur Problemindikation. Auffallend ist, dass die Formfokussierung bei Typ 1 sehr unaufdringlich realisiert wird und die Lerner in diesen Sequenzen kaum ein Bemerken der Form anzeigen. Zwar erfolgt die Formfokussierung im Sinne des FoF-Ansatzes eingebettet und vorübergehend, die Inhaltsorientierung erscheint aber insofern hemmend, als dass die Studierenden den Kommunikationsfluss nicht unterbrechen und der Form Aufmerksamkeit widmen wollen. Inwiefern dieses Vorgehen tatsächlich eine veränderte Wahrnehmung der Formen durch die Lerner zur Folge hat, kann an dieser Stelle nicht beantwortet werden.

Sequenzen des Typs 2 werden in einem Kontext realisiert, der eine geringere Inhaltsorientierung aufweist. Im Gegenzug wird die Zielform häufiger elizitiert und in Folge fokussiert. Die Vorgehensweise bei der Problemindikation unterscheidet sich von der bei Typ 1, da deutlich expliziter vorgegangen wird. Die Lerner zeigen in diesen Sequenzen häufiger ein Bemerken der fokussierten Form an. Die Vermutung liegt nahe, dass auf Seiten der Studierenden mehr Ressourcen für die Formfokussierung gegeben sind, da weniger Aufmerksamkeit auf den kommunizierten Inhalten liegt. So wird das Gespräch beispielsweise seltener inhaltsorientiert fortgesetzt. Außerdem wird die Formfokussierung länger (d.h. über mehrere Gesprächsschritte hinweg) und intensiver realisiert.

Bei Typ 3 ist der Kontext als klar formorientiert zu bezeichnen. Den Inhalten wird wenig bis keine Beachtung geschenkt und eine explizite

Fokussierung der Formen mit dem Ziel des Erkennens (*understanding*) verfolgt. Wie bereits ausgeführt wurde, ist fraglich, inwiefern eine solche Vorgehensweise die lerneffektive Speicherung der fokussierten Formen ermöglicht. Diese Sequenzen sind interessant, da sie kaum mit den FoF-Vorgaben korrelieren. Die jeweiligen Studierenden scheinen dies aber nicht zu erkennen. Daraus lässt sich schließen, dass es für einen sinnvollen Transfer des theoretischen Wissens über inhaltsorientierte Kommunikation und eine Integration der Formfokussierung im Sinne von FoF noch mehr an gezielterer Schulung und Reflexion bedarf.

Der Erfolg der Formfokussierung ist je nach zugrundegelegtem Kriterium unterschiedlich zu interpretieren. Einerseits ist die kontextuell eingebettete und begründete Formfokussierung von Typ 1 als Erfolg i. S. d. Ansatzes zu sehen. Andererseits kann argumentiert werden, dass eine beobachtbare Lernerreaktion, welche genau bei Typ 1 meistens fehlt, das entscheidende Erfolgskriterium darstellt. Die Daten zeigen, dass beides, d. h. eine kontextuelle Einbettung der Formfokussierung und eine beobachtbare Lernerreaktion nur in wenigen Fällen erreicht wurde. Genau darin scheint die Hürde des FoF-Ansatzes (als *planned FoF* realisiert) zu liegen, weshalb auf Probleme der Implementierung im nächsten Kapitel näher eingegangen wird.

6.3 Problembereiche der Implementierung

Die zweite Forschungsfrage bezieht sich auf die Schwierigkeiten, die sich bei der Umsetzung von geplantem FoF ergeben. Probleme und Herausforderungen lassen sich in folgenden Teilbereichen erkennen:

1. Planung von kommunikativen bzw. inhaltsorientierten Unterrichtsaktivitäten;

2. Inhaltsorientierte Gesprächsführung und Etablierung eines doppelten Fokus auf Form und Inhalt;

3. Einbettung und Elizitierung der Zielform;

4. Fokuslenkung und Aufdringlichkeit bei der Problemindikation.

6.3.1 Planung von Unterrichtsaktivitäten

Schwierigkeiten ergeben sich in der Planung von Aktivitäten und des Unterrichtsablaufs generell. Die Förderstudierenden hatten z.t. Probleme dabei, Aktivitäten so zu gestalten, dass tatsächlich die inhaltsorientierte Kommunikation und die Erreichung nicht primär sprachlicher Ziele im Vordergrund standen. Stattdessen wurden, v.a. auch ab der Mitte und am Ende der Fördereinheit klassische Übungen mit ausschließlichem Formfokus entwickelt.

Außerdem zeigte sich, dass die Förderstudierenden teilweise dazu neigten, klassisches Üben in inhaltsorientierte Aktivitäten zu integrieren. Am Beispiel des abschließenden Spiels der Studierenden N kann diese Schwierigkeit verdeutlicht werden. Sie elizitiert am Ende der Fördereinheit die Zielform spielerisch, indem die Lerner auf Wortkarten geschriebene Orte (Lebensräume) und Tiere ziehen und zunächst überlegen sollen, ob das jeweilige Tier dort artgerecht lebt oder nicht. Dadurch erreicht sie eine Verknüpfung des inhaltlichen Themas „Artgerechte Tierhaltung" mit der Zielform. Neben diesen kognitiv relativ anspruchsvollen Impulsen, die durchaus auch zu Aushandlungen und längeren Interaktionen anregen, gibt sie als Ort auch „Hocker" und als Subjekt „Clown" vor. Intendiert ist die Äußerung: *Der Clown sitzt auf dem Hocker"*. Die Aushandlungssequenz dazu sieht folgendermaßen aus:

N, T3, 274

M: Der Clown sitzt im Hocker.

N: Im Hocker?

M: Nein.

N: Wo sitzt er? Ne, wo sitzt er?

M: Sitzt auf dem Hocker.

N: Auf dem Hocker, genau.

M: Ja, auf dem Hocker und dann....

Im Unterschied zu den anderen Impulsen ist bei diesem Beispiel zu fragen, warum der Lerner sich dazu äußern sollte. Es fehlt eindeutig die kognitive Dimension und das Ziel ist ausschließlich die korrekte Formulierung der Präpositionalgruppe. Was man an diesem Beispiel sehr gut erkennt, ist die Tatsache, dass der Grad zwischen reiner Formorientierung und Form-Inhaltsorientierung sehr schmal ist und ein Rückfall auf die ‚einfachere'oder traditionellere Vorgehensweise relativ rasch und innerhalb *einer* Aktivität (!) geschehen kann.

6.3.2 Inhaltsorientierte Gesprächsführung

Die Förderstudierenden hatten Schwierigkeiten dabei ein inhaltsorientiertes Gespräch zu führen bzw. mit den Lernern so zu kommunizieren, dass (zunächst) ein primärer Fokus auf die Inhalte und das Verstehen entstand, was auch die Einbettung der Formfokussierung beeinträchtigte. Die Schwierigkeiten zeigten sich u.a. in der Qualität der gestellten Fragen, die z.t. keine neue Information in Erfahrung brachten. Noch deutlicher wurde ein eingeschränktes Verständnis von ‚echter' inhaltsorientierter Kommunikation, wenn auf Lerneräußerungen nicht oder ausschließlich formal reagiert wurde. Es folgte z.t. kein inhaltliches Feedback und keine Fortführung des Themas durch neue Fragen oder Impulse. Die fehlende Fortführung des Gesprächs und die starke Lenkung der Lerner sind als Hinweise auf Probleme bei der inhaltsorienierten Gesprächsführung zu deuten. Außerdem wurde das Rederecht z.t. sehr stark durch die Lehrkraft geregelt, auch in Phasen, die zur freien Kommunikation anregen und genutzt werden sollten. Auch dies zeigt, dass eine kommunikative Grundorientierung und ein freies Sprechen als Voraussetzungen für Bedeutungsaushandlung und FoF nur eingeschränkt realisiert werden konnten. FoF erfordert ein Ablassen von klassisch geregelten Unterrichtsdiskursen.

Eine zentrale Schwierigkeit bei der Implementierung des Ansatzes liegt also darin, sich an Inhalten zu orientieren, die eine kognitive Auseinandersetzung unter Zuhilfenahme der sprachlichen Mittel einfordern und nicht zu Sprachübungszwecken ‚missbraucht' werden. Die Planung inhaltlicher Aufgabenstellungen und die Integration eines FoF erfordert ein Ablassen von der Übungsidee und der Generierung zwingender Kontexte bei der Aufgabenbearbeitung (vgl. Abschnitt 4.1.1).

Doppelter Fokus auf Form und Inhalt

Nicht allen Studierenden schien es gleich gut zu gelingen einen doppelten Fokus auf Inhalt und Form zu legen. Dies zeigte sich in der Interaktion beispielsweise darin, dass geeignete Situationen, die sich im Gesprächsverlauf ergaben, nicht zur Fokussierung der Zielform genutzt wurden. Diese ,verpassten' Situationen deuten darauf hin, dass die Aufmerksamkeit nicht beiden Aspekten gleichermaßen galt.

Außerdem hatten die Studierenden z.t. Schwierigkeiten dabei, ihr eigenes Sprechen zu kontrollieren. Die Zielform selbst sinnvoll eingebettet zu verwenden und ihr Auftreten dadurch zu häufen, ist als Hinweis auf einen doppelten Fokus zu deuten. Das konnte allerdings nur selten und nur bei wenigen Studierenden beobachtet werden.

Ein doppelter Fokus zeigt sich auch darin, eine einmalig fokussierte Form zu einem späteren Zeitpunkt erneut aufzugreifen, d.h. eine Kontinuität in der Aufmerksamkeit für diese Form herzustellen. Diese Strategie wurde von keinem der Studierenden bewusst eingesetzt und stellt damit eine ungenutzte Ressource für die Formfokussierung im Unterricht dar.[9]

6.3.3 Einbettung und Elizitierung der Zielform

Ein weiteres Problem bei der Realisierung geplanter Formfokussierung liegt darin, die Lerner inhaltlich zu involvieren und dann die Zielform so zu elizitieren, dass sie sich in den Gesprächskontext integriert und natürlich auftaucht. Die Form zur Beantwortung einer Frage natürlicherweise verwenden zu lassen, erfordert enormes Geschick und hängt u.a. auch von den Eigenschaften der Form ab. Es gelang den Förderstudierenden unterschiedlich gut, die Zielform auch spontan im Gespräch zu elizitieren, was darauf hindeutet, dass diese Fähigkeit geschult und trainiert werden kann.

Zwar zeigen einige der Förderstudierenden bereits ein Geschick darin echte Fragen zu stellen und damit die Zielform zu elizitieren oder sie kontextuell eingebettet zu verwenden und so den Input zu fluten. Es wurde aber auch deutlich, dass einige der Förderstudierenden trotz theoretischen Wissens bezüglich des FoF-Ansatzes und seinen konstituierenden Merkmalen in ein typisch unkommunikatives Gesprächsverhalten verfielen. Daraus lässt sich schließen, dass der primäre Inhaltsfokus von den Studierenden unterschiedlich interpretiert und/oder gewichtet wurde. Man erkennt

---

9 Dies wurde zwar nicht explizit ausgewertet, konnte aber dennoch beobachtet werden. Hinzu kommt, dass die Studierenden diesbezüglich in ihren Reflexionen keine Aussagen machten.

die Unterschiede in der Planung, aber auch in der Umsetzung z.B. anhand der Themenwahl, am Einsatz von Materialien, der Evaluierung von Lerneräußerungen und dem gezeigten Interesse am Thema.

Formeigenschaften

Die Möglichkeiten eine Form spontan zu elizitieren und dabei sinnvolle Kontexte zu gestalten, hängen stark von den Eigenschaften der Formen und ihren strukturellen Eigenschaften ab. So ist die Elizitierung von Objekten durch die W-Fragen deutlich einfacher und die Förderstudierenden erscheinen darin deutlich geübter als z.B. bei der Elizitierung von Verben.

Eine andere Schwierigkeit des Ansatzes liegt darin, dass sich neben geplanten Formen (die z.t. mühsam elizitiert werden), viele andere Formen spontan als potenzielle Fokussierungsgegenstände ergeben. Die Vielfalt an Formfehlern, wie sie häufig in nur einer Äußerung auftreten, stellen die Lehrkraft generell vor eine enorme Herausforderung. Sie muss entscheiden, ob sie darauf eingeht, wie sie den Fokus darauf lenkt und wie sie den Fokus zurück zum Thema und ev. der eigentlichen Zielform findet. Dazu benötigt sie Wissen über sprachliche Erscheinungsformen in unterschiedlichen sprachlichen und situativen Kontexten.

6.3.4 Fokuslenkung und Aufdringlichkeit

Schwierigkeiten in der Realisierung der Problemindikation zeigen sich in der Wahl der Intensität, im Zeitpunkt und in der Dauer.

Einige der Studierenden zeigten die formalen Probleme zu implizit an. Auch wenn eine implizite, unaufdringliche Vorgehensweise z.T. bewusst angestrebt wurde, erscheint es besonders ,inhaltsorientierten Förderstudierenden' schwer zu fallen, den Aufdringlichkeitsgrad der Formfokussierung zu erhöhen, um den Lernerfokus stärker auf die Form zu lenken (vgl. insbesondere die Studierenden C und L). Die implizite Vorgehensweise, v.a. am Anfang des Unterrichts, deckt sich mit Beobachtungen aus anderen Untersuchungen (vgl. Loewen 2003, Farrokhi 2011). Das Problem an dieser Stelle sind uneindeutige Feedbacktechniken und unsichere Fokusausrichtungen der Förderstudierenden, die zu Verwirrung auf Seiten der Lerner führen.

Andere Studierende hatten wiederum Schwierigkeiten dabei, das Problem zu explizit anzuzeigen. Sie wechselten den Fokus z.t. unbegründet und zu früh auf die Formseite. Es wurde in diesen Fällen nicht darauf geachtet, dass zunächst ein gegenseitiges Verstehen und Mitteilungsbedürfnis gegeben sein müssen. Eine Schwierigkeit liegt demnach darin, während der Interaktion den geeigneten Zeitpunkt zur Fokussierung der Form zu finden.

Außerdem wurden z.T. uneindeutige Feedbacktechniken eingesetzt, d.h. der Fokus erschien für die Lerner und die Lehrkraft in diesen Momenten nicht klar zu sein. Hinweise auf die Form, die metasprachlich und abstrakt realisiert wurden, deuten darauf hin, dass der/die Förderstudierende das Niveau der Lerner hinsichtlich der regelorientierten Formenbildung nicht ausreichend einschätzen konnte. Ebenso zeigte sich, dass die Förderstudierenden Schwierigkeiten dabei hatten, den Lernern die Zeit zur Verarbeitung der fokussierten Form zu geben. Die Form wurde zu schnell ausgehandelt und der Fokus wechselte zu rasch zurück auf die Inhaltsebene (oder zu neuen Formen!). Zusammenfassend besteht die Herausforderung darin, die Form im richtigen Zeitpunkt und – lernerabhängig – mit der richtigen Intensität und dem angemessenen Abstraktionsgrad zu fokussieren. Eine flexible Nutzung expliziter und impliziter Vorgehensweisen wird deshalb als ‚Kernstück' der FoF-relevanten Lehrerkompetenz verstanden. Den Aufdringlichkeitsgrad der Problemindikation zu variieren, erlaubt es situationsbedingt und unter Berücksichtigung des individuellen Lerners auf Formen einzugehen ohne Grammatikunterricht im klassischen Sinn zu verfolgen.

Auch ein zu schneller Wechsel zwischen Inhalts- und Formfokus erscheint schwierig für die jungen DaZ-Lerner. In den analysierten Daten sind häufig keine Lernerreaktionen zu beobachten, was auf Verwirrung oder einen ungeteilten Fokus hindeutet. Diese Verhaltensweisen müssen von der Lehrkraft während der Interaktion interpretiert und bei der weiteren Vorgehensweise und Fokusausrichtung berücksichtigt werden.

Eine andere Schwierigkeit zeigt sich m.E. darin, eine Balance zwischen inhaltlich anregenden Themen zur Involvierung der Lerner und einer gezielten Formfokussierung zu finden. In manchen Fällen scheint eine starke Inhaltsorientierung hemmend für das Gelingen eines Fokuswechsels auf die Formebene. Die Lerner erscheinen dann teilweise nicht gewillt vom Inhalt abzulassen, um der Form Aufmerksamkeit zu widmen. Diese Beobachtung deutet auf ein generelles Problem des FoF-Ansatzes hin: die Motivation der Lerner und eine gewisse Bereitschaft der Form der Äußerung Bedeutung beizumessen, ist als Voraussetzung für einen ausgeglichenen Wechsel zwischen Inhalts- und Formfokussierung zu sehen. Neben den Fähigkeiten der Lehrkräfte sind es die Lerner und ihre spezifischen Eigenschaften, die einen entscheidenden Beitrag zum Gelingen oder Misslingen der Formfokussierung beitragen.

Als schwierig erwies sich zudem die Frage nach der Zielsetzung, d.h. ob reines Bemerken der Form oder Verstehen der Regel angestrebt werden sollte. Die nötige oder mögliche Abstraktion ist dabei wiederum vor dem Hintergrund der Form und ihrer Komplexität sowie den Lernern und ihren Möglichkeiten der abstrakten Formbetrachtung zu entscheiden. Die Lernerreaktionen, die auf formales Feedback folgen (R), sind aus diesem Grund kritisch zu betrachten und in Hinblick auf die Aufdringlichkeit der Formfokussierung abzuwägen. Von Seiten der Lehrkräfte erscheint es notwendig, die Orientierung am Sprachsystem und dem Regelwissen zu hinterfragen. Die oft eingeforderte Abstraktion und die daraus resultierenden Lernerreaktionen weisen auf ein Problem hin, das u.a. mit dem Alter der Lerner, ihrem Lernstand und ihrer Motivation in Verbindung gebracht werden kann.

Form und Inhalt in Balance

Die zentrale Aufgabe, einen Fokus auf Inhalt und Form in Balance zu halten, wurde nur z.T. realisiert. Die Förderstudierenden hatten Schwierigkeiten dabei, nach der Fokussierung der Form, wieder inhaltlich zu kommunizieren. Insbesondere gegen Ende der Fördereinheiten wurde z.T. ein reiner Fokus auf die Formen etabliert und die Themen rückten mehr und mehr in den Hintergrund. Außerdem zeigten die Studierenden selbst nicht immer Interesse an den (von ihnen gewählten) Themen und den Lerneräußerungen.

6.4 Didaktische Empfehlungen

Die Frage, wie Lehrkräfte Formfokussierung im Sinne von FoF realisieren können und welche Kenntnisse und Fähigkeiten sie dazu benötigen, wird in weiterer Folge dargestellt.

Eine Möglichkeit FoF zu realisieren, besteht auf der Ebene des Inputs darin, auf die bewusste Häufung der Form zu achten. Dabei kann eine sich zufällig ergebende Form spontan als Zielform übernommen werden und im weiteren Verlauf gehäuft werden. Es ist aber auch möglich, zuvor eine Form auszuwählen und ihr Auftreten im eigenen Output geplant zu häufen. In beiden Fällen ist es notwendig, die eigene Sprachproduktion zu überwachen (Monitoring) und syntagmatische Beziehungen zu antizipieren und zu nutzen. Möglichkeiten sind beispielsweise zu paraphrasieren, unter Verwendung der Zielform zu reformulieren, Situationen zu versprachlichen, in denen die Zielform natürlicherweise vorkommt, u.ä. In diesen Fällen kommt einem eine gezielte Planung von Kontexten entgegen. Die i.S.d. Inputflut gehäufte Form sollte auch auditiv hervorgehoben werden. Dazu eignen sich einerseits Betonen, aber auch Pausieren oder gedehntes Sprechen (vgl. Motsch 2004).

In Bezug auf das Gesprächsverhalten ergibt sich neben der Überlegung, wie die Form in den Fokus zu bringen ist, die Notwendigkeit die Qualität des eigenen Kommunikationsverhaltens zu reflektieren. So ist darauf zu achten, welcher Qualität die gestellten Fragen sind, wie auf Lerneräußerungen eingegangen wird, wie diese evaluiert werden und wie für den Fortgang des Gesprächs gesorgt wird. Fragen zu formulieren, die sowohl echten Inhalt als auch eine bestimmte Form elizitieren, ist, wie gezeigt wurde, eine Fähigkeit, die auf Seiten der Lehrkräfte besonderer Übung und häufiger Anwendungsmöglichkeiten bedarf.

Ferner ist für eine inhaltliche Kommunikation im Unterricht zu sorgen. Die Lerner sollen durch anregende Themen und Sprechimpulse zum freien Sprechen gebracht werden. Damit einher geht die Forderung auf Leräußerungen inhaltlich einzugehen und gegenseitiges Verstehen und echten Informationsaustausch in den Vordergrund zu stellen. Die Lerneräußerungen sind dann evtl. zur Formfokussierung zu nutzen, aber nicht zu ‚missbrauchen'. Dazu gehört es auch, die Sprachproduktion der Lerner nicht (zu stark) zu lenken.

Für FoF bedarf es einer Veränderung der schulischen Interaktionsmuster, um den Lerner zu mehr Anteilnahme und Sprachproduktion anzuregen. Um in der konkreten Situation Alternativen für die Interaktion zu finden, ist es notwendig, sprachliche Kontexte zu schaffen, diese zu manipulieren und auch proaktiv Fragen zu stellen, die evtl. erst später zur Formelizitierung (und Fokussierung) führen. Antworttechniken und Modellierungen von Lerneräußerungen sind in der Sprachtherapie gängige Methoden und erscheinen als zentrale Fähigkeit Sprachelemente gezielt zu elizitieren und sprachförderlich zu interagieren. In der LehrerInnenausbildung sollte daher ein Schwerpunkt im Bereich „Fragen stellen", „Input strukturieren" und „Kontext optimieren" liegen. Zukünftige Lehrkräfte müssen darauf vorbereitet werden, DaZ-Lerner dabei zu unterstützen auch wenig saliente Formen zu bemerken und so ihre Zweitsprache auch im formalen Bereich entwickeln zu können. Ein zentraler Ausbildungsinhalt könnte es beispielsweise sein, sog. referentielle Fragen (vgl. Long 2012) zu stellen, deren kommunikative Funktion mit der Formproduktion sinnvoll verbunden wird.

Ein anderer Schwerpunkt muss im Bereich des Sprachwissens und Spracherwerbswissens der Lehrkraft liegen. Im Sinne des hier vertretenen konstruktionsgrammatischen Ansatzes geht es im Zweitspracherwerb zunächst darum, konkrete Formen zu fokussieren und so die Aufnahme dieser in die Lernersprache zu fördern. Die Betonung der konkreten Form (*Token*) anstatt der Regeln (und *Types*) verlangt ein Ablassen von traditionellen Herangehensweisen und ein Vertrauen auf interne kognitive, nicht sichtbare Regelbildungsprozesse, die von außen durch **konkretes Sprachmaterial in sinnhaften Kommunikationssituationen** nur angestoßen werden. Didaktisch bedeutet dies auch, dass sich die Lehrkräfte von eigenen (Fremdsprachen-)Unterrichtserfahrungen und Erwartungen in Bezug auf Sprachsystemwissen, Regelabstraktion und -anwendung distanzieren müssen und ihre Aufmerksamkeit konkreten Formen in verschiedenen Kontexten widmen.

Da der Diskursverlauf nicht komplett planbar ist und unerwartete sprachliche Probleme auftauchen können, muss die Lehrkraft flexibel in der Umsetzung von Formfokussierung sein. Auch wenn die Formfokussierung geplant ist, müssen die konkreten Probleme und Mitteilungsbedürfnisse der Lerner im Vordergrund stehen. Die Formen können in unterschiedlichen inhaltlichen Zusammenhängen auftauchen und fokussiert werden, sofern die Lehrkraft diese erkennt und reagieren kann.

Grundlegend ist es auch, den Fokus der äußeren Form erst dann zu widmen, wenn der Inhalt (das Gemeinte) verstanden wurde. Da Form und Inhalt in Bezug auf die Verarbeitungsressourcen konkurrieren (vgl. VanPatten 2004), kommt es andernfalls zur Überlastung. Verstehen muss auch für die Lehrkraft zunächst im Vordergrund stehen. Deshalb sollte es ein

Ausbildungsziel sein, sich mit Verstehensprozessen auseinanderzusetzen. Am Beispiel des abschließenden Spiels von N (siehe Kap. 6.3.1) erkennt man deutlich, dass es zu Verwirrung führt, wenn die Fokusausrichtung der Lehrkraft unklar ist. Didaktisch geht es darum, eindeutig zu sein, d.h. ein Feedback einzusetzen, dass klar form- oder inhaltsbezogen ist und darum, den Lernerfokus einschätzen zu können, damit der Aufdringlichkeitsgrad passend gewählt werden kann. Damit in Zusammenhang steht die Auseinandersetzung mit den sog. *frames*, wie sie in Kap. 4 diskutiert wurden. Die Lehrkraft sollte wissen, inwiefern sie ein und dieselbe Feedbackstrategie formbezogen oder inhaltsbezogen einsetzt. Es geht um den bewussten Einsatz von Feedback, um den Inhalts- oder Formfokus zu etablieren und dementsprechend zu agieren.

Einen FoF auf der Planungsebene zu verfolgen, erfordert auch die Unterschiede zwischen Übungen und Aufgaben zu erkennen und das jeweilige Format dahingehend zu verändern, dass der andere Fokus ebenfalls beachtet wird. D.h. eine Übung ist um einen Anwendungskontext zu ergänzen und eine Aufgabe um einen Formfokus. Die Aufgabe muss beispielsweise dahingehend analysiert werden, welche Formen natürlicherweise auftreten, um diese einerseits selbst bewusst wahrzunehmen, aber auch um die Lerner bei der Bearbeitung der Aufgabe darauf aufmerksam machen zu können. Eine dekontextualisierte und isolierte Formbetrachtung ist zu vermeiden. Formen sollten immer wieder im verstehensrelevanten und bedeutsamen Kontext verwendet werden, damit der Lerner mit der Form eine Bedeutung verbinden kann.

Insgesamt geht es darum eine Formorientierung aufrecht zu erhalten und anhand der Mitteilungsbedürfnisse der Lerner formale Korrektheit als Ergänzung zu verstehen und als integralen Bestandteil von Unterrichtstätigkeit wahrzunehmen. Zusammenfassend erscheinen folgende Fähigkeiten und Kompetenzen erforderlich:

1. Wissen über sprachliche Interaktion und Kommunikation - Förderung authentischer Sprachverwendung in der Unterrichtskommunikation;

2. Wissen *über* die Zielsprache – Förderung der Sprachbewusstheit und korrekten Sprachverwendung in sinnhaften Kommunikationssituationen;

3. Kontexte schaffen – kommunikative Aktivitäten planen und implementieren;

4. Wissen über Spracherwerbsprozesse - Einschätzung von Fehlern – Flexibilität in der Nutzung expliziter und impliziter Feedbacktechniken – Formen auswählen und fokussieren.

Kapitel 7

Zusammenfassung

Die vorliegende Arbeit untersuchte die Implementierung des Focus-on-Form-Ansatzes durch Lehramtsstudierende im DaZ-Grundschulkontext. Ziel war es den Ansatz zu präzisieren und Schwierigkeiten bei der Implementierung zu erforschen. Die zentralen Ergebnisse beziehen sich einerseits auf die Theoriebildung und andererseits auf die Unterrichtspraxis bzw. die LehrerInnenbildung. Für die Untersuchung galten folgende Prämissen:

7.1 Prämissen

Die Formfokussierung sollte in der Variante „planned FoF" realisiert werden. Spontane Fokussierung sich zufällig ergebender Formen war nicht Untersuchungsgegenstand, auch wenn deren Auftreten quantitativ abgebildet wurde. Vordergründig ging es um die Frage, ob und wie eine festgelegte Form im Rahmen kommunikativer Aktivitäten fokussiert werden konnte. Es ging um die **geplante** Verbindung aus Form- und Inhaltsfokussierung. Als Zielformen fungierten in sechs von sieben Fällen lokative und direktive Präpositionalgruppen. Eine Studierende hatte als Zielform Verbformen im Präsens gewählt.

Untersucht wurden Unterrichtsausschnitte, d.h. Sequenzen, in denen die Formen reaktiv fokussiert wurden. Es wurden keine ganzen Fördereinheiten und keine Sequenzen, in denen Form präventiv fokussiert wurde, analysiert. Auch explizite Kognitivierungsphasen wurden aus der Analyse ausgeschlossen, da diese keine Einsichten in die Möglichkeiten und Schwierigkeiten der verbundenen Form- und Inhaltsfokussierung versprachen. Insofern lassen sich keine Aussagen über den Einfluss unterschiedlicher Unterrichtsphasen aufeinander treffen.

Außerdem beziehen sich die dargestellten Ergebnisse und Beobachtungen auf einen Ist-Zustand. Es wurde keine Entwicklung untersucht. Im Zentrum der Arbeit stand die Frage, wie Studierende am Ende einer intensiven Auseinandersetzung mit dem FoF-Ansatz und zahlreichen Möglichkeiten der Erprobung im Rahmen des BeFo-Projekts, die Prinzipien und Anforderungen eigenständig umzusetzen vermochten. Insofern geht es um vorhandene oder nicht vorhandene Fähigkeiten, die theoretischen Vorgaben, d.h. das Wissen über den Ansatz und seine grundlegenden Merkmale in die Praxis zu transferieren und zwar ohne Anleitung von außen.

Da es sich bei den Lehrkräften um Lehramtsanwärter handelte, ist davon auszugehen, dass die z.t. geringe Unterrichtserfahrung Einfluss auf die Möglichkeiten der Implementierung des Ansatzes nahm. Inwiefern erfahrene Lehrkräfte andere Vorgehensweisen und Optionen sehen, kann deshalb nur in einem Folgeprojekt untersucht werden.

Die Vorerfahrungen aus dem BeFo-Projekt können außerdem Einfluss auf die Unterrichtsplanung der Studierenden genommen haben. Im Projekt wurde aus Gründen der Vergleichbarkeit und des Untersuchungsdesigns auf Einheitlichkeit gesetzt (vgl. Rösch/Rotter/Darsow 2012). Inwiefern die Studierenden ohne diese Erfahrung andere Pläne angefertigt hätten, ist an dieser Stelle nicht zu beurteilen. Die nachstehenden Ergebnisse sind vor diesem Hintergrund zu deuten und aus dem qualitativ-interpretativen Vorgehen als hypothesengenerierend zu verstehen.

Hinsichtlich der Methode lässt sich festhalten, dass ergänzend Denkprotokolle der Lerner und der Lehrkräfte hilfreich und sinnvoll gewesen wären. So wäre es möglich gewesen, die Beobachtungsdaten mit den Wahrnehmungen der Interaktanten zu korrelieren und zu erhellen, warum sie sich während des Förderunterrichts wie geäußert und verhalten haben, welche Überlegungen sie angestellt haben und wo sie Schwierigkeiten hatten.[1]

Abgesehen davon wäre eine Überprüfung des Effekts der Formfokussierung interessant gewesen, indem man z.B. mithilfe sog. individuellen Testens (vgl. Nassaji 2009) das Bemerken der ausgehandelten und fokussierten Formen pro Lerner erhoben und analysiert hätte.

---

1 Einzuräumen ist dabei allerdings, dass die jungen DaZ-Lerner eventuell noch nicht im Stande gewesen wären, diese Fragen zu beantworten.

7.2 Zentrale Ergebnisse

Untersucht wurden die Unterrichtssequenzen im Hinblick auf die Erfüllung der theoretischen Vorgaben von FoF, d.h. einer Fokussierung der Form im bedeutungszentrierten Kontext. Dabei lässt sich als Ergebnis festhalten, dass a) der Versuch einer Verzahnung der beiden Aspekte deutlich erkennbar ist, b) einigen der Studierenden dies auch teilweise gelungen ist, c) der Erfolg je nach Erfolgskriterium unterschiedlich zu bewerten ist und d) auch Sequenzen vorhanden sind, die deutlich als misslungen anzusehen sind.

Als entscheidend für die Auswertung und Einschätzung von Formfokussierung erwies sich die Qualität der Unterrichtskommunikation (d.h. des Kontextes), in dem die Formen fokussiert wurden. Um diese zu erfassen, wurden die Aktivitäten und die sprachlichen Verhaltensweisen der Lehrkraft und der Lerner betrachtet. Nur dadurch ließ sich einschätzen, worauf der primäre Fokus lag und welche Orientierung gerade vorherrschte. Die aus der Literatur bekannte Forderung den primären Fokus auf die inhaltliche Kommunikation zu legen und einen *primary focus on meaning* zu etablieren, wurde von den Studierenden unterschiedlich interpretiert bzw. realisiert. Die geschaffenen Kontexte bzw. Gespräche führten zur Unterscheidung von 3 Realisierungstypen. Bei Typ 1 wird die Form in einem als kommunikativ zu bezeichnenden Kontext fokussiert. Bei Typ 2 weist der Kontext andere Merkmale auf, die zwar eine Art der Inhaltsorientierung zeigen, sich aber von jenem Kontext des Typs 1 unterscheidet. Bei Typ 3 werden Formen in einem klar formorientierten Kontext fokussiert.

Als weiteres Ergebnis kann festgehalten werden, dass es nicht *eine* Orientierung geben muss, sondern es zu Überlappungen kommt und die Orientierungen wechseln. Wichtig für die Theoriebildung erscheint in diesem Zusammenhang, dass die (geforderte) primäre Orientierung auf den Inhalt ein komplexes Unterfangen darstellt und nicht als einheitliches Konstrukt, das vorliegt oder nicht, zu verstehen ist. Vielmehr handelt es sich um ein Kontinuum zwischen (echt) kommunikativer bis hin zu formorientierter Sprachverwendung.

Die Merkmale des Kontextes scheinen die Vorgehensweise bei der Formfokussierung zu beeinflussen. Bei Typ 1 wird das formale Problem sehr implizit und unaufdringlich angezeigt. Interessant sind Sequenzen des Typs 2, die einerseits im inhaltsorientierten Kontext auftauchen, und andererseits eine klarere Beachtung formaler Aspekte einfordern. Bei Typ 2 werden z.t. andere und deutlich explizitere Techniken zur Problemindikation eingesetzt als bei Typ 1. Der Kontext verändert sich bzw. die Orientierung verschiebt sich stärker in Richtung Formkorrektheit. Bei Typ 3 wird die Form häufig unbegründet und abstrakt fokussiert. Der Kontext ist klar formbezogen.

Deutlich wurde auch, dass im Bereich formbezogener Unterrichtsgestaltung keine Dichotomien haltbar sind. So wurde die Formfokussierung nicht explizit oder implizit realisiert, sondern es wurde auch bei denselben Studierenden vielfach gemischt oder es wurden Varianten entwickelt, wie sie in der Literatur m.E. bisher nicht beschrieben wurden. Auch die Kontexte sind nicht durchgängig rein formorientiert oder rein inhaltsorientiert, sondern wechseln ebenso ihre Gewichtung. Aufgrund der hier ausgewerteten Sequenzen lässt sich die Aussage von R. Ellis (2012) bestärken, wonach eine eindeutige Zuordnung von Unterrichtssituationen zu FoF oder FoFS nicht immer möglich ist. Die Orientierung auf Form oder Inhalt wechselt sowohl bei den Lehrkräften als auch bei den Lernern und die Formfokussierung wird in Abhängigkeit vom Kontext unterschiedlich aufdringlich unter Zuhilfenahme unterschiedlicher Techniken realisiert.

Interessant sind die Beobachtungen im Hinblick auf die Gesprächsführung, die Gestaltung des Fokuswechsels und des Lernerverhaltens. Die Studierenden zeigten ein Spektrum an Merkmalen, die sich zur Einschätzung der Unterrichtskommunikation eignen. Es wurden sowohl echte Fragen als auch pseudo Fragen gestellt. Manche der Studierenden erlaubten Topikalisierungen durch die Lerner und traten als Kommunikationspartner auf. Sie zeigten Interesse an den Lerneräußerungen, evaluierten inhaltlich und legten Wert auf das gegenseitige Verstehen. Andere Studierende setzten Fragen und Antworten so ein, dass ein deutlich anderer Unterrichtsdiskurs entstand. Die Lerner sprachen in diesen Fällen deutlich weniger und die Einbettung der Formfokussierung veränderte sich dementsprechend.

Auch die Formfokussierung als solche (Schritt I) wurde in ihrer Aufdringlichkeit und Intensität variiert. Es wurden implizite und vorübergehende Varianten ebenso realisiert, wie explizitere und abstrakte. Der Einsatz von Metasprache, die Dauer der Formfokussierung und der Abstraktionsgrad wurden z.T. sehr unterschiedlich gewählt. Es kamen unterschiedliche Feedbackstrategien zum Einsatz, wobei auffällt, dass häufig mehrere in Kombination eingesetzt wurden.

Was kann man schlussfolgern? Es gibt kein ‚Patentrezept‘, um Formfokussierung als FoF zu realisieren und es ist auch FoF nicht zwingend als erfolgreich zu interpretieren. Was es braucht ist ein Verständnis für sinnhafte Kommunikation und ein Geschick darin, Situationen zu erkennen, in denen die Fokussierung einer Form für den Lerner sinnvoll und bedeutsam ist. Die Lehrkraft sollte sich damit beschäftigen, wie sie mit den L2-Lernern interagiert, welche Themen sie wählt, um Gespräche zu initiieren und auch längere, anspruchsvolle Redebeiträge der Lerner zu evozieren. Damit einher geht die Auseinandersetzung mit der Qualität von Fragen und Evaluierungstechniken. Wie an Typ 1 und Typ 2 deutlich wurde, unterscheiden sich auch echte Fragen hinsichtlich der evozierten Antworten und damit der potenziellen FoF-Gelegenheiten.

Das didaktische Werkzeug besteht darin, Formen als Fokussierungsgegenstände auswählen zu können. Außerdem muss entschieden werden, im Rahmen welcher Aktivität(en) die Formen auftauchen und ausgehandelt werden sollen. Das Gespräch ist inhaltsorientiert zu führen, sodass sich Situationen zum kommunikativen Austausch und zur Bedeutungsaushandlung ergeben. Diese dienen als Ausgangspunkt für FoF. Wie aufdringlich der Lernerfokus auf die Form gelenkt wird, ist in Abhängigkeit von der Situation, den Möglichkeiten des Lerners und der Form zu entscheiden. Wichtig erscheint es zudem von der Idee der kompletten Regelvermittlung abzulassen. Die Fixierung am Sprachsystem verstellt den Blick für die konkrete Form im aktuellen kommunikativen Zusammenhang, die evtl. nicht mithilfe von Regeln zu erklären ist. Damit in Zusammenhang stehen möglicherweise eigene Sprachunterrichtserfahrungen, die auf die Behandlung DaZ-spezifischer Probleme umgelegt werden.

FoF erfordert eine Erweiterung der Fokusausrichtung, d.h. die Lehrkraft ist gefordert ihre Unterrichtsplanung und -durchführung so zu gestalten, dass Formen und Inhalte gleichermaßen relevant sind. Nur durch eine solche *Fokuserweiterung* ist es möglich, einerseits inhaltlich anspruchsvoll und anregend mit den Lernern zu interagieren und andererseits den Lernerfokus begründet und kontextuell eingebettet auf Formen zu lenken und zu fokussieren.

7.3 Offene Fragen und Fortsetzungsprojekte

Es gibt nach wie vor zahlreiche offene Fragen bezüglich der Realisierung von FoF und der Herstellung jener Balance, die die Entwicklung der Lernersprache von L2-Lernern auf formaler und kommunikativer Ebene gleichermaßen ermöglicht. Die vorliegende Untersuchung sollte relevante Hinweise bezüglich der Hürden und kritischen Momente einerseits sowie den hemmenden und förderlichen Fähigkeiten der Lehrkraft andererseits liefern. Weitere Studien müssten nun untersuchen, wie sich Formfokussierung als FoF unter Berücksichtigung dieser Aspekte auf die Lernersprachen auswirkt.

Abschließend wäre es interessant, folgende Zusammenhänge zu überprüfen:

1. ob eine Fortbildung von erfahrenen Lehrkräften beobachtbare und messbare Unterschiede in der Qualität der Formfokussierung zeigt, d.h. welchen Einfluss die Routine von Lehrkräften auf die Möglichkeiten einen doppelten Fokus zu etablieren hat (Einflussfaktor: Lehrerfahrung).

2. wie sich Formfokussierung im echt kommunikativen Sprachunterricht, evtl. im DaF-Unterricht, realisieren lässt und welche Unterschiede es zu den hier beschriebenen Realisierungstypen gibt (Einflussfaktor: Unterrichtstyp und Erwerbskontext).

3. wie sich Formfokussierung als FoF im Fachunterricht realisieren lässt, da dort das Problem der Inhalte und der verstehens- und inhaltsorientierten Kontextgestaltung wegfallen würde. Erwartbar sind Schwierigkeiten, was die Wahl der Form, den Zeitpunkt und die Intensität der Formfokussierung betrifft (Einflussfaktor: Inhalte und Unterrichtsfach).

4. ob sich FoF mit älteren Lernern besser realisieren lässt, da davon ausgegangen werden kann, dass diese durch mehr Lern- und Unterrichtserfahrungen intendierte Fokusausrichtung und -wechsel einfacher mitvollziehen können (Einflussfaktor: Alter der Lerner).

5. wie sich bei gelungener Implementierung von FoF diese Vorgehensweise auf ausgewählte Formen auswirkt, d.h. ob dauerhafte Effekte

in den Lernersprachen durch Unterricht mit FoF (im Unterschied zu anderen sprachdidaktischen Ansätzen wie FoFS oder FoM) nachweisen lassen (Einflussfaktor: Form).

6. wie sich eine Formfokussierung als FoF zu unterschiedlichen Zeitpunkten im Unterricht und auf Curriculumsebene auf die Entwicklung der Lernersprachen auswirkt (Einflussfaktor: Zeitpunkt der Formfokussierung).

7. welchen Effekt eine Schulung im Bereich des Kommunikationsverhaltens und des Sprachwissens auf die Realisierung spontaner und geplanter Formfokussierung hat (Einflussfaktor: FoF-spezifische Schulung).

Literatur

Allwright, Dick/Bailey Kathleen M. (1991): Focus on the Language Classroom. An introduction to classroom research for language teachers. Cambridge: Cambridge University Press.

Andresen, Helga/Funke, Reinhold (2006): Entwicklung sprachlichen Wissens und sprachlicher Bewusstheit. In: Bredel, U. (Hrsg.): Didaktik der deutschen Sprache. 2. Aufl. Paderborn: Ferdinand Schöningh, S. 438-451.

Andrews, Stephen/McNeill, Arthur (2005): Knowledge about Language and the „Good Language Teacher". In: Bartels, N. (Hrsg.): Applied Linguitics and Language Teacher Education. Boston: Springer, S. 159–178.

Bartels, Nat (2005) (Hrsg.): Applied Linguitics and Language Teacher Education. New York: Springer.

Bartels, Nat (2005a): Applied Linguistics and Language Teacher Education: What we know. In: Bartels, N. (Hrsg.): Applied Linguistics and Language Teacher Education. New York: Springer, S. 405-425.

Basturkmen, Helen/Loewen, Shawn/Ellis, Rod (2004): Teachers' stated beliefs about incidental focus on form and their classroom practices. In: Applied Linguistics 25 (2), S. 243-272.

Batstone, Rob (1996): Key concepts in ELT: Noticing. ELT Journal 50 (3), S. 273.

Batstone, Rob (2007): Recontextualizing Focus on Form. In: Fotos, S./Nassaji, H. (Hrsg.): Form-focused Instruction and Teacher Education. Studies in honour of Rod Ellis. Oxford: Oxford University Press, S. 87-99.

Bausch, Karl-Richard/Burwitz-Melzer, Eva/Königs, Frank G./Krumm, Hans-Jürgen (2006) (Hrsg.): Aufgabenorientierung als Aufgabe. Tübingen: Narr.

Belke, Gerlind (2012): Mehr Sprache(n) für alle: Sprachunterricht in der vielsprachigen Gesellschaft. Baltmannsweiler: Schneider Verlag Hohengehren.

Belke, Gerling/Geck, Martin (2007): Das Rumpelfax. Singen, Spielen, Üben im Grammatikunterricht. Baltmannsweiler: Schneider Verlag Hohengehren.

Berg, Margit (2011): Kontextoptimierung im Unterricht. Praxisbausteine für die Förderung grammatischer Fähigkeiten. 2. Aufl. München: Ernst Reinhardt.

Bergmann, Pia (2013): Laute. In: Auer, P. (Hrsg.): Sprachwissenschaft. Grammatik - Interaktion - Kognition. Stuttgart: Metzler, S. 43-89.

Bialystok, Ellen (1991): Metalinguistic dimensions of bilingual language proficiency. In: Bialystok, E. (Hrsg.): Language Processing in bilingual children. Cambridge: University Press, S. 113-140.

Bialystok, Ellen (2002): Cognitive Processes of L2 User. In: Cook, V. (Hrsg.): Portraits of the L2 User. Clevedon: Multilingual Matters LTD, S. 145–166.

Bickes, Hans/Pauli, Ute (2009): Erst- und Zweitspracherwerb. Paderborn: Fink.

Bigelow, Martha H./Ranney, Susan E. (2005): Pre-Service ESL Teachers' Knowledge about Language and its Transfer to Lesson Planning. In: Bartels, N. (Hrsg.): Applied Linguistics and Language Teacher Education. New York: Springer, S. 179-200.

Blex, Klaus (2006): Lernfortschritte durch focus on form und negatives Feedback. In: Studies in the humanities 57 (3), S. 149-164.

Borg, Michaela (2001): Teachers' beliefs. Key concepts in ELT. In: ELT 55 (2), S. 186-188.

Borg, Simon (1998): Teachers' Pedagogical Systems and Grammar Teaching: A Qualitative Study. In: TESOL Quarterly, 32 (1), S. 9-38.

Borg, Simon (1999): Studying teacher cognition in second language grammar teaching. System, 27 (1), S. 19-31.

Borg, Simon (2005): Experience, Knowledge about Language and Classroom Practice in Teaching Grammar. In: Bartels, N. (Hrsg.): Applied Linguitics and Language Teacher Education. New York: Springer, S. 325-340.

Bredel, Ursula (2007): Sprachbetrachtung und Grammatikunterricht. Paderborn: Schöningh.

Brünken, Roland/Seufert, Tina (2006): Aufmerksamkeit, Lernen, Lernstrategien. In: Mandl, H./Friedrich, H. F. (Hrsg.): Handbuch Lernstrategien. Göttingen: Hogrefe, S. 27-37.

Burgess, John/Etherington, Sian (2002): Focus on grammatical form: explicit or implicit? In: System 30, S. 433-458.

Caspari, Daniel (2006): Aufgabenorientierung im Fremdsprachenunterricht. In: Bausch, K.-R./Burwitz-Melzer, E./Könings, F.

G./Krumm, H.-J. (Hrsg.): Aufgabenorientierung als Aufgabe. Tübingen: Gunter Narr, S. 33-42.

Croft, William (2001): Radical Construction Grammar. Syntactic Theory in Typological Perspective. Oxford: Oxford University Press.

DeKeyser, Robert M. (2003): Implicit and Explicit Learning. In: Doughty, C./Long, M. H. (Hrsg.): The Handbook of Second Language Acquisition. Malden, MA.: Blackwell, S. 313-348.

DeKeyser, Robert M. (2011): Cognitive-Psychological Processes in Second Language Learning. In: Long, M./Doughty, C. (Hrsg.): The Handbook of Language Teaching. Malden, MA.: Blackwell, S. 119–138.

Doughty, Catherine/Williams, Jessica (1998a) (Hrsg.): Focus on Form in classroom second language acquisition. Cambridge: Cambridge University Press.

Doughty, Catherine/Williams, Jessica (1998b): Pedagogical choices in focus on form. In: Doughty, C./Williams, J. (Hrsg.): Focus on Form in classroom second language acquisition. Cambridge: Cambridge University Press, S. 197-261.

Doughty, Catherine/Elizabeth Varela (1998): Communicative focus on form. In: Doughty, C./Williams Jessica (Hrsg.): Focus on form in classroom second language acquisition. Cambridge: Cambridge University Press, S. 114-131.

Doughty, Catherine (2001): Cognitive underpinnings of Focus on Form. In: Robinson, P. (Hrsg.): Cognition and Second Language Instruction. Cambridge: Cambridge University Press, S. 205-257.

Eckerth, Johannes/Riemer, Claudia (2000): Awareness und Motivation: Noticing als Bindeglied zwischen kognitiven und affektiven Faktoren des Fremdsprachenlernens. In: Riemer, C. (Hrsg.): Kognitive Aspekte des Lehrens und Lernens von Fremdsprachen. Tübingen: Narr, S. 228-246.

Eckerth, Johannes (2003): Fremdsprachenerwerb in aufgabenbasierten Interaktionen. Tübingen: Narr.

Ehlich, Konrad (2007): Sprachaneignung und deren Feststellung bei Kindern mit und ohne Migrationshintergrund – Was man weiß, was man braucht, was man erwarten kann. In: Anforderungen an Verfahren der regelmäßigen Sprachstandsfeststellung als Grundlage für die früher Förderung von Kindern mit und ohne Migrationshintergrund. Bonn: Bundesministerium für Bildung und Forschung (BMBF), S. 11-75.

Ellis, Nick, C. (2004): The processes of Second Language Acquisition. In: VanPatten, B./Williams, J./Rott, S./Overstreet, O. (Hrsg.): Form-Meaning Connections in Second Language Acquisition. Mahwah: Lawrence Erlbaum, S. 49-76.

Ellis, Nick, C. (2007): The Weak Interface, consciousness, and form-focused instruction: mind the doors. In: Fotos, S./Nassaji, H. (Hrsg.): Form-focused Instruction and Teacher Education. Studies in honour of Rod Ellis. Oxford: Oxford University Press, S. 17-34.

Ellis, Rod (1990): Instructed Second Language Acquisition: Learning in the Classroom. Oxford: Basil Blackwell.

Ellis, Rod (1994): A Theory of Instructed Second Language Acquisition. In: Ellis, N. (Hrsg.): Implicit and explicit Learning of Languages. San Diego, California: Academic Press, S. 79-114.

Ellis, Rod (1999a): Theoretical Perspectives on Interaction and Language Learning. In: Ellis, R./Fotos, S. (Hrsg.): Learning a second language through interaction. Amsterdam: John Benjamin's, S. 3-31.

Ellis, Rod (1999b): Making the Classroom Acquisition Rich. In: Ellis, R./Fotos, S. (Hrsg.): Learning a second language through interaction. Amsterdam: John Benjamins, S. 211-229.

Ellis, Rod/Basturkmen, Helen/Loewen, Shawn (2001a): Learner Uptake in communicative ESL lessons. In: Language Learning 51 (2), S. 281-318.

Ellis, Rod/Basturkmen, Helen/Loewen, Shawn (2001b): Preemptive Focus on Form in the ESL Classroom. In: TESOL Quarterly 35 (3), S. 407-432.

Ellis, Rod (2001): Investigating Form-Focused Instruction. In: Ellis, R. (Hrsg.): Form-Focused Instruction and Second Language Learning. Special issue of Language Learning. Malden, MA.: Blackwell, S. 1-46.

Ellis, Rod (2003): Task-based language learning and teaching. Oxford: Oxford University Press.

Ellis, Rod (2004): The Definition and Measurement of L2 Explicit Knowledge. In: Language Learning 54, S. 227-275.

Ellis, Rod/Barkhuizen, Gary (2005): Analysing Learner Language. Oxford: Oxford University Press.

Ellis, Rod (2008a): Explicit Form-Focused Instruction and Second Language Acquisition. In: Spolsky, B./Hult, F. M. (Hrsg.): The Handbook of Educational Linguistics. Malden, MA: Blackwell, S. 437-455.

Ellis, Rod (2008b): The study of Second Language Acquisition. Oxford: Oxford University Press.

Ellis, Rod (2012): Language Teaching Research and Language Pedagogy. Malden, MA.: Blackwell.

Farrokhi, Farahman (2011): A Practical Step towards Combining Focus on Form and Focus on Meaning. In: Journal of Faculty of Letters and Humanities 49, S. 99–148.

Fritz, Annemarie/Hussy Walter/Tobinski, David (2010): Pädagogische Psychologie. München: Ernst Reinhardt.

Fotos, Sandra/Nassaji, Hossein (2007) (Hrsg.): Form-focused Instruction and Teacher Education. Studies in honour of Rod Ellis. Oxford: Oxford University Press.

Funk, Hermann (2006): Aufgabenorientierung in Lehrwerk und Unterricht – das Problem der Theorie mit der Vielfalt der Praxis. In: Bausch, K.-R./Burwitz-Melzer, E./Königs, F. G./Krumm, H.-J. (Hrsg.): Aufgabenorientierung als Aufgabe. Arbeitspapiere der 26. Frühjahrskonferenz zur Erforschung des Fremdsprachenunterrichts. Tübingen: Narr, S. 52-61.

Gass, Susan, M. (1997): Input, Interaction and the Second Language Learner. Mahwah: Lawrence Erlbaum.

Gibbons, Pauline (2002): Scaffolding Language, Scaffolding Learning. Teaching Second Language Learners in the Mainstream Classroom. Portsmouth: Heinemann.

Glück, Helmut (2000): Kontext, der. In: Glück, H. (Hrsg.): Metzler Lexikon Sprache (2000): 2. Aufl. S. 371f.

Grotjahn, Rüdiger (2000): Sprachbezogene Kognitivierung: Lernhilfe oder Zeitverschwendung? In: Düwell, H. (Hrsg.): Dimensionen der didaktischen Grammatik. Festschrift für Günther Zimmermann zum 65. Geburtstag. Bochum: AKS-Verlag, S. 83-106.

Harley, Birgit (1998): The role of focus-on-form tasks in promoting child L2 acquisition. In: Doughty, C./Williams, J. (Hrsg.): Focus on form in classroom second language acquisition. Cambridge: Cambridge University Press, S. 156-174.

Hasan, Ali, S. (2006): Bilingual Classroom Discourse. In: International Journal of Bilingual Education And Bilingualism 9, S. 7–18.

Helbig, Gerhard/Buscha, Joachim (2001): Deutsche Grammatik. Ein Handbuch für den Ausländerunterricht. Berlin: Langenscheidt.

Henrici, Gert (1995): Spracherwerb durch Interaktion. Eine Einführung in die fremdsprachenerwerbsspezifische Diskursanalyse. Baltmannsweiler: Schneider Verlag Hohengehren.

Hoffmann, Ludger (2014): Grammatik und sprachliches Handeln. In: Gornik, H. (Hrsg.): Sprachreflexion und Grammatikunterricht. DTP Bd. 6. Baltmannsweiler: Schneider Verlag Hohengehren, S. 110-141.

Höhle, Barbara (2010). Psycholinguistik. Berlin: Akademie Verlag.

Housen, Alex/Pierrard, Michael (2005): Investigating Instructed Second Language Acquisition. In: Robinson, P. (Hrsg.): Investigations in Instructed Second Language Acquisition. Berlin: Mouton de Gruyter, S. 1-49.

Izumi, Shinichi (2003): Comprehension and Production Processes in Second Language Learning: In Search of the Psycholinguistic Rationale of the Output Hypothesis. In: Applied Linguistics 24 (2), S. 168-196.

Kaltenbacher, Erika/Klages, Hana (2008): Deutsch für den Schulstart: Zielsetzungen und Aufbau eines Förderprogramms. In: Ahrenholz, B. (Hrsg.): Deutsch als Zweitsprache. Voraussetzungen und Konzepte für die Förderung von Kindern und Jugendlichen mit Migrationshintergrund. 2. Aufl. Freiburg: Fillibach, S. 135-154.

Knapp, Werner (2007): Wie Kinder Begriffe erwerben und welche Annahmen Erwachsene darüber haben. In: Ahrenholz, B. (Hrsg.): Arbeit an Begriffen. Baltmannsweiler: Schneider Verlag Hohengehren, S. 173-187.

Knapp, Werner/Ricart Brede, Julia/Gasteiger-Klicpera, Barbara/Vomhof, Beate/Kucharz, Diemut/Patzelt, Doreen (2008): Videogestützte Analyse von inszenierten Sprachlernsituationen im Vorschulalter. In: Ahrenholz, B. (Hrsg.): Zweitspracherwerb. Diagnosen, Verläufe, Voraussetzungen. Beiträge aus dem 2. Workshop Kinder mit Migrationshintergrund. Freiburg i. Breisgau: Fillibach, S. 279-298.

Knapp, Werner/Kucharz, Diemut/Gasteiger-Klicpera, Barbara (2010): Sprache fördern im Kindergarten: Umsetzung wissenschaftlicher Erkenntnisse in die Praxis. Weinheim und Basel: Beltz.

Komor, Anna (2008): Semantische Basisqualifikationen. In: Ehlich, K./Bredel, U./Reich, H.-H. (Hrsg.): Referenzrahmen zur altersspezifischen Sprachaneignung. Forschungsgrundlagen. Bonn: Bundesministerium für Bildung und Forschung (BMBF), S. 51-75.

Kostrzewa, Frank (2009): „Teacher Talk" - die Unterrichtssprache der Lehrenden. Effektive und weniger effektive Methoden im Vergleich. In: Deutsch als Zweitsprache 4, S. 29-33.

Krashen, Stephen (1985): The input hypothesis: issues and implications. London: Longman.

Kuiken, Folkert/Vedder, Ineke (2005): Noticing and the role of interaction in promoting language learning. In: Robinson, P. (Hrsg.): Investigations in Instructed Second Language Acquisition. Berlin: Mouton de Gruyter, S. 353-381.

Li, Shaofeng (2010): The effectiveness of corrective feedback in SLA: A Meta-Analysis. In: Language Learning 60 (2), S. 309-365.

Lightbown, Patsy (1998): The importance of timing in focus on form. In: Doughty, C./Williams, J. (Hrsg.): Focus on Form in classroom second language acquisition. Cambridge: Cambridge University Press, S. 177-196.

Loewen, Shawn (2003): Variation in the frequency and characteristics of incidental focus on form. In: Language Teaching Research 7 (3), S. 315-345.

Long, Michael (1983): Native speaker/non-native speaker conversation and the negotiation of comprehensible input. In: Applied Linguistics, 4 (2), S. 126–141.

Long, Michael H. (1991): Focus on Form: A design feature in language teaching methodology. In: De Bot, K. (Hrsg.): Foreign Language Research in Cross-Cultural Perspective. Amsterdam: John Benjamins, S. 39-52.

Long, Michael H. (1996): The role of the linguistic environment in second language acquisition. In: Ritchie, W. C./Bhatia, T. K. (Hrsg.): Handbook of Second Language Acquisition. San Diego: Academic Press, S. 413-468.

Long, Michael H./Robinson, Peter (1998): Focus on Form: Theory, research, and practice. In: Doughty, C./Williams, J. (Hrsg.): Focus on Form in classroom second language acquisition. Cambridge: Cambridge University Press, S. 15-41.

Long, Michael H. (2012): Theory driven L2 research - from lab to classroom and, if necessary, back again. (Handout zum Vortrag. Jena: Nachwuchstagung „Empirische Methoden in Deutsch als Fremd- und Zweitsprache").

Loschky, Lester/Bley-Vroman, Robert (1993): Grammar and Task-Based Methodology. In: Crooks, G./Gass, S. (Hrsg.): Tasks in Integrating

Theory and Practice. Clevedon: Multilingual Matters LTD, S. 123-167.

Lütke, Beate (2011): Deutsch als Zweitsprache in der Grundschule - eine Untersuchung zum Erlernen lokaler Präpositionen. Berlin: De Gruyter.

Lyster, Roy/Ranta, Leila (1997): Corrective feedback and learner uptake. Negotiation of Form in Communicative Classrooms. In: Studies in Second Language Acquisition 19 (2), S. 37-66.

Lyster, Roy (1998): Recasts, repetition, and ambiguity in L2 classroom discourse. In: Studies in Second Language Acquisition 20, S. 51-81.

Lyster, Roy (2004): Differential effects of prompts and recasts in form-focused instruction. In: Studies in Second Language Acquisition 26 (3), S. 399-432.

Mackey, Alison/Oliver, Rhonda (2002): Interactional feedback and children's L2 development. In: System 30 (4), S. 459-477.

Mackey, Alison/Polio, Charlene/McDonough, Kim (2004): The relationship between experience, education and teachers' use of incidental focus-on-form techniques. In: Language Teaching Research, 8 (3), S. 301-327.

Mackey, Alison (2005): The role of conversational interaction in second language acquisition. In: Mackey, A. (Hrsg.): Conversational Interaction in Second Language Acquisition. A Collection of Empirical Studies. Oxford: Oxford University Press, S. 1-26.

Mackey, Alison (2006): Feedback, Noticing and Instructed Second Language Learning. In: Applied Linguistics 27 (3), S. 405-430.

Mietzel, Gerd (2002): Wege in die Entwicklungspsychologie. 4. Aufl. Weinheim: Beltz.

Motsch, Hans-Joachim (2004): Kontextoptimierung. Förderung grammatischer Fähigkeiten in Therapie und Unterricht. München: Ernst Reinhardt.

Nassaji, Hossein/Fotos, Sandra (2007): Issues in form-focused instruction and teacher education. In: Fotos, S./Nassaji, H. (Hrsg.): Form-focused Instruction and Teacher Education. Studies in honour of Rod Ellis. Oxford: Oxford University Press, S. 7-15.

Nassaji, Hossein (2009): Effects of Recasts and Elicitations in Dyadic Interaction and the Role of Feedback Explicitness. In: Language Learning 59 (2), S. 411-452.

Neuner, Gerhard (1994): Aufgaben und Übungsgeschehen im Deutschunterricht. In: Fremdsprache Deutsch. Zeitschrift für die Praxis des Deutschunterrichts 10 (1), S. 6-13.

Norris, John M./Ortega, Lourdes (2000): Effectiveness of L2 Instruction: A Research Synthesis and Quantitative Meta-analysis. In: Language Learning 50 (3), S. 417-528.

Oswald, Hans (2010): Was heißt qualitativ forschen? Warnungen, Fehlerquellen, Möglichkeiten. In: Friebertshäuser, B./Langer, A./Prengel, A. (Hrsg.): Handbuch Qualitative Forschungsmethoden in der Erziehungswissenschaft. 3. Aufl. Weinheim und München: Juventa, S. 183-201.

Philp, Jenefer/Tognini, Rita (2009): Language acquisition in foreign language contexts and the differential benefits of interaction. In: IRAL 47 (3-4), S. 245–266.

Poole, Alex (2005): Focus on Form instruction: Foundations, applications, and criticism. In: The Reading Matrix 5 (1), S. 47-56.

Portmann-Tselikas, P. R./Schmölzer-Eibinger, S. (Hrsg.): Grammatik und Sprachaufmerksamkeit (Theorie und Praxis, Österr. Beiträge zu Deutsch als Fremdsprache 6). Innsbruck: Studien-Verlag.

Portmann-Tselikas, Paul R. (2001): Sprachaufmerksamkeit und Grammatiklernen. In: Portmann-Tselikas, P. R./Schmölzer-Eibinger, S. (Hrsg.): Grammatik und Sprachaufmerksamkeit (Theorie und Praxis, Österr. Beiträge zu Deutsch als Fremdsprache 6). Innsbruck: Studien-Verlag, S. 9-48.

Portmann-Tselikas, Paul R. (2003): Aufmerksamkeit statt Automatisierung. Überlegungen zur Rolle des Wissens im Grammatikunterricht. In: German as a foreign language 2, S. 29-58.

Rehbein, Jochen (1978): Reparative Handlungsmuster und ihre Verwendung im Fremdsprachenunterricht. In: ROLIGpapir 34. Roskilde: Universitetscenter.

Reich, Hans/Roth, H.-J. (2004): Spracherwerb zweisprachig aufwachsender Kinder und Jugendlicher. Ein Überblick über den Stand der nationalen und internationalen Forschung (abrufbar unter: http://www.ew.uni-hamburg.de/ueber-die-fakultaet/personen/neumann/files/gutachten.pdf; letzter Zugriff: 17.2.15).

Richards, Jack C. (2007): Materials development and research: towards a form-focused persepective. In: Nassaji, F./Fotos, S. (Hrsg.): Form-focused Instruction and Teacher Education. Studies in honour of Rod Ellis, Oxford: Oxford University Press, S. 147-160.

Robinson, Peter/Mackey, Alison/Gass, Susan. M./Schmidt, Richard (2012): Attention and awareness in second language acquisition. In: Gass, S. M./Mackey, A. (Hrsg.): The Routledge Handbook of Second Language Acquisition. London: Routledge, S. 247–267.

Römer, Christine (2006): Morphologie der deutschen Sprache. Tübingen: A. Francke.

Rösch Heidi (2003) (Hrsg.): Deutsch als Zweitsprache. Grundlagen. Übungsideen. Kopiervorlagen. Unterrichtspraxis Grundschule. Braunschweig: Schroedel.

Rösch, Heidi (2005) (Hrsg.): Deutsch als Zweitsprache. Sprachförderung in der Sekundarstufe 1. Grundlagen - Übungsideen - Kopiervorlagen, Braunschweig: Schroedel.

Rösch, Heidi (2008): Sprach(lern)bewusstheit als Ressource für den Zweitspracherwerb und die DaZ-Förderung. In: Funke, R. (Hrsg.): Denken über Sprechen. Facetten von Sprachbewusstheit. Festschrift für Helga Andresen. Flensburg: Flensburg University Press, S. 171-187.

Rösch, Heidi/Rotter, Daniela/Darsow, Annkathrin (2012): Focus on Form (FoF) und Focus on Meaning (FoM): Konzeption der sprachsystematischen und fachbezogenen Zweitsprachförderung im BeFo-Projekt. In: Ahrenholz, B./Knapp, W. (Hrsg.): Sprachstand erheben - Spracherwerb erforschen. Beiträge aus dem 6. Workshop Kinder mit Migrationshintergrund. Stuttgart: Fillibach bei Klett, S. 173-186.

Rösch, Heidi/Stanat, Petra (2011): Bedeutung und Form (BeFo): Formfokussierte und bedeutungsfokussierte Förderung in Deutsch als Zweitsprache. In: Hahn, N./Roelcke, T. (Hrsg.): Grenzen überwinden mit Deutsch. Beiträge der 37. Jahrestagung DaF an der PH Freiburg (MatDaF Bd. 85). Göttingen: Universitätsverlag, 149-161.

Rotter, Daniela (2012): Focus on Form als Lehr- und Lernstrategie im DaF- und DaZ-Unterricht. In: Röttger, E./Zimmermann, K. (Hrsg.): Entwicklungstendenzen in Deutsch als Fremd- und Zweitsprache. Zweitspracherwerb und Unterricht - Lehrwerke - Projekte. Frankfurt/Main u.a.: Lang, S. 13-31.

Schifko, Manfred (2008): „ ... oder muss ich expliziter werden?" Formfokussierung als fremdsprachendidaktisches Konzept: Grundlagen und exemplarische Unterrichtstechniken. In: Fremdsprache Deutsch. Zeitschrift für die Praxis des Deutschunterrichts 38, S. 36-45.

Schifko, Manfred (2011): „Formfokussierung" als fremdsprachendidaktisches Konzept: Psycholinguistische Modellierung und Taxonomie von Unterrichtstechniken. Hamburg: Dr. Kovač.

Schmidt, Richard W./Frota, Sylvia N. (1986): Developing basic conversational ability in a second language: a case study of an adult learner of portuguese. In: Day, R. R. (Hrsg.): Talking to learn. Conversation in second language acquisition. Rowley, MA.: Newbury House, S. 237-326.

Schmidt, Richard (1990): The role of consciousness in language learning. In: Applied Linguistics 11, S. 129-158.

Schmidt, Richard (2001): Attention. In: Robinson, P. (Hrsg.): Cognition and Second Language Instruction. Cambridge: Cambridge University Press, S. 3-32.

Schmidt, R. (2010): Attention, awareness, and individual differences in language learning. In: Chan, W. M./Chi, S./Cin, K. N./Istanto J./Nagami, M./Sew, J. W./Suthiwan, T./Walker, I. (Hrsg.): Proceedings of CLaSIC. (Vol. 4). Singapore: National University of Singapore, Centre for Language Studies, S. 721–737.

Schulz, Renate A. (1996): Focus on Form in the Foreign Language Classroom: Students' and Teachers' Views on Error Correction and the Role of Grammar. In: Foreign Language Annals, 29 (3), S. 343-364.

Schwenk, Helga (2014): Interlinguale Zugänge zum Themenbereich Grammatik/Reflexion im Deutschunterricht. In: Bredel, U./Schmellentin, C. (Hrsg.): Welche Grammatik braucht der Grammatikunterricht? Baltmannsweiler: Schneider Verlag Hohengehren, S. 215-235.

Seedhouse, Paul (1994): The Interactional Architecture of the Language Classroom: A Conversation Analysis Perspective. In: Applied Linguistics, 27 (1), S. 304–333.

Seedhouse, Paul (1997a): Combining form and meaning. In: ELT 51 (4), S. 336-344.

Seedhouse, Paul (1997b): Review Article: The case of the Missing 'no': The Relationship between Pedagogy and Interaction. In: Language Learning 47 (3), S. 547-583.

Sheen, Ron (2002): „Focus on form" and „focus on forms". In: ELT Journal 56 (3), S. 303-305.

Skehan, Peter (1998): A cognitive approach to language learning. Oxford: Oxford University Press.

Skehan, Peter (2003): Task-based Instruction. In: Language Teaching 36 (1), S. 1-14.

Spada, Nina/Fröhlich, Maria (1995): COLT. Communicative Orientation of Language Teaching. Observation Scheme. Coding Conventions and Applications. Sidney: National Center for English Language Teaching and Research.

Spada, Nina (1997): State of the art article: Form-Focussed Instruction and Second Language Acquisition: A Review of Classroom and Laboratory Research. In: Language Teaching 30, S. 73–87.

Stein, Tina (2010): Interaktion, die. In: Barkowski, H./Krumm, H.-J. (Hrsg.): Fachlexikon Deutsch als Fremd- und Zweitsprache. Tübingen: A. Francke, S. 35.

Swain, Merrill (1985): Communicative Competence: some roles of comprehensible input and comprehensible output in its development. In: Gass, S./Madden, C. (Hrsg.): Input in Second Language Acquisition. Cambridge: Newbury House, S. 235-253.

Swain, Merrill/Sharon Lapkin (1995): Problems in Output and the Cognitive Processes They generate: A Step Towards Second Language Learning. In: Applied Linguistics 16 (3), S. 371-391.

Swain, Merrill (1998): Focus on Form Through Conscious Reflection. In: Doughty, C./Williams Jessica (Hrsg.): Focus on form in classroom second language acquisition. Cambridge: Cambridge University Press, S. 64-81.

Tarone, Elaine/Swierzbin, Bonnie (2009): Exploring Learner Language. Oxford: Oxford University Press.

Timm, Johannes-Peter (2009): Lernorientierter Fremdsprachenunterricht: Förderung systemisch-konstruktiver Lernprozesse. In: Bach, G./Timm, J.-P. (Hrsg.): Englischunterricht. Tübingen: Narr, S. 43-60.

Tomasello, Michael (2003): Constructing a language. A Usage-Based Theory of Language Acquisition. Cambridge: Harvard University Press.

Tomlin, Russel S./Villa, Victor (1994): Attention in cognitive science and second language acquisition. In: Studies in Second Language Acquisition, 16, S. 183-203.

Tophinke, Doris (2010): Vorbereitung auf den Orthografieerwerb: Zur Berücksichtigung der Schrift in der vorschulischen Sprachförderung von Kindern mit Deutsch als Zweitsprache. In: Mehlem, U./Sahel, S. (Hrsg.): Erwerb schriftsprachlicher Kompetenzen im DaZ-Kontext: Diagnose und Förderung. Freiburg: Fillibach, S. 69-89.

Tracy, Rosemarie (2007): Wie Kinder Sprache lernen. Und wie wir sie dabei unterstützen können. Tübingen: Francke.

Tracy, Rosemarie/Ludwig, Carolyn/Ofner, Daniela (2010): Sprachliche Kompetenzen pädagogischer Fachkräfte: Versuch einer Annäherung an ein schwer fassbares Konstrukt. In: Rost-Roth, M. (Hrsg.): DaZ-Spracherwerb und Sprachförderung Deutsch als Zweitsprache. Beiträge aus dem 5. Workshop Kinder mit Migrationshintergrund. Freiburg i. Breisgau: Fillibach, S. 183-204.

Truscott, John (1998): Noticing in second language acquisition. In: Second Language Research 14 (2), S. 103-135.

Van Lier, Leo (1998): The Relationship between Consciousness, Interaction and Language Learning. In: Language Awareness 7 (2 und 3), S. 128–145.

VanPatten, Bill/Jessica Willams/Susanne Rott (2004): Form-Meaning Connections in Second Language Acquisition. In: VanPatten, B. (Hrsg.): Processing Instruction. Theory, Research, and Commentary. Mahwah: Lawrence Erlbaum, S. 1-25.

VanPatten, Bill (2004): Input Processing in SLA. In: VanPatten, B. (Hrsg.): Processing Instruction. Theory, Research, and Commentary. Mahwah: Lawrence Erlbaum, S. 5-31.

Varonis, Evangelina M./Gass Susan, M. (1985): Non-native/Non-native conversations: A Model for Negotiation of Meaning. In: Applied Linguistics 6 (1), S. 71-90.

Vielau, Axel (1997): Methodik des kommunikativen Fremdsprachenunterrichts. Berlin: Cornelsen.

Wälchli, Bernhard/Ender, Andrea (2013): Wörter. In: Auer, P. (Hrsg.): Sprachwissenschaft. Grammatik - Interaktion - Kognition. Stuttgart: Metzler, S. 91-135.

Weskamp, Rolf (2004): Aufgaben im fremdsprachlichen Unterricht. In: PRAXIS Fremdsprachenunterricht 3 (abrufbar unter: http://lakk.bildung.hessen.de/afl/fortbildung/2/Info/ 4_02_WeskampAufgabenin_FS.pdf; letzter Zugriff: 17.2.2015).

Westhoff, Gerard (2012). Die mentale Handlungsstruktur grammatischer Regeln. In: AkDaF Rundbrief 63, S. 6–19.

Widdowson, Henry G. (1998): Skills, abilities, and contexts of reality. In: Annual review of Applied Linguistics 18, S. 323-333.

Willis, Jane (1996): A Framework for Task-Based Learning. London: Longman 1996.

Williams, Jessica (1999): Learner-Generated Attention to Form. In: Language Learning 49 (4), S. 583-625.

Williams, Jessica (2001): The effectiveness of spontaneous attention to form. In: System 29 (3), S. 325-340.

Wong-Fillmore, Lily (1985): When does teacher talk work as input? In: Gass, S. M. (Hrsg.): Input in Second Language Acquisition. Cambridge: Newbury House, S. 17-50.

Wong, Wynne (2005): Input Enhancement. From Theory and Research to the Classroom. New York: The McGraw Hill Companies.

Ziem, Alexander (2008): Frames und sprachliches Wissen. Kognitive Aspekte der semantischen Kompetenz. Berlin: DeGruyter.

Zippel, Wolfgang (2009): Semantik und Grammatik im Kopf. Ein Forschungsüberblick. Tübingen: Narr.

Lehrwerke und Unterrichtsmaterial

Grammatik und Konversation 1. Arbeitsblätter für den Deutschunterricht. Berlin: Langenscheidt. (Swerlowa, Olga 2002)

Klipp und Klar. Übungsgrammatik Grundstufe Deutsch. Stuttgart: Klett. (Fandrych, C./Tallowitz, U. 2000)

Abbildungsverzeichnis

3.1 Die symbolische Struktur einer Konstruktion nach Croft (2001) 48

3.2 Die Rolle expliziten Sprachwissens beim Erwerb impliziten Sprachwissens 77

3.3 Wechsel in der primären Fokusausrichtung 82

3.4 Für die Auswahl der Form relevante Merkmale 84

4.1 Zusammenspiel aus Planung, Implementierung und Lehrkraft 106

4.2 Übung und Aufgabe 110

4.3 Leitfragen zur Erstellung einer Lernaufgabe (in Anlehnung an Neuner 1994, 12) 112

6.1 Arbeitsblatt Typ 2 184

6.2 Bild und Lückentext, Typ 3 191

Tabellenverzeichnis

2.1 Vergleichende Gegenüberstellung von Focus on Form und Focus on FormS nach R. Ellis 2012, 275 30

3.1 Formensynkretismus beim bestimmten Artikel 85

3.2 Regelschwierigkeit und Nutzen von Instruktion (DeKeyser 2003, 332, übersetzt v. D. Rotter) 86

4.1 Feedbacktechniken und ihre Funktion 144

5.1 Videomaterial in Minuten pro Studierendem/r 159
5.2 Kategorie Typ 164
5.3 Kategorie Kontext 165
5.4 Kategorie Sequenzauslösender Äußerungsschritt 166
5.5 Kategorie Gesprächsfortführung 167
5.6 Beschreibung der ermittelten Subtypen 167
5.7 Kategorie Feedbacktechniken und Aufdringlichkeit 168
5.8 Kategorie Lernerreaktionen 169
5.9 Qualitätsmerkmale FoF nach Long (2012) 170

6.1 Auswertung Typ spontan 172
6.2 Anzahl spontaner Formfokussierung nach Formaspekt . . 172
6.3 Anzahl Typ spontan nach Formaspekt und Studierendem/r 173
6.4 Auswertung Typ 1 176
6.5 Übersicht Typ 1 pro Studierendem/r 177
6.6 Übersicht Problemindikation nach Technik und Lernerreaktion, Typ 1 182
6.7 Auswertung Typ 2, Beispiel 1 185
6.8 Auswertung Typ 2, Beispiel 2 186
6.9 Übersicht Typ 2 pro Studierendem/r 186
6.10 Übersicht explizite Problemindikation und Lernerreaktion, Typ 2 190
6.11 Auswertung Typ 3, Beispiel 1 193
6.12 Auswertung Typ 3, Beispiel 2 194
6.13 Übersicht Typ 3 pro Studierendem/r 195
6.14 Typen gesamt 199
6.15 Anzahl der Typen pro Studierendem/r 200

 **MEHRSPRACHIGKEIT**

HERAUSGEGEBEN VON WILHELM GRIESSHABER
UND JOCHEN REHBEIN

BAND 19

Edgardis Garlin
BILINGUALER ERSTSPRACHERWERB
Sprachlich handeln – Sprachprobieren –
Sprachreflexion. Eine Langzeitstudie eines deutsch-
spanisch aufwachsenden Geschwisterpaares
2008, 518 Seiten, br., 49,90 €, ISBN 978-3-8309-1730-4

BAND 20

Konrad Ehlich, Antonie Hornung (Hrsg.)
PRAXEN DER MEHRSPRACHIGKEIT
2006, 196 Seiten, br., 24,90 €, ISBN 978-3-8309-1731-1

BAND 21

Alexandra Eberhardt
**DIE SPRACHLICHE UMSETZUNG NEUER
TECHNOLOGIEN IM FRANZÖSISCHEN**
Am Beispiel des Internet- und
Computerwortschatzes
2007, 240 Seiten, br., 24,90 €, ISBN 978-3-8309-1854-7

BAND 22

Katharina Böttger
**DIE HÄUFIGSTEN FEHLER RUSSISCHER
DEUTSCHLERNER**
Ein Handbuch für Lehrende
2008, 230 Seiten, br., 29,90 €, ISBN 978-3-8309-1979-7

BAND 23

Karen Schramm, Christoph Schroeder (Hrsg.)
**EMPIRISCHE ZUGÄNGE ZU SPRACHERWERB
UND SPRACHFÖRDERUNG
IN DEUTSCH ALS ZWEITSPRACHE**
2009, 219 Seiten, br., 27,90 €, ISBN 978-3-8309-2220-9

BAND 24

Erkan Özdil
**CODESWITCHING IM
ZWEISPRACHIGEN HANDELN**
Sprachpsychologische Aspekte verbalen Planens in
türkisch-deutscher Kommunikation
2010, 236 Seiten, br., 27,90 €, ISBN 978-3-8309-2287-2

BAND 25

Pere Comellas, Conxita Lleó (Hrsg.)
**RECERCA I GESTIÓ DEL MULTILINGÜISME /
MEHRSPRACHIGKEITSFORSCHUNG UND
MEHRSPRACHIGKEITSMANAGEMENT**
Algunes propostes des d'Europa /
Europäische Ansichten
2010, 314 Seiten, br., 29,90 €, dt. u. katal.
ISBN 978-3-8309-2325-1

BAND 26

Claudia Benholz, Gabriele Kniffka,
Elmar Winters-Ohle (Hrsg.)
**FACHLICHE UND SPRACHLICHE FÖRDERUNG
VON SCHÜLERN MIT
MIGRATIONSGESCHICHTE**
Beiträge des Mercator-Symposions im Rahmen des
15. AILA-Weltkongresses „Mehrsprachigkeit:
Herausforderungen und Chancen"
2010, 204 Seiten, br., 24,90 €, ISBN 978-3-8309-2323-7

BAND 27

Michael de Jong
**DAS KONZEPT DER MENTALITÄT IM
SPRACHLICHEN HANDELN**
Diskursanalytische Untersuchungen von
Gesprächen mit deutschen Auswanderern
in Brasilien und Malaysia
2010, 246 Seiten, br., 32,90 €, ISBN 978-3-8309-2361-9

BAND 28

Susanne Lippert
**SPRACHUMSTELLUNG IN BILINGUALEN
FAMILIEN**
Zur Dynamik sprachlicher Assimilation bei
italienisch-deutschen Familien in Italien
2010, 352 Seiten, br., 29,90 €, ISBN 978-3-8309-2338-1

MEHRSPRACHIGKEIT

HERAUSGEGEBEN VON WILHELM GRIESSHABER UND JOCHEN REHBEIN

BAND 29

Alexandra Wojnesitz

„DREI SPRACHEN SIND MEHR ALS ZWEI"

Mehrsprachigkeit an Wiener Gymnasien im Kontext von Migration

2010, 244 Seiten, br., 24,90 €, ISBN 978-3-8309-2411-1

BAND 30

Lirim Selmani

DIE GRAMMATIK VON *UND*

Mit einem Blick auf seine albanischen und arabischen Entsprechungen

2012, 278 Seiten, br., 29,90 €, ISBN 978-3-8309-2550-7

BAND 31

Galia Datcheva

***MAL, WOHL* UND IHRE BULGARISCHEN ENTSPRECHUNGEN**

Eine kontrastive Untersuchung aus funktional-pragmatischer Sicht

2011, 274 Seiten, br., 44,90 €, ISBN 978-3-8309-2551-4

BAND 32

Susanne Prediger, Erkan Özdil (Hrsg.)

MATHEMATIKLERNEN UNTER BEDINGUNGEN DER MEHRSPRACHIGKEIT

Stand und Perspektiven der Forschung und Entwicklung in Deutschland

2011, 240 Seiten, br., 32,90 €, ISBN 978-3-8309-2602-3

BAND 33

Yazgül Şimşek

SEQUENZIELLE UND PROSODISCHE ASPEKTE DER SPRECHER-HÖRER-INTERAKTION IM TÜRKISCHDEUTSCHEN

2012, 328 Seiten, br., 32,90 €, ISBN 978-3-8309-2633-7

BAND 34

Catherine Nanjala Agoya-Wotsuna

DIE SPRACHSITUATION KENIAS ALS VORAUSSETZUNG FÜR DIE VERMITTLUNG DES DEUTSCHEN ALS FREMDSPRACHE

2012, 336 Seiten, br., 34,90 €, ISBN 978-3-8309-1488-4

BAND 35

Elmar Winters-Ohle, Bettina Seipp, Bernd Ralle (Hrsg.)

SEQUENZIELLE UND PROSODISCHE LEHRER FÜR SCHÜLER MIT MIGRATIONSGESCHICHTE

Sprachliche Kompetenz im Kontext internationaler Konzepte der Lehrerbildung

2012, 336 Seiten, br., 29,90 €, ISBN 978-3-8309-2733-4

BAND 36

Marine Lalayan

DEUTSCHSPRACHIGE HOCHSCHULKOMMUNIKATION IN ARMENIEN

Deutschsprachige Hochschulkommunikation in Armenien

2013, 312 Seiten, br., 39,90 €, ISBN 978-3-8309-2917-8

BAND 37

Angelika Redder, Julia Pauli, Roland Kießling, Kristin Bührig, Bernhard Brehmer, Ingrid Breckner, Jannis Androutsopoulos

MEHRSPRACHIGE KOMMUNIKATION IN DER STADT

Das Beispiel Hamburg

2013, 242 Seiten, br., 34,90 €, ISBN 978-3-8309-2965-9

BAND 38

Gulsum Massakowa

REZEPTIVE MEHRSPRACHIGKEIT IN DER INTERTÜRKISCHEN KOMMUNIKATION

2014, 392 Seiten, br., 39,90 €, ISBN 978-3-8309-3185-0

BAND 39

Jule Böhmer

BILITERALITÄT

Eine Studie zu literaten Strukturen in Sprachproben von Jugendlichen im Deutschen und im Russischen

2015, 392 Seiten, br., 34,90 €, ISBN 978-3-8309-3253-6

Nähere Informationen zu den Büchern und weitere Bände finden Sie unter www.waxmann.com